Quando Setembro chegar

Pelo espírito
ALEXANDRE VILLAS

Psicografia de
FÁTIMA ARNOLDE

Quando Setembro chegar

LÚMEN
EDITORIAL

Quando setembro chegar
pelo espírito Alexandre Villas
psicografia de Fátima Arnolde
Copyright @ 2013 by
Lúmen Editorial Ltda.

2ª edição – março de 2016

Direção editorial: *Celso Maiellari*
Direção comercial: *Ricardo Carrijo*
Coordenadora editorial: *Fernanda Rizzo Sanchez*
Revisão: *Maria Aiko Nishijima*
Projeto gráfico e arte da capa: *Ricardo Brito | Estúdio Design do Livro*
Imagens da capa: *Brosa | iStockphoto e Mustafa Karademir | Shutterstock*
Impressão e acabamento: *Orgrafic Gráfica*

Dados Internacionais de Catalogação na Publicação (CIP)
(Câmara Brasileira do Livro, SP, Brasil)

Villas, Alexandre (Espírito).
   Quando setembro chegar / pelo Espírito Alexandre Villas ; psicografia de Fátima Arnolde. – São Paulo : Lúmen Editorial, 2013.

   ISBN 978-85-7813-139-5

   1. Espiritismo 2. Psicografia 3. Romance espírita I. Arnolde, Fátima. II. Título.

13-10515   CDD-133.93

Índice para catálogo sistemático:
   1. Romances espíritas psicografados : Espiritismo   133.93

LÚMEN
EDITORIAL

Rua Javari, 668
São Paulo – SP
CEP 03112-100
Tel./Fax (0xx11) 3207-1353

visite nosso site: www.lumeneditorial.com.br
fale com a Lúmen: atendimento@lumeneditorial.com.br
departamento de vendas: comercial@lumeneditorial.com.br
contato editorial: editorial@lumeneditorial.com.br
siga-nos nas redes sociais:
twitter: @lumeneditorial
facebook.com/lumen.editorial1

2016
Proibida a reprodução total ou parcial desta
obra sem prévia autorização da editora

Impresso no Brasil — *Printed in Brazil*

Sumário

CAPÍTULO 1   São Paulo, dias atuais, 9

CAPÍTULO 2   Inconformismo, 17

CAPÍTULO 3   Visitas agradáveis, 25

CAPÍTULO 4   Novidades, 29

CAPÍTULO 5   Novo elo, 37

CAPÍTULO 6   Um lugar lindo, 41

CAPÍTULO 7   Desafios, 47

CAPÍTULO 8   Um presente, 55

CAPÍTULO 9   Um aviso, 61

CAPÍTULO 10   As notícias, 75

CAPÍTULO 11   Um sonho, 81

Capítulo 12	Rumo ao hospital, 91
Capítulo 13	Contando um segredo, 99
Capítulo 14	Ameaças, 107
Capítulo 15	Transtorno bipolar, 117
Capítulo 16	A chegada de Leonor, 125
Capítulo 17	Novas emoções, 137
Capítulo 18	Um alerta, 149
Capítulo 19	Um convite, 161
Capítulo 20	Diálogo prazeroso, 173
Capítulo 21	A aliada, 183
Capítulo 22	Surpresa, 193
Capítulo 23	Sábios conselhos, 207
Capítulo 24	Viagem, 217
Capítulo 25	Regressando, 241
Capítulo 26	Uma descoberta, 249
Capítulo 27	Lágrimas, 259
Capítulo 28	Mais uma tentativa, 265
Capítulo 29	Investida, 273
Capítulo 30	Encontros felizes, 287
Capítulo 31	Decisão, 299
Capítulo 32	Desvendando um mistério, 313
Capítulo 33	Desentendimentos, 325

CAPÍTULO 34	REVELAÇÕES, 337
CAPÍTULO 35	NOVOS RUMOS, 351
CAPÍTULO 36	ESCLARECIMENTOS, 359
CAPÍTULO 37	PLANOS, 371
CAPÍTULO 38	NO EGITO, 385
CAPÍTULO 39	UMA EMBOSCADA, 395
CAPÍTULO 40	AS CONSEQUÊNCIAS, 415
CAPÍTULO 41	TUDO SE ESCLARECE, 423
CAPÍTULO 42	A DIFÍCIL ARTE DE PERDOAR, 439

CAPÍTULO 1

São Paulo, dias atuais

SILVANA CHEGOU a casa exausta, jogou a bolsa sobre o sofá e sentou-se. O dia no escritório fora exaustivo, com muitos projetos para averiguar e algumas obras para fiscalizar.

— Nossa, como trabalhei! — disse a si mesma.

Depois de alguns instantes pensando na vida, preparou algo para comer, tomou banho e foi se deitar. Silvana veio da Bahia com alguns sonhos; contudo, tinha algumas prioridades. Deixou a mãe Leonor e dois irmãos, Jorge e Vera. Seu maior desejo era que a mãe e os irmãos também viessem. A família, embora humilde, não passava necessidades.

Na Bahia existem duas categorias: a "alta", composta pelos que vivem financeiramente bem;

e a "baixa", em que vivem os menos favorecidos, povo hospitaleiro na terra da magia e de muitas crenças.

A família morava em uma pequena cidade, a 45 km de Salvador. Jorge era taxista em uma empresa, e Vera era guia de turismo. A rotina da irmã mais nova consistia em todo dia pegar uma condução antes das sete horas da manhã para chegar às oito na empresa. Silvana já estava em São Paulo havia alguns anos. Assim que chegou, arrumou um emprego. No início, trabalhou em lojas de calçados, de roupas e como babá. Aos poucos, a perseverança lhe trouxe bons resultados e ela, pela indicação de uma amiga, conseguiu um emprego de recepcionista em um escritório de construção civil.

Aos poucos, conseguiu ser promovida e foi secretariar Sidney. Quando ele percebeu o interesse da funcionária e a facilidade com que aprendia, incentivou-a a entrar em uma universidade e seguir carreira. No início foi puxado, eu diria muito difícil, pois, além de manter os encargos normais de um apartamento: luz, condomínio, alimento, ainda havia o aluguel. Mas Silvana não poderia perder aquela oportunidade, quem sabe quando poderia aparecer outra! Cursava a universidade e todo dia se via em meio a cálculos, por essa razão não foi complicado aprender a lidar com tantas contas. E Sidney estava satisfeito com o esforço dela.

O celular acionou o alarme indicando seis horas da manhã. Silvana, tateando, desativou-o, espreguiçando-se como fazia todos os dias. Por morar sozinha, ela se tornou uma mulher muito metódica e extremamente organizada. Eram raras as vezes em que deixava um sapato no meio do caminho. Isso...

quase nunca acontecia. Mas aquele dia, inesperadamente, aconteceu. Silvana tropeçou, desequilibrou-se e caiu.

— Puxa vida!!! Que droga!!!

Silvana falou e deu um grito de dor mais que sonoro. Torcera o tornozelo. Na mesma hora seu pé inchou e ela mal conseguia dar um passo. Foi pulando em um pé só até o banheiro. Lá, deixou cair bastante água quente e pensou estar melhor. Tomou um banho, arrumou-se e saiu para trabalhar. Foi mancando, mas foi. Não admitia faltar por acidentes domésticos como aquele.

— Bom dia, Cris...

— Bom dia, Silvana... O que houve, está mancando?

— Torci meu tornozelo... Mas não é nada. O dr. Sidney já chegou?

— Não, mas tem uma pessoa esperando-a em sua sala.

— Em minha sala?

— Sim, disse que era urgente.

Silvana tentou andar rápido, mas gemeu de dor.

Assim que entrou, deu um suspiro anunciando contrariedade:

— Bom dia, Silvana...

— Bom dia, Marcelo... Já não pedi que não viesse ao meu trabalho?

— Eu sei que não gosta, mas eu precisava falar com você.

— Então diga logo, não quero que o dr. Sidney chegue e o encontre aqui...

— Será que nem depois de dias você quer me ver?

— Não é isso... Mas já cansei de pedir para não vir aqui!

— Não sei por quê. Sidney é seu patrão, mas, antes disso, é meu amigo!

— Tudo bem, Marcelo... Diga logo o que quer, pois tenho mil coisas para fazer.

O rapaz, pegando nas mãos de Silvana, suplicou:

— Por favor, volte para mim, não consigo viver sem você. Prometo que nunca mais vou lhe trazer problemas com meu ciúme!

Silvana gentilmente puxou as mãos e disse enfática:

— Não, Marcelo. Você já me prometeu muitas vezes; contudo, logo se esquece de suas promessas.

— Eu lhe juro que não vai se repetir mais.

— Marcelo, entendo que o dr. Sidney é seu amigo, mas não posso perder meu emprego. Não vê que não podemos misturar as coisas? Você, a cada problema entre nós, corre para ele e se lamenta. Melhor não. E, depois, não quero mais perder o foco, estou voltada para minha carreira, e um relacionamento não cabe em minha vida por enquanto. O dr. Sidney está confiando em mim e já me deu muitas oportunidades. Não quero e não vou me indispor com ele por sua causa.

Marcelo levantou-se muito bravo.

— Dr. Sidney daqui... Dr. Sidney dali... Sidney é meu camarada, é meu amigo. Pouco se importa com seus problemas amorosos. Aliás, ele nunca se indispôs comigo por causa de nossas brigas.

Silvana já estava ficando impaciente com aquela conversa melodramática de seu ex-namorado.

— Você disse bem, ele é seu amigo, não meu. O dr. Sidney é meu patrão. E quer saber do que mais? Eu não quero reatar meu namoro... Pelo menos por enquanto; às vezes não tenho tempo nem de me alimentar, quanto mais namorar!

Marcelo não gostou do que ouviu, mas não disse nada, apenas engoliu em seco e disse:

— Tudo bem, Silvana, sou paciente, vou esperar você estar bem-humorada.

— Marcelo, não é questão de humor, é questão de não querer namorar mais... É só isso... Faça uma coisa para você mesmo, vá trabalhar, arrume um emprego, pois você precisa se ocupar.

Marcelo mais uma vez não quis ser grosseiro, não respondeu e saiu.

Do lado de fora, perguntou para Cris:

— Por acaso tem visto alguém na companhia de Silvana?

Cris, meio intrigada, respondeu:

— Não, que eu saiba não...

Marcelo, insistente, ia perguntar mais alguma coisa sobre Silvana, mas conteve-se.

— Bom dia, dr. Sidney! — estendeu a mão, dizendo de maneira cínica.

— Bom dia, Marcelo... O que faz aqui tão cedo?

— Vim falar com Silvana.

— Outra vez, Marcelo? Está insistindo em algo que não vai acabar bem.

Marcelo olhou de rabo de olho para Cris, que prestava atenção na conversa, e completou:

— Será que poderíamos ir à sua sala?

— Sim, claro... Por favor, Cris, traga dois cafés.

— Sim, senhor...

Sidney entrou em seu espaçoso escritório, abriu o botão do paletó e sentou-se na cadeira diante da mesa, indicando a outra para o amigo.

— Já conseguiu aquele pedido de obra da prefeitura?

— Ainda não. Mas não se preocupe, amigo, é certeza que virá para minhas mãos. Agora, não entendi... Por que não quis segurar aquela obra?

— Porque tenho meus princípios.

— É muito dinheiro... Que princípios?! Se bem que você não tem do que reclamar. Você deu sorte.

— Eu nunca reclamei. Reclamei? E, depois, o nome a ser dado não é bem sorte... É trabalho... É o que deveria fazer o tempo que fica esperando por licitações excusas.

— Ah... Sidney, não vem com essa... Não tem nada de excuso, apenas tenho uma ajudazinha. E quem não faz alguns *rolinhos* para se dar bem?

— Eu... por exemplo, não faço.

— Mas você, Sidney, é certinho demais. Que mal há em conseguir colocar um pedido na frente? Isso não é excuso...

— Não... É apenas ludibriar quem está concorrendo à obra também.

— Deixe de ser bobo... Quando eu conseguir o que espero, vai ficar com inveja, isso sim!

— Marcelo, como ter inveja de algo com que não concordo? E, depois, vamos mudar de assunto. Já lhe dei muitos conselhos, isso já está mais que desgastado.

— É melhor mesmo — Depois de breve silêncio: — Sidney, preciso fazer as pazes com Silvana, como devo agir?

Sidney suspirou.

— Esse é um assunto em que também não gostaria de intrometer-me. Só espero que não crie nenhuma situação aqui dentro do meu escritório. Silvana é uma boa funcionária e está indo muito bem com os projetos, não quero tomar nenhuma atitude por causa de sua insegurança.

— Mas a amo tanto...

— Marcelo!

— Está bem, não quer me ajudar, não precisa. Mas poderia pelo menos me emprestar o apartamento do Guarujá.

— Vai tentar fazer as pazes?

— Ainda não, ela está muito zangada. Está arredia... Pretendo levar outra pessoa... É que conheci umas garotas...

— Não quero me envolver...

— Mas o que tem de mais em sair com uma garota? Afinal, Silvana não quer reatar!

— E você agindo assim acha que ela vai voltar para você?

— O que quer que eu faça? Ela não vai saber que vou sair com outra garota...

— Que você seja honesto! Pelo amor de Deus, Marcelo, é assim que quer conquistar a mulher que diz amar?!

— Qual é, Sidney, somos homens. Quer que eu fique me lamentando até que ela resolva voltar? Não consigo ficar sem uma companhia feminina!

Sidney levantou impaciente e, andando de um lado para o outro, concluiu:

— Você não ama verdadeiramente Silvana. Não é porque somos homens que devemos sair por aí machucando as pessoas.

— Mas não quero e não vou machucar ninguém! Apenas não quero passar o fim de semana pensando em Silvana...

— Marcelo, pela última vez, não faça isso. Aquiete seu coração, se realmente ama Silvana, pois ela não merece. E essa moça com quem quer passar o tempo, também não.

— Mas você nem a conhece para me dar sermões!

— Não é preciso conhecer mulher alguma para saber que você a tratará como um objeto qualquer! Não faça aos outros o que não quer para si.

— Puxa! Pegou pesado agora, *cara*!

— Quer saber? Não vou me meter. Pode passar lá em casa e pegar a chave do apartamento.

— Fique sossegado; não vou magoar ninguém, só preciso espairecer.

Sidney concordou com a cabeça e encerrou o assunto. Marcelo foi embora e o amigo ligou para sua casa pedindo que deixassem a chave na portaria.

CAPÍTULO 2

Inconformismo

HAVIAM SE PASSADO vários dias. Silvana melhorara da torção no pé e mantinha o namoro rompido. Eram sete horas da noite quando chegou a casa cansada e cheia de sacolas de mercado nas mãos. Mas não contava com uma visita inesperada esperando-a no corredor, sentado diante de sua porta.

— O que faz aqui em minha porta, Marcelo?

Ele, agindo como se não tivesse acontecido nada, levantou-se e a ajudou com as sacolas. Com sorriso nos lábios, respondeu com cinismo:

— Vim vê-la... Estou com saudade.

Silvana soltou as sacolas no chão e disse impaciente:

— Não preciso de ajuda, estou cansada e quero dormir; portanto, pode ir embora para sua casa.

— Mas já estou em minha casa; vim ficar com você esta noite.

— De jeito nenhum... Já mandei o motoboy entregar suas roupas em sua casa para não ter de ser mal-educada. Não o quero mais aqui. Por favor, Marcelo, vá embora. Trabalhei muito hoje e pretendo tomar banho e ir para a cama cedo!

— Deve estar cansada mesmo, nem foi à faculdade!

— Falando nisso, como soube que eu viria direto para casa? Está me seguindo?

— Claro que não... eu, hein! Mas, e se estivesse? Ainda não rompemos definitivamente. Estamos apenas dando um tempo.

— Por favor, Marcelo, essa conversa outra vez, não.

— Até quando vai me esnobar? Sei que é louca por mim. Até quando vai alimentar aquela história com a Adriana? Nunca tive nada com ela!

Silvana havia se iludido com Marcelo, mas com o tempo enxergou que ele não era nada do que aparentava. Era mulherengo e sem caráter. Adriana fora apenas uma desculpa para romper aquele relacionamento que não fazia sentido para seus princípios. A convivência de um ano com Marcelo a havia decepcionado. Ele podia tudo e ela nem ao menos ter amizades.

— Marcelo, quando vai entender que acabou?! Não faz sentido levar nosso relacionamento adiante.

— Como não? Nós nos amamos muito. Olhe, prometo que farei tudo o que quiser. Volta para mim?

— Como disse antes, estou focada em minha carreira. Quero vencer, ter meu próprio apartamento. Só assim poderei ter minha mãe e meus irmãos ao meu lado.

— Tudo bem... Não vamos falar mais disso. Apenas me deixe ajudá-la com as compras. Prometo que vou ficar somente cinco minutos, depois vou embora.

Silvana o deixou entrar contrariada.

— Tudo bem, cinco minutos...

Silvana abriu a porta e ambos entraram. O rapaz gentilmente a ajudou a guardar as compras e depois se jogou no sofá com toda a intimidade.

— Adoro ficar aqui com você.

— Marcelo, você prometeu que só iria ficar por cinco minutos.

— Puxa, amor! Vai contar os minutos agora?

Silvana ficou irritada, mas antes de responder atendeu o telefone.

— Silvana, minha filha... Tudo bem?

— Mãe... Que saudades... Como a senhora está?

— Graças a Deus muito bem. E você?

— Estou ótima. E Jorge e Vera?

— Tudo bem, minha filha... Não se preocupe.

— Mãe, sinto muito sua falta.

— Eu também, minha filha. Mas não se preocupe, assim que eu tiver uma folga vou visitá-la. Tenho de desligar, sei que está cansada. Liguei apenas para lhe dar um oi.

— Tudo bem, mãe. Fiquei feliz... Vê se vem logo me ver!

— Pode deixar, assim que der vou a São Paulo. Fique com Deus, minha querida, que Deus a proteja...

— Amém, minha mãe, que Deus a proteja também...

— Ah, quer dizer que vou conhecer minha sogra? — comentou Marcelo irônico.

Silvana desligou o telefone e, contrariada, respondeu:

— Por favor, Marcelo, vá embora, preciso tomar banho.

Marcelo, ignorando-a, dirigiu-se até a garrafa de uísque, que estava sobre o móvel da sala, e se serviu.

Silvana estava perdendo a paciência.

— Só tem este uísque? Está precisando repor, sabe que aprecio.

— Marcelo, estou falando sério, se não sair vou chamar o porteiro para convidá-lo a se retirar!

Marcelo na mesma hora reagiu negativamente. Virou o líquido de uma só vez e, aproximando-se de Silvana, disse ameaçadoramente:

— Escute aqui, sua baianinha, não vou tolerar esse tratamento. Dou-lhe só mais alguns dias para repensar nossa relação. E sabe quando vou deixá-la em paz? Nunca... Nunca... Você pertence a mim, coloque isso definitivamente em sua cabeça...

Marcelo bateu com o copo sobre o móvel e foi embora. Silvana pela primeira vez assustou-se com ele. Trêmula, correu até a porta e a trancou.

Naquela noite, ela não conseguiu descansar. Assim que o celular a despertou, levantou-se assustada e foi tomar um banho.

Ao chegar ao escritório, Cris percebeu:

— Nossa, Silvana, o que houve? Está tão abatida!

— Não é nada, não dormi bem.

— O dr. Sidney pediu que assim que você chegasse, fosse até sua sala.

— Tudo bem, só vou deixar essas coisas em minha sala e em seguida vou atendê-lo.

Silvana deixou sua bolsa e alguns materiais em sua sala e se dirigiu até a sala do patrão. Bateu à porta e entrou:

— Com licença, dr. Sidney.

— Entre, Silvana... Bom dia.

— Bom dia, doutor.

— Parece que não é um bom dia para a senhorita!

— É minha cara, né, doutor? Nota-se tanto assim?

— Sim, está um tanto quanto pálida...

— Não consegui dormir direito.

— Está preocupada com alguma coisa?

— Não, doutor, não é nada. Foi apenas uma noite mal-dormida.

Silvana era uma ótima funcionária; nunca, pelo menos que o engenheiro notasse, ela trouxera problemas particulares para o ambiente profissional.

— Quer falar sobre o assunto?

— Não, doutor. Vamos ao que interessa.

Diante da positividade da moça, ele deu continuidade ao trabalho:

— Silvana, aqueles projetos que deixei dois dias atrás para que desse uma analisada, já tem algum parecer?

— Ah... Já sim, senhor. Aguarde só um minuto, vou buscá-los.

Assim que voltou, derrubou todos os projetos no chão, chamando a atenção do patrão.

— Deixe que eu a ajude — correu Sidney, sentindo que Silvana não estava bem.

— Perdoe-me, dr. Sidney.

— Tem certeza que está bem?

— Ah... Para falar a verdade, estou um pouco preocupada com minha família.

Silvana não achou prudente comentar o real motivo de seus problemas. Como poderia comentar sobre o melhor amigo do chefe? Não seria ético.

— Mas o que houve? Você me disse que estava tudo bem com sua mãe!

— Pois é, doutor, falei. Mas sabe como é, para acontecerem coisas ruins, é questão de segundos! Mas deixe isso para lá, não é assunto para o senhor.

— Como não? Se aconteceu algo que não a deixa bem, é problema meu também! Como posso exigir de você bom trabalho, se está preocupada?

— Não se incomode, doutor. Estou bem, agora... Não foi nada... Foi uma coisinha à toa.

— Como não me preocupar? Por favor, diga-me! Se eu puder ajudar...

Silvana ficou extremamente nervosa, estava se enrolando cada vez mais em suas próprias mentiras.

— Por favor, dr. Sidney, não quero envolvê-lo com meus problemas. Vamos ao que interessa. Aqui estão os projetos que me pediu para examinar.

O engenheiro insistiu muito atencioso:

— Por favor, srta. Silvana, eu insisto, quero ajudá-la.

Silvana, sem saída, inventou uma história.

— Sabe o que é, doutor? Minha mãe está doente. Mas não se preocupe, já foi ao médico.

— Mas o que houve?

Se Silvana estava nervosa, ficou pior, pois não estava tendo uma atitude honesta com o patrão, tão generoso!

— Eu que lhe peço, doutor, por favor, não se preocupe; está tudo bem, agora — Silvana não queria em hipótese alguma levar aquela mentira adiante.

— Mas eu faço questão de ajudar sua mãe. Como posso exigir que trabalhe direito com seus pensamentos em sua mãe? Ainda mais estando em outro estado! Por favor, diga-me o que houve.

— Ah... Dr. Sidney, minha mãe teve uma crise de apendicite. — Silvana, moça boa e honesta mentiu; porém, sob a mesa do patrão cruzou os dedos em forma de figa e pediu perdão a Deus.

— Parece que não, mas isso é muito grave!

— Pois é, doutor, parecia ser, mas não é... Já foi resolvido.

— Ela precisou fazer cirurgia às pressas?!

Silvana não sabia o que responder, não entendia nada de crise de apendicite, disse a primeira doença que lhe veio na cabeça.

— Quer dizer... Não sei... Essa doença precisa de cirurgia?

— Afinal de contas, o que houve com sua mãe, srta. Silvana?

Silvana pensou que fosse desfalecer diante daquele homem generosíssimo. Fora muito leviana contando uma mentira a ele.

— Foi... Foi para a cirurgia! — Silvana, sem saída, mentiu.

— E como ela está? Recuperando-se?

— Ah... Sim... Já está ótima... O senhor precisa ver... Já está até andando...

— Que bom!!! Pensei que seríamos obrigados a ir até a Bahia!

Silvana, perplexa com o comentário, ficou a fitá-lo sem se mover durante longos segundos.

— O que disse, doutor? O senhor falou "seríamos obrigados a ir até a Bahia"?

— É... Que mal há nisso? Não posso ficar sem você, por esse motivo pensei que em último caso iríamos de avião. Assim, se sua mãe precisasse de mais cuidados, poderíamos trazê-la para cá, e você ficaria mais sossegada.

Silvana sentiu-se péssima com tudo o que acabara de ouvir. Sabia que o patrão era uma pessoa boa, mas não a ponto de ir à Bahia para auxiliar uma pessoa que nem conhecia.

— Obrigada, dr. Sidney. Nem sei o que dizer diante de sua bondade. Jamais vou esquecer-me desse seu gesto. Pode ter certeza de que se precisar, estarei à sua disposição sempre, conte comigo... Não importa o que seja. Nem a hora, nem o dia.

— Calma, Silvana. Não está exagerando? Apenas tento ajudar quem precisa. Sei também que posso contar com você. Mas o que importa é que sua mãe já está bem.

Silvana não disse mais nada e procurou se concentrar nos projetos e dar andamento às obras.

Passava das seis e meia da tarde quando saiu com pressa para a faculdade.

CAPÍTULO 3

Visitas agradáveis

SIDNEY CHEGOU a seu apartamento cansado. Margarida foi recebê-lo.

— Boa noite, dr. Sidney. Posso servir o jantar?

— Sim. Vou tomar um banho rápido.

Em seguida, ele se dirigiu à sala de jantar; enquanto jantava, verificou mais alguns projetos para dar andamento às obras do dia seguinte.

O interfone tocou e Margarida o atendeu:

— Dr. Sidney, seus pais estão subindo.

— Pode deixar, Margarida. Vou recebê-los. Traga um café bem fresquinho para todos.

— Sim, senhor.

Sidney recebeu os pais com carinho.

— Ah... Meu filho, nem à noite você descansa como merece?

— Não podemos parar nunca. Trabalhar engrandece o homem.

— Como tem passado, meu filho? — perguntou João.

— Na medida do possível bem.

— Está tão abatido!

— Mãe, por favor...

— Isso mesmo, Isaura. Não vamos começar, disse-me que gostaria de vir até aqui para ver nosso filho e matar a saudade.

— É que me preocupo com ele...

— Mãe, estou bem, não tem necessidade de se preocupar.

— Posso confiar em você, meu filho?

Sidney segurou as mãos da mãe gentilmente e concluiu:

— Pode, dona Isaura. Estou muito bem. Tudo o que restou foi a saudade.

— Tem certeza de que não quer voltar a morar conosco?

— Isaura! Pare de insistir. Nosso filho já é um homem; sabe se virar sozinho.

Margarida entrou com a bandeja de café e serviu a todos. Isaura acompanhou Margarida à cozinha. João e Sidney ficaram sozinhos.

— Como estão os projetos, filho? Parece que está trabalhando demais.

— Não posso me queixar, papai, quase todos os dias aparecem novos clientes. O único problema são as empreiteiras, que vez ou outra dão problemas com os pedreiros.

— Fico feliz em vê-lo trabalhando a todo vapor.

— Eu sei que se preocupa muito comigo. Mas não é necessário, realmente me sinto mais fortalecido. Se eu disser que ainda não sofro com o que aconteceu, estarei mentindo, não só a vocês, mas a mim também. Contudo, a dor aos poucos está se transformando somente em saudade. Marília foi a mulher que escolhi para viver por todos os meus dias, mas nem tudo é como desejamos.

— Tem razão, meu filho. Sinto realmente que está mais fortalecido.

João levantou-se e abraçou o filho com ternura.

— E Silvana, como está se saindo?

— Ela é uma moça esforçada, surpreende-me a cada dia. Parece que nasceu para a profissão. Damo-nos muito bem.

— Que bom. Você estava precisando mesmo de alguém em quem pudesse confiar. E o Marcelo?

Sidney deu uma sonora gargalhada.

— Do que está rindo?

— O Marcelo, pai... O senhor acredita que ele ainda está esperando ganhar a licitação das obras da prefeitura?

— Aquele garoto é um desmiolado. Não gosta muito de trabalhar. Você, como amigo dele, tem de chamá-lo à razão! Está na hora de ele ter mais responsabilidade!

— Já cansei de aconselhá-lo. Marcelo não tem jeito. Se bem que ainda tenho esperança de ele voltar a trabalhar comigo.

— Pelo amor de Deus, Sidney! Ficou louco, meu filho? Ele só lhe trouxe prejuízos.

— Falta-lhe um pouco mais de estímulo, tenho certeza de que ainda vai repensar. Gosto muito dele, pai; sempre foi meu amigo.

— Também, com aqueles pais, nunca vai amadurecer. Eles o mimam muito, pensam que ainda é um garotinho com crises de asma. A doença, graças a Deus, foi-se embora, mas ficou a má-educação.

— Também não é assim, pai...

— Não? Quantos anos ele tem?

— A minha idade.

— Pois então, já devia ter formado uma família, assim como você!

— Para que, papai? Para perdê-la como eu?

João se arrependeu de tocar novamente no assunto.

— Perdoe-me, meu filho. Não quis tocar novamente no assunto.

— Tudo bem. Não tem como não voltarmos ao assunto; afinal, até pouco tempo atrás Marília estava entre nós.

Isaura voltou da cozinha e ambos se despediram do filho.

— Qualquer coisa, pode nos chamar, meu filho. Sabe que pode contar comigo e com seu pai sempre.

— Não vou me esquecer, fique tranquila.

Sidney se despediu dos pais e foi direto para o quarto. Embora sentisse muita falta da esposa, já conseguia dormir melhor. O golpe fora cruel; mas como tudo na vida era preciso enfrentar os dissabores, pois muitas vezes, a vida é assim mesmo, e é pela dor que aprendemos e evoluímos.

CAPÍTULO 4

Novidades

NA MANHÃ SEGUINTE, Sidney levantou-se disposto, tomou um banho e arrumou-se de maneira elegante.

— Bom dia, Margarida!

— Bom dia, dr. Sidney. Fiz aqueles enroladinhos que o senhor adora.

Sidney apurou as narinas para sentir o aroma que exalava por todo o ambiente.

— Como gosto desse cheiro de pão! Lembro-me de minha infância!

— Por esse motivo que faço, sua mãe disse que você sempre pedia quando era garoto.

— Margarida, posso lhe fazer uma pergunta?

— Claro, dr. Sidney. Se eu puder responder.

Sidney silenciou por alguns instantes.

— Deixe para lá.

— Pergunte, doutor.

— Não, não é nada importante. Deixe-me ir trabalhar, já estou atrasado.

Sidney saiu e Margarida ficou pensando: "O que será que ele queria saber?".

Na empresa, foi direto para sua sala.

Silvana chegou em seguida.

— Dr. Sidney já chegou?

— Já.

— Tem algum recado para mim?

— Sim. Sua irmã ligou duas vezes e pediu que ligasse de volta com urgência.

Silvana, preocupada, ligou na mesma hora.

— Alô... mãe...

— Não, Silvana, sou eu, Vera.

— O que houve?

— Nada, apenas estou cansada de promessas. Quando virá nos buscar?

— Ah... é isso?

— E você acha pouco?

— Olhe aqui, minha irmã, antes de me ligar para choramingar, bom dia para você. Pelo que eu estou vendo, não melhorou nada! E a mãe, como está? E Jorge?

— Estão todos bem, mamãe está no trabalho e Jorge também.

— E o que você faz em casa, não foi trabalhar?

— Para seu governo, fui dispensada.

— Outra vez, Vera? Quando vai colocar juízo na sua cabeça?

— Não foi culpa minha.

— O que houve?

Vera contou uma história que comoveria qualquer um. E mais uma vez Silvana acreditou.

— Puxa, mana, tem razão. Desculpe, é preciso manter a calma, não se irritar.

— Quando posso ir para São Paulo morar com você? Não aguento mais ficar aqui!

— Pare de se lamentar, ainda não tenho condições de sustentá-los.

— E até quando vou ficar esperando? Tenho certeza de que assim que eu chegar a São Paulo vou arrumar um emprego. Temos de fazer sacrifícios no começo, senão nunca mamãe vai conseguir parar de trabalhar também. Está na hora de trabalharmos para dar conforto à nossa mãe, porém aqui neste fim de mundo está difícil arrumar um trabalho.

Vera sabia exatamente como fazer para que a irmã ficasse com peso na consciência. Cinicamente, concluiu:

— Por favor, mana, deixe-me ir a São Paulo... Juro que arrumo um trabalho assim que chegar.

Silvana pensou e respondeu:

— Agora não dá, Vera. Vamos fazer o seguinte, vou ver se arrumo um serviço para você. Assim que eu tiver algo bom, mando buscá-la. Está bem?

— Não está, né? Mas fazer o quê?

— Fique tranquila, logo eu ligo com boas notícias.

Vera desligou o telefone com ar de vitória.

— Sabia que iria conseguir! Do fim do ano não passa. Adeus, Bahia... São Paulo, aí vamos nós...

* * *

Bateram à porta.

— Bom dia, Silvana.

— Bom dia, dr. Sidney.

— Como está sua mãe?

Silvana ficou pensando sobre o que o chefe falava e se remexeu inquieta na cadeira, dizendo:

— Ah... Minha mãe?!

— É, Silvana... Como tem passado sua mãe depois da cirurgia?

— Ah... doutor, muito bem... Não se preocupe.

— Estimo muito ouvir isso. Silvana, gostaria que me acompanhasse às visitas das obras hoje.

— Nós dois?!

— É, por quê? Tem algum inconveniente?

— É que... tenho tantos documentos para despachar!

— Amanhã você faz isso.

— Mas tem documentos que precisam ser revisados com urgência e despachados para a prefeitura, senão o prazo vai terminar!

— Mas preciso que esteja a par de tudo.

— Mas não foi o doutor mesmo que combinou que eu só vou quando o senhor não tiver tempo? Não estou tão apta para inspecionar certas obras.

— Por essa razão mesmo. E se eu precisar me ausentar do escritório, vai parar tudo?

— Não fale isso nem por brincadeira, doutor. Deus me livre e guarde!

Sidney, bem-humorado abriu um sorriso que Silvana ainda não conhecia. Sem pensar no atrevimento, generosamente, ela fez um comentário:

— É primeira vez que o vejo feliz!

Sidney ficou olhando-a e se surpreendeu por sorrir com vontade.

— Ah, dr. Sidney. Perdoe meu atrevimento.

Sidney, sereno como havia muito não se sentia, puxou a cadeira do lado contrário da mesa em que ela o estava fitando e concluiu:

— Precisamos de uma secretária para você!

Silvana, sentindo o rosto corado, não entendeu nada.

— O quê? Não entendi.

— Você está muito atarefada, precisa de uma auxiliar. Hoje passa, vou visitar as obras sozinho, mas recrute urgentemente uma pessoa para ajudá-la com as partes burocráticas de documentos, pois preciso de você ao meu lado. Ah! Antes que eu me esqueça, você foi a primeira pessoa que me fez sorrir nos últimos tempos!

Sidney saiu, fechando a porta. Silvana levantou-se sem saber o que dizer e pensou: "Esse cara ficou maluco?! O que deu nele?". E começou a rir sozinha.

— Com licença, Silvana — pediu Cristiane, entrando em sua sala.

— Entre, Cris. O que houve?

— O dr. Sidney saiu e pediu que eu lhe entregasse este bilhete.

— Obrigada, Cris. Pode ir.

Cristiane saiu e Silvana abriu o bilhete: "Estou indo verificar as obras, acredito que até às 12 horas já tenha terminado. Espero-a no restaurante ao lado da floricultura para almoçarmos juntos. Precisamos conversar. Não aceito negativa".

Embora se sentisse feliz por ver o chefe menos introspectivo, admirou-se por ele ter tido aquela atitude, pois, até então, desde que entrara na empresa, nunca havia recebido um convite sequer para tomar um cafezinho no bar da esquina. "O que está acontecendo com esse homem? Sei bem que é honesto e generoso, mas nunca o vi assim tão mudado! Até uma auxiliar quer que eu contrate!"

Silvana ficou intrigada, mas ao mesmo tempo sentiu-se muito bem por seu patrão estar mais bem-humorado. Ele sempre lhe pareceu arredio e melancólico. Seus olhos demonstravam visivelmente a tristeza profunda em que sua alma se afogava sem ter pretensões nenhuma em querer ser salva.

Silvana deixou até cair algumas lágrimas sem saber o porquê daquele sentimento inconsciente.

"Ai, Silvana, deixe de sentir pena, ninguém merece um sentimento como esse", pensou, passando as mãos no rosto e dissipando uma fragilidade alheia. "Puxa vida, como não lembrei?".

Silvana mais que depressa ligou:

— Alô.

— Vera?

— Sim. Quem é?

— Não conhece mais a voz de sua irmã?

— Silvana... É você? — soltou um gritinho de entusiasmo do outro lado da linha.

— Sim! Olhe... Não posso lhe afirmar com precisão, mas acho que já arrumei um trabalho para você!

— Não acredito! Está falando sério?

— Claro que sim, mana! Mas acalme sua ansiedade, ainda não está nada certo.

— Mas onde? Com quem?

— Aqui mesmo no escritório da construtora. Não é legal?!

Vera não ficou muito satisfeita por ter de trabalhar sob a proteção da irmã, mas diante de seu desejo enorme de morar em São Paulo, fingiu um sentimento mentiroso.

— Claro que é sim, mana. Quando posso começar?

— Acalme-se, Vera. Tenho de conversar com o dr. Sidney.

— Mas tenho pressa. Quando vai conversar com ele?

— Hoje mesmo. O dr. Sidney convidou-me para almoçar, e assim que eu tiver uma oportunidade entro no assunto.

— Nossa! Almoçando com o patrão! Quem diria, hein?

— Vera, pare de ser abusada. Quero muito respeito com meu patrão, viu? Se continuar imatura com essas insinuações procuro outra candidata.

— Por favor, mana, nem pensar. Prometo tudo o que quiser... Eu juro... Juro a você que não vai se arrepender.

— Acho bom. Antes de qualquer coisa, precisa se colocar em seu lugar: nada de gracinhas, piadinhas e intimidades. Ouviu bem?

— Sim, mana, pode deixar. Confie em mim.

— Está bem. Hoje à noite, depois da faculdade, falamo-nos. Eu te amo viu, sua bobinha!

— Eu também te amo, mana. Olhe, pode confiar em mim, nunca vou decepcioná-la. Te amo... muito... muito... muito.

— Tudo bem... Fique com Deus. Prepare a mãe. Se der tudo certo, amanhã mesmo poderá arrumar sua mala.

Vera não cabia em si de tanta felicidade. Parecia ter conquistado algo valioso.

Silvana também ficou feliz por poder trazer sua irmã mais nova para morar com ela. A jovem futura engenheira despachou todos os documentos que precisava, analisou e atendeu mais alguns clientes que tinham ido à sua procura.

CAPÍTULO 5

Novo elo

— NOSSA, COMO AS horas passam!!! Estou atrasada!!!

Silvana pegou a bolsa e saiu correndo. Quando chegou ao restaurante já passava do meio-dia; logo avistou o chefe, que, elegantemente, levantou-se e puxou a cadeira para que a funcionária pudesse se acomodar.

— Dr. Sidney, desculpe o atraso...

— Desculpas aceitas.

— Sabe o que é, dr. Sidney...

— Não precisa se justificar. Embora eu aprecie pontualidade, sei que está sobrecarregada. Por esse motivo, exijo uma auxiliar.

— Que bom o senhor ter tocado no assunto.

— Não me diga que sua eficiência é tão superior que já há uma funcionária contratada?

— Ah, doutor, assim o senhor me deixa sem graça, não é para tanto, apenas faço meu trabalho.

— E eu a admiro muito. Pois bem, diga, não vou interrompê-la.

— Minha irmã há muito tem demonstrado vontade de vir para São Paulo morar comigo. Ela quer uma oportunidade de realizar seus sonhos. E o senhor sabe...

— Pois diga para sua irmã que ela pode vir para São Paulo. A colocação é dela — concordou Sidney, adiantando o raciocínio da funcionária.

— Puxa, dr. Sidney, muito obrigada. Não sei como agradecer-lhe!

— Agradeça-me ficando um pouco mais livre para visitar as obras. Eu preciso que esteja muito bem instruída para que possa dar andamento a tudo em meu lugar.

Silvana não tinha intimidade com o patrão, muito menos o conhecia "como a palma das mãos". Contudo, naquele momento em que seus olhos se cruzaram, sentiu que podia invadir sua alma. Percebeu que ele estava havia muito tempo solitário, na escuridão de uma noite sem estrelas. Temerosa, ela perguntou:

— Como assim em seu lugar?

— Primeiro, quero saber se posso realmente confiar em você. Quero que comande tudo como se fosse eu. Vou precisar muito de sua disponibilidade.

— Dr. Sidney, está me assustando...

— Senhorita Silvana, preciso muito de você agora, mais do que nunca — concluiu.

— O senhor está doente?

— Isso é o que menos importa no momento. O que me interessa é se posso contar com sua generosidade.

Silvana, sem saber ao certo o que estava acontecendo, sentiu algo enorme comprimindo seu peito, e num ato impensado pousou sua mão sobre a do engenheiro.

— Por favor, dr. Sidney, o que está acontecendo?

Sidney realmente precisava de um ombro amigo. Dessa forma aceitou de bom grado o carinho da funcionária e apertou sua mão sem ter de confidenciar as amarguras que haviam se instalado em sua alma. Apenas aceitou aquelas mãos cúmplices e protetoras. O engenheiro, com as mãos entrelaçadas nas de Silvana, pediu completamente contrariado:

— Senhorita Silvana, vou me ausentar por um período e conto com sua discrição.

— Mas para onde vai? Por que de tudo isso? O que está havendo com o senhor?

— Acalme seu coração, vou lhe explicar tudo. Sei que vai me entender.

Sidney colocou a funcionária a par de tudo. Ao término de sua narrativa, Silvana, sem conter algumas lágrimas, respondeu:

— Pode contar comigo, doutor. Fique o tempo que precisar, eu assumo todo o comando da construtora.

— Acha que vai dar conta?

— Fique tranquilo. Farei tudo o que depender de mim.

— Quanto a meus pais, entendeu tudo direitinho?

— Sim, senhor, fique tranquilo. Nada nem ninguém ficará sabendo o porquê de sua partida.

— Com toda a certeza vai precisar de alguém responsável pelos projetos concluídos. Está aqui o cartão de um colega meu da faculdade. Ele está apto para avaliar qualquer projeto a que precise dar continuidade. Compreendeu tudo?

— Sim, doutor. Caso haja alguma dúvida entro em contato com o senhor, mas farei o possível para não decepcioná-lo, prometo.

— Senhorita Silvana, não prometa... cumpra, por favor.

— Olhe... eu trouxe este *notebook* com todos os programas de que precisamos já instalados; encontrará respostas a todas as dúvidas que porventura tiver. Fique tranquila, não estará sozinha, sempre que for necessário entre para falar comigo, estarei sempre conectado ao meu. Mesmo a distância estarei ao seu lado para lhe tirar qualquer dúvida.

Sidney se calou por breves instantes, aparentando pensar em milhões de coisas ao mesmo tempo.

Sidney e Silvana fizeram os pedidos do cardápio, mas não sentiam apetite algum. O silêncio abraçou os dois como um elo de forças não identificadas. Ambos não sabiam quais os sentimentos que envolviam sutilmente suas almas; contudo, sabiam que a vida deles estaria entrelaçada até que um futuro não muito distante se tornasse um passado de resultados prósperos e positivos.

CAPÍTULO 6

Um lugar lindo

VERA CHEGOU a São Paulo depois de quase dois dias viajando de ônibus. Silvana, ansiosa, esperava-a na rodoviária. Assim que avistou a irmã, que não via havia alguns anos, sentiu o coração disparar. Correu a seu encontro:

— Minha irmãzinha, quanta saudade!

Vera, com muita saudade da irmã também, correspondeu ao abraço caloroso de forma emocionada.

— Puxa, garota!!! Como você está linda!

— Ah... Mana, mais do que você é impossível! Se é que ainda pode ficar mais bonita do que sempre foi!

— Pare com isso, menina... Já estou com a pele branca igual uma paulistana. Você é que está mudada. E com esse bronze de baiana... Vai tirar o fôlego dos pobres paulistanos!

— Bem... Vamos para casa, deve estar muito cansada.

Silvana e a irmã foram para o apartamento. A anfitriã não sabia o que fazer para agradar à irmã. Estava muito feliz.

Logo que entraram, Vera disse efusivamente:

— Nossa, que apartamento bacana!

Silvana mal fechou a porta e ouviu o telefone tocar:

— Alô, Silvana? É sua mãe.

— Como está, minha mãe?

— Bem, graças a Deus. E Vera, já chegou?

— Já sim, acabamos de entrar em casa.

— Graças a Deus chegou bem... Silvana, minha filha, não deixe que sua irmã perceba, mas temos de conversar...

Silvana deu uma espiadela na irmã e procurou responder naturalmente:

— É mesmo, mãe? Pois diga, estou ouvindo a senhora perfeitamente.

— Minha filha, fique atenta, pois falta juízo à sua irmã.

— Sim, mãe... estou compreendendo.

— Se dependesse de mim ela não teria ido. Pelo menos não até que fôssemos todos juntos.

— Fique tranquila, aqui há espaço para nós duas — respondeu Silvana, tentando disfarçar.

— Preste atenção, minha filha, qualquer atitude estranha de sua irmã me ligue imediatamente. Só eu sei abaixar o topete dela.

— Tudo bem, minha mãe. Não se preocupe, está tudo bem. Estou com muita saudade, mande um abraço apertado ao Jorge... Ah... Vera também manda abraços para a senhora e mano.

— Que Deus as abençoe.

— Aposto que era mainha instruindo-a sobre minha pessoa.

— A mãe nem tocou em seu nome.

— Não vou rebater, mas a conheço muito bem.

— Vamos deixar essa conversa para lá e cuidar de nossa vida. Fiz um jantarzinho para nós. Está com fome?

— Morrendo... — Vera respondeu e, ao mesmo tempo, rodopiou nos calcanhares sobre o chão brilhoso da sala, observando tudo à sua volta e pensando consigo mesma: "Tudo como eu sonhei... Finalmente, cheguei a São Paulo, terra maravilhosa!".

Silvana serviu o jantar; em seguida, Vera a ajudou a lavar a louça. Sua intenção era passar para a irmã confiança, espírito de cooperação e dedicação.

Feliz por ter a irmã em sua casa, ajudou-a a organizar suas roupas no armário. Tudo estava limpo e cheiroso. Silvana era uma moça caprichosa, gostava de tudo em seu lugar e bem organizado.

Já era tarde da noite quando se deixou cair sobre a poltrona do quarto:

— Meu Deus, o dr. Sidney! — lembrou-se assustada. Mais que depressa ligou o *notebook*. Assim que entrou na página do e-mail, notou que havia várias mensagens do patrão.

— Está acordado?! — perguntou aflita. Passaram-se alguns segundos e ele respondeu:

— Onde estava?

— Perdoe-me, dr. Sidney... é que minha irmã chegou a São Paulo e acabei me esquecendo...

— Tudo bem. Ela chegou bem?

— Sim.

— E como estão as coisas por aí?

— Na medida do possível bem, ainda me sinto um tanto perdida.

— Não sei por quê, você sabe tudo!

— Não é bem assim... Mas não quero que se preocupe, prometi-lhe que só o procuraria em caso de extrema necessidade.

— Não precisa me poupar, estou aqui para isso. Posso orientá-la!

— Tem certeza? Às vezes fico aflita pensando em como deve estar se virando. Tem conversado com sua mãe?

— Por quê?

— Ela me liga praticamente o dia todo, às vezes não sei o que dizer.

— Não se preocupe, dona Isaura é assim mesmo. Era assim comigo também quando eu estava em São Paulo. São as manias da minha mãe.

— O que a impede de ligar para você em vez de ligar para mim? — questionou Silvana.

— É que às vezes desligo meu celular, e ela não tem o telefone daqui.

— E por que não?

— Por esse motivo mesmo, ela ficaria dependurada no telefone o dia todo me procurando.

— Que maldade, doutor. Acho que agindo assim vai deixá-la mais aflita.

— Sei bem o que estou fazendo, srta. Silvana.

— Se é assim, quem sou eu para contestá-lo?

— Precisou de Carlinhos para alguma coisa?

— Precisei sim, senhor. Fique sossegado, demo-nos muito bem. Aliás, ele me orienta em muitos acontecimentos, estamos nos arranjando. Bem... Acho que está tarde e é melhor descansarmos, pois amanhã o dia será longo.

Sidney, lendo as últimas palavras de Silvana, sentiu que ela era mais que uma dedicada funcionária. Reconhecendo seu valor, despediu-se:

— Muito obrigado, srta. Silvana, vou lhe ser grato o resto dos meus dias.

— Não tem nada que me agradecer. Sempre que precisar é só dar um alô. Descanse bastante... Que Deus o abençoe.

— Desejo o mesmo...

Sidney não desligou o computador. Encostou na cabeceira da cama e ficou pensando no que Silvana acabara de dizer: "Que Deus o abençoe". E disse:

— Puxa vida, tirando minha mãe, nunca ninguém me abençoou! Que coisa mais antiga!

Sidney pensou em tudo o que estava acontecendo em sua vida, até que o cansaço o levou a um sono profundo e reparador. Seu espírito se desdobrou e ele se viu em um lugar arborizado, onde a água deslizava pelas montanhas e caía suavemente em pequenas cachoeiras.

— Como está se sentindo, Sidney?

O rapaz ouviu um timbre de voz suave vindo ao seu encontro.

— O que disse? — perguntou confuso.

— Sou um amigo.

— Conheço-o?

— Digamos que sim. Como está se sentindo hoje?

— Bem... muito bem... Como devo chamá-lo?

— Pode me chamar de Samuel.

— Samuel? Não me recordo de ninguém com esse nome.

— Não tem importância. O que é um nome em meio à imensidão do universo? E esse lugar, por exemplo... Gosta dele?

Sidney fixou seus olhos à sua frente e respondeu:

— Sim, gosto.

— É um lugar em que muitos recarregam as energias como você. Renovam seus fluidos vitais.

— É mesmo? Não me lembro de ter estado aqui.

— É verdade. É sua primeira vez.

— Gostei muito deste lugar, sempre pensei um dia em ir morar no campo, pois nos faz sentir muito bem. Sentimo-nos recarregados. Parece que nada de ruim vai nos acontecer.

— Isso mesmo. Fico feliz que tenha se sentido bem. Isso quer dizer que poderei esperá-lo mais vezes.

— Mas como vim parar aqui? Como posso vir mais vezes?

— Não se preocupe, isso é só um detalhe.

— E como vou me lembrar como se chega a este lugar?

— Sidney, não se preocupe, ficará guardado em você esse lugar e meu nome; com certeza saberá encontrar!

Sidney foi colocado de volta no corpo material. E continuou a dormir profundamente.

CAPÍTULO 7

Desafios

NO DIA SEGUINTE, bem cedo, as irmãs terminavam o café da manhã.

— Vamos logo com esse café, Vera, tenho muitas coisas para resolver no escritório. E você, muita coisa para aprender.

— Já estou terminando. Espere só mais um segundinho — respondeu feliz, andando apressadamente até o quarto. Silvana tirou as louças do café da mesa e se dirigiu à porta:

— Vamos logo, Vera, tenho horário.

— Já estou indo...

— Nossa, para que tanta maquiagem? A senhorita vai trabalhar e não a uma festa!

— Não vai começar a implicar comigo, vai?

— Quando estiver exagerando seja lá no que for, vou sim.

Logo, ambas chegaram ao escritório:

— Bom dia, Cristiane, está tudo bem por aqui?

— Bom dia, Silvana, está tudo bem, sim.

— Cris, esta é minha irmã Vera... Vera, esta é Cris... trabalha há bastante tempo conosco.

— Muito prazer... — Cris estendeu a mão para cumprimentá-la. Vera correspondeu ao cumprimento.

— Tem algum recado? — perguntou Silvana meio apressada.

— Tem sim... — Cris lhe entregou os recados.

— Vamos, Vera. Tenho que lhe ensinar muitas coisas.

A jovem recém-chegada estava encantada com tudo o que seus olhos registravam. Logo que entrou na sala da irmã, correu para se sentar em uma confortável cadeira que ficava atrás de uma mesa imensa, com muitos projetos e canudos repousando sobre ela.

— Que sala é esta? Parece coisa de novela!

— Pode tirar seu burrico da chuva que esta mesa pertence a mim. A sua é esta aqui... — apontou Silvana com a mão.

— Credo, é bem menor que a sua!

— O que queria?

— Igual à sua! — concluiu Vera irônica.

Silvana se aproximou da irmã e disse com o cenho franzido:

— Escute bem o que vou lhe dizer: o segredo para tudo em nosso caminho é a humildade. Sem isso não chegará a lugar algum. Entendeu? — Silvana arrastou o sotaque soteropolitano.

— Já entendi... Às vezes, você fala igual à mainha.

— Pois fique sabendo que nossa mãe nos ensinou muitíssimo bem. Se colocar em prática um terço, estará no caminho certo.

Vera ficou com cara de poucos amigos, mas a irmã não se incomodou. Tratou logo de ensinar à jovem o que devia. Vera era muito esperta, não se alongou muito e logo tirou de letra tudo o que a irmã lhe ensinou com empenho.

O relógio marcava meio-dia e meia quando a jovem aprendiz se pronunciou depois de muito tempo emburrada:

— Estou com fome...

— Puxa... É claro que está, perdoe-me, não atinei para esse detalhe, quase nunca tenho horário para almoçar. Vou resolver isso agora!

Silvana chamou por Cris, que a atendeu.

— Cris, você já almoçou?

— Ainda não, estava saindo quando me chamou.

— Faça-me um favor... Vera ainda não conhece nada e eu ainda estou toda enrolada por aqui... será que ela pode acompanhá-la?

— Claro...

Silvana lhe agradeceu. Logo que as duas saíram e fecharam a porta, a eficiente funcionária voltou para o computador e começou a digitar:

— Olá, dr. Sidney. Como tem passado?

— Bem, srta. Silvana. E as coisas como estão?

— Está tudo correndo muitíssimo bem. Conseguiu descansar esta noite?

— Sim, e você?

— Também.

— Por enquanto não tive nenhum incômodo, o que mais me faz mal é estar longe de todos.

— Já sabe minha opinião e ainda acho melhor que o senhor tivesse a companhia de seus pais por perto.

— Não. Eles não têm condições de me acompanhar no momento. Para falar a verdade, sinto falta do meu trabalho, de você...

Silvana, pela primeira vez, sentiu o coração disparar e pensou: "Ainda bem que a internet não mede nossa emoção!".

— Eu o entendo, sei que é complicado; quanto a mim, pode me chamar sempre que se sentir solitário.

— Você já se viu em algum momento de sua vida em que nada faz sentido? Que tudo não importa? Não consigo encontrar meu ânimo de volta; às vezes, penso em largar tudo e andar por este mundo até quando puder me sustentar de pé.

— Nunca mais diga isso, eu o proíbo! Olhe... qualquer hora do dia ou da noite pode me chamar que estarei sempre conectada; sei que não faço parte de sua família, mas posso lhe fazer companhia mesmo que a distância.

De repente, Silvana sentiu que o dever a chamava. Mesmo que as emoções não se pronunciassem, ela ficou com pena daquele homem, apesar de ela não conhecer seus sentimentos, suas dúvidas, suas decepções nem mesmo seus ideais. Silvana não sabia nada sobre ele. Somente estava profissionalmente a seu lado. Apesar disso, se achou no dever de sustentá-lo naquele momento de angústia e solidão.

— Ei... ainda está aí? — perguntou o rapaz diante do silêncio da funcionária.

— Claro... Dr. Sidney, até quando ficará ausente?

— Não sei, mas creio que vou demorar por aqui até que tudo esteja resolvido definitivamente. Por quê?

— Por nada, apenas me passou pela cabeça... Deixe para lá.

— Diga, srta. Silvana, quem sabe será uma dose de ânimo para mim.

— Bem... pensei que nos fins de semana pudesse ir encontrá-lo. O senhor sentiria menos solidão e insegurança.

— Como sabe que sinto insegurança?

— Não sei, apenas arrisquei um palpite. Sempre que nos sentimos tristes e amargurados por causa da solidão, sentimo-nos também inseguros. Ainda mais no estado em que o senhor está. Senti insegurança muitas vezes, em determinados momentos da minha vida. Já deparou com esse sentimento?

— Não me lembro.

— Pois eu já, muitas vezes. Principalmente quando decidi vir para São Paulo. Para falar a verdade, senti certo incômodo e medo. E sabe por quê?

Sidney ficou por alguns instantes pensando e não respondeu.

— Sidney, ainda está aí?

— Claro. Bem... acho que sei o que está querendo dizer...

— Sabe?

— Parece que são sentimentos relacionados ao desconhecido, do que pode vir a acontecer. Estou certo?

— Exatamente, o desconhecido provoca esse tipo de sentimento; e eu não quero que alimente sentimentos que poderiam deixá-lo ainda mais sensível e vulnerável.

Sidney concordou. Nunca, nem a esposa, em momento algum, havia se preocupado com tanta intensidade como aquela funcionária.

— Agradeço-lhe por sua preocupação comigo, mas eu não faria isso com você, basta o que já atura durante a semana em relação à minha pessoa. Não quero que se incomode com isso. Afinal, os problemas são meus.

— Mas não será incômodo algum. Quem sabe assim que resolver tudo, não retoma sua vida?

— Não faria isso com você. Ainda não me conhece direito, sou um cara muito chato — escreveu, demonstrando intimidade.

— Tudo bem, como você quiser, não é legal insistir. Mas se um dia precisar de um ombro amigo, conte comigo.

— Agradeço-lhe a generosidade. Mas já faz muito por mim.

Já tinha se passado mais de uma hora desde que Vera havia saído para almoçar com Cristiane. Assim que a porta da sala abriu-se e Vera entrou, Silvana se despediu:

— Dr. Sidney, Vera, minha irmã, voltou do almoço, falamo-nos mais tarde. Se precisar de mim com urgência estarei aqui. Que Deus o abençoe.

Sidney não respondeu à mensagem, apenas ficou pensando em Silvana: "Será que existe ainda jovens tão ligadas a princípios morais e religiosos? De onde vem esse 'que Deus o abençoe'?".

— Com quem estava conversando no computador para se despedir tão de repente?
— Com ninguém, maninha. Já almoçou?
— Claro! — respondeu desconfiada.

CAPÍTULO 8

Um presente

VERA, APESAR DE ser um pouco rebelde, o que era próprio da idade, interessava-se e aprendia rápido tudo o que a irmã lhe ensinava durante o dia. Parecia que nascera realmente para trabalhar naquele escritório de engenharia civil. Silvana estava satisfeita com seu desempenho, pois ela não se mostrou desinteressada em nenhum momento.

Sidney começou a chamar Silvana várias vezes ao dia. Já não havia tantas formalidades entre eles quanto nos primeiros dias. Sem que notassem a falta de convenções, a hierarquia entre patrão e empregado já não se fazia presente. A cada dia, ficavam mais íntimos, como dois grandes amigos.

Em uma das noites, quando Silvana e Vera chegavam a casa, o porteiro chamou-a:

— Senhorita Silvana, chegou uma encomenda!
— Para mim? O que é?
— Não sei.

Silvana assinou o livro de recebimento e controle, praxe de quem mora em edifício, e subiu.

— Parece um presente... Quem será que lhe mandou, mana? — perguntou Vera curiosa.

— Não sei, vamos ver.

Silvana abriu a caixa. Parecia ser uma *webcam*. Assim que abriu, encontrou um pequeno bilhete:

"Olá, Silvana, estou mandando esta câmera para que possamos nos ver enquanto conversamos. Instale-a."

Silvana, mais do que depressa dobrou o bilhete e o guardou no bolso da calça. A irmã pegou a câmera nas mãos e, curiosa, perguntou:

— De quem ganhou? O que está escrito no bilhete?

— Deixe de ser intrometida, não posso dizer-lhe. Devolva-me a câmera!

Vera começou a correr pelo apartamento com a câmera nas mãos e a irmã atrás, tentando tomá-la de volta.

— Devolva-me agora a câmera!

Vera, com o objeto nas mãos, levantou-o bem alto para que a irmã não alcançasse.

— Só lhe devolvo se me contar quem mandou e quem escreveu o bilhete!

— Deixe de graça, Vera — Silvana pulava, tentando pegar o objeto.

— Não... não... não adianta insistir, só lhe devolvo quando me contar quem mandou.

Silvana estava ficando zangada.

— Por favor, mana, devolva-me...

— Já disse que não.

Vera, passando o objeto de uma mão à outra, ria cinicamente.

— Nossa... para estar tão nervosa deve ser um homem muito importante, né, maninha?

— Vera, não estou brincando, devolva-me isso já, antes que eu perca a paciência!

— É seu namorado?

— Não, não é. E se não me der agora, vou colocá-la no primeiro avião de volta para a Bahia!

— Pode fazer o que quiser, mas não vou lhe devolver.

Silvana desistiu e foi para o banheiro tomar um banho com a intenção de acalmar os ânimos; logo depois, preparou o jantar e sentou-se à mesa. Vera viu que a irmã não iria abrir a boca por nada e sem delongas colocou a caixa com a câmera sobre a mesa, ao lado da irmã. Sentou-se à mesa e serviu-se para fazer a refeição.

Ao término do jantar, Silvana, ainda zangada com a irmã, retirou a louça da mesa e foi para o quarto. Vera, muito vivaz, mais que depressa limpou a cozinha e foi tomar um banho. Achou prudente não falar com a irmã naquela noite.

Silvana instalou a câmera como o patrão havia pedido e ficou esperando por seu chamado. Passava das dez horas da noite quando o *notebook* deu um alerta.

— Boa noite, Sidney.

— Boa noite, Silvana. Como está? Pensei que estivesse na faculdade!

— Hoje eu não fui. Como está?

— Amanhã será um dia muito difícil, mas estou preparado.

— Quer dizer que é amanhã?

— Como nós já havíamos previsto, chegou o dia.

— Ainda sinto que seus pais deveriam estar junto de você!

— Por favor, não insista.

— Tudo bem, não se zangue...

Silvana o via nitidamente pela câmera e sentia-se mais perto dele.

— A que horas será o procedimento?

— Em torno das nove horas da manhã.

— Sidney, sinto muito.

— Não sinta, torça por mim.

Silvana engoliu as palavras engasgadas em sua garganta, pois sabia que naquele momento a única coisa que ele não gostaria era ver a fraqueza da amiga.

— Como assistir a tudo isso, vendo-o tão sozinho? E eu sem poder fazer nada?

— Acalme-se, Silvana. Não há o que fazer a não ser pedir a Deus que me abençoe como sempre fez. Confio nesse Deus que você pede com tanta fé. Confio na confiança que você tem em acreditar que ele pode realmente me abençoar.

Silvana pediu licença e saiu por alguns minutos. A jovem entrou no banheiro, e com uma pequena toalha sobre a boca, abafou os gritos e as lágrimas que explodiam em seu peito em forma de dor e lamento. Silvana ficou ali parada por longos e melancólicos minutos, até que, mais refeita, voltou para o *notebook*.

— Silvana, você está bem? Aonde foi?

— Ao banheiro.

Sidney riu sonoramente.

— Desculpe, saiu correndo, não sabia que estava tão necessitada assim para ir ao banheiro, assustei-me.

Silvana, ao ver o sorriso de Sidney, animou-se e se deu conta de que não adiantaria sofrer por algo que era irremediavelmente necessário. Era importante que ele enfrentasse tudo de uma vez.

Sidney e Silvana conversaram por muito tempo, deixando as lamentações esquecidas e jogadas a um canto qualquer do quarto, até que, esgotados pelo dia e pelo adiantado das horas, despediram-se e caíram em sono reparador.

No dia seguinte, Silvana chamou Cris e Vera e deu todas as coordenadas para que pudessem trabalhar com eficiência. Pediu também que Carlos, o engenheiro amigo de Sidney, ficasse no escritório até que ela voltasse.

Silvana estava de saída quando Marcelo deu um encontrão nela:

— Calma... Calma... aonde vai com tanta pressa?!

— Preciso sair, Marcelo. Por favor, não me atrase!

— Mas aonde vai? Preciso falar com você!

— Agora não posso, se quiser, entre, mas Sidney não está.

— Mas não vim falar com Sidney, vim falar com você.

— Por favor, Marcelo, preciso ir — Silvana não lhe deu mais atenção, respondeu e saiu às pressas, mas Marcelo foi atrás e a segurou pelo braço:

— Ei... Ei... espere um pouco, aonde vai tão nervosa?

Silvana parou diante da insistência de Marcelo e disse olhando fixamente em seus olhos:

— Por favor, Marcelo, preciso resolver um assunto de extrema urgência. Se quiser me espere em minha sala, logo estarei de volta.

Marcelo se acalmou diante das palavras da jovem. Contudo, na verdade, Silvana apenas o despistou para que pudesse se livrar dele.

CAPÍTULO 9

Um aviso

SILVANA CHEGOU AO compromisso pontualmente quando Sidney estava sendo levado para a sala de cirurgia. Ao encontrá-lo no corredor, pronto para a intervenção, ele disse:

— Silvana, o que faz aqui?

Sem conter as lágrimas, ela respondeu pausadamente:

— Não conseguiria esperar notícias suas passivamente em São Paulo.

Sidney segurou em suas mãos e as beijou gentilmente:

— Você não existe, confesso que estou surpreso.

— Senhora, por favor, deixe-o ir, o médico já o está esperando — disse o enfermeiro empurrando a maca.

— Espere só um minuto, senhor — pediu suplicante.

Com a voz entrecortada, ela balbuciou:

— Quando voltar... estarei aqui esperando-o. Que Deus o abençoe.

Sidney, com os olhos marejados, sorriu. Silvana deu um beijo em sua testa e largou suas mãos lentamente, enquanto acompanhava o enfermeiro sumir pelo longo e silencioso corredor.

Já era alta da madrugada quando Sidney retornou. Silvana estava apreensiva esperando-o.

Sidney passou de uma maca para a cama. Embora sua expressão fosse serena, seu aspecto não era dos melhores. Sua cabeça estava toda recoberta de ataduras, tinha à mostra apenas dos olhos para baixo. Estava sedado, respirava com auxílio do respirador artificial e recebia drogas intravenosas em um dos braços. O procedimento, além de muito delicado, fora de grande proporção.

Depois que os enfermeiros acomodaram-no, Silvana se aproximou e ouviu:

— Senhora, por favor, ele terá de descansar, precisa de muito repouso.

— Ele não vai acordar?

— Infelizmente, não. Ficará assim nas próximas setenta e duas horas. O sr. Sidney está em coma induzido, tenha paciência.

— Como foi a cirurgia? Preciso saber os detalhes!

— Fique tranquila, o médico virá falar com a senhora.

Silvana, diante do impasse, procurou se acalmar.

— Obrigada.

Silvana sentou-se numa poltrona. Seus pensamentos não paravam, a jovem tentava entender os porquês das muitas reviravoltas que a vida por muitas vezes nos acometia sem pedir licença. "Qual será a doença de Sidney? Por que ele nunca comentou nada comigo ou com seus pais? Por que ele é assim tão introspectivo? Por que nunca comenta nada além do profissional? Será que vai morrer? Meu Deus, como não pensei nisso antes?"

Silvana se levantou, aproximou-se da ampla vidraça e, olhando para o pouco movimento da rua, continuou com seus pensamentos, só que agora estava em pânico: "Se algo lhe acontecer serei a única pessoa presente... a única que sabe onde ele está e o que veio fazer! Meu Deus, o que devo fazer? Esclareça-me, Senhor!".

Silvana voltou a sentar-se, e com as mãos juntas fez um Pai-Nosso mecanicamente e pediu auxílio aos anjos dos céus. Ficou naquela posição por muito tempo. Depois, exausta por tantas contrariedades e tantos sentimentos misturados, adormeceu.

— Como tem passado, Silvana?

Silvana, sem entender direito o que estava acontecendo, esfregou os olhos para concentrar melhor seus olhos no jovem moço ao seu lado:

— Eu o conheço? De onde?

— Certamente que sim. Mas no momento não vai se lembrar.

Silvana fez força para recobrar a memória. Contudo, quanto mais o jovem se pronunciava mais ela tinha a impressão de que o conhecia.

— Não vai dizer nada? Como é de praxe sempre que aparecemos, "vocês" fazem milhões de perguntas!

Silvana permaneceu em silêncio, tentando puxar da memória quem era o moço exuberante e atrevido.

— Bem... Já que não vai dizer nada, ouça-me. Sidney vai precisar muito de você, espero que ele possa contar com sua generosidade.

— Por que me diz isso? Por que estamos aqui com essa conversa toda?

— Bem... o intuito de minha visita é auxiliá-la na ajuda a Sidney; afinal, não é de hoje que nos conhecemos: fazemos parte da mesma história.

— História? Que história? — perguntou Silvana meio sem paciência. Não sabia exatamente quem era aquele moço, mas não aprovou muito seu jeito autoritário.

— Olhe como... — Silvana o cortou sem reservas:

— Chega de falar... Parece até que engoliu um aparelho de som!

O jovem parou atônito com a interrupção dela.

— Você é quem vai responder às minhas dúvidas!

— Tudo bem... Se eu puder, farei com muito gosto.

— Quem é você e por que está aqui?

— Meu nome é Samuel e vim de um lugar que no momento não adiantaria explicar que você não entenderia.

— Tente...

— Querida Silvana, não há muitas explicações, mesmo porque só entenderá aos poucos. O motivo de eu estar aqui para orientá-la são os mesmos motivos que o seu.

— Os mesmos que os meus? Como assim?

— Nossos sentimentos estão ligados por um grande elo que nos une por muitas sequências. Mesmo que negue, nós dois sabemos que seu amor por Sidney é puro, verdadeiro e incontestavelmente fiel.

— Que tipo de amor está falando?

— Simplesmente de amor. Não há uma lógica quando falamos de amor. Não importa que tipo de amor seja sentido, simplesmente sentimos ou não. No meu caso, estamos ligados por eu também amar verdadeiramente Sidney. E nós dois queremos que ele se recupere e siga em frente.

— Tudo bem... vamos por partes. Desculpe-me, não foi minha intenção ser mal-educada.

Silvana não sabia explicar o que havia acontecido, mas acalmou-se.

— Pois diga, então... — pediu Silvana mais serena.

— Vim em missão de paz, não se preocupe.

— Pode dizer, vou escutá-lo.

— Sidney vai precisar muito de nosso apoio.

— Do "nosso"?

— Sim. Por favor, escute-me. Não vim para implicar, vim para auxiliar. Só que para isso preciso de sua compreensão e bondade.

Silvana, diante da brandura do interlocutor, silenciou e deixou que ele continuasse:

— Vou deixar Sidney em suas mãos, vou confiar plenamente em sua generosidade, pois sei que posso contar com você.

— E o que devo fazer?

— Esteja sempre ao seu lado e ore... ore muito... suas preces serão importantes para restabelecermos nosso amigo.

— Só isso?

— Apenas isso... Sempre que estiver em aflição ou com dúvidas de como proceder, mentalize pensamentos de bondade, irmandade e compreensão. Farei o possível para que juntos possamos chegar aonde deveríamos estar há muito tempo.

— Não estou entendendo o que diz!

— Não precisa entender, tudo será esclarecido no momento oportuno. Apenas siga seu coração e seus sentimentos, que tudo dará certo. Agora tenho de partir. Conto com você.

Samuel sumiu no espaço e Silvana foi colocada de volta ao corpo material.

* * *

Samuel retornou à pátria espiritual convicto de que Silvana colaboraria.

— Como foi com Silvana?

— Na medida do possível bem.

— É para isso que nos esforçamos todo o tempo, Samuel, para podermos auxiliá-los. Nós nos desdobramos para propiciar o melhor caminho a cada um. Só assim todos encontrarão a evolução. É sempre em busca disso que nos aprimoramos. É sempre esse o sentido da vida. Devemos sempre valorizar a vida onde quer que ela esteja.

— Não quero que pense que estou aqui para lembrá-lo do episódio lamentável por que passou. Ao contrário, estarei sempre junto de você até que consiga definitivamente ficar livre dessa passagem aflitiva que ainda o incomoda.

* * *

— Que horas são? Nossa, como dormi!

Silvana foi ao banheiro, lavou as mãos, o rosto e voltou para junto de Sidney. Não se demorou; logo o médico cirurgião responsável pela cirurgia de Sidney entrou.

— Com licença... — pediu o médico depois de bater na porta.

— Pode entrar.

O médico fez os exames neurológicos prováveis para testar os reflexos de Sidney e, em seguida, voltou-se para Silvana que o aguardava aflita.

— Como ele está?

— A princípio bem. Mas temos de aguardar as horas que ainda faltam.

— Mas ele corre algum risco, doutor?

— Só podemos afirmar com exatidão daqui a alguns meses. Sidney sofria de um aneurisma complexo. Temo que possa ter ficado com algum problema motor.

— Aneurisma? Como assim?

— Sidney tinha um aneurisma de grande proporção. Ele não comentou com a senhora?

Silvana segurou as mãos de Sidney extremamente triste e preocupada. Ela tremia como se o paciente lhe fosse íntimo. O médico, pasmo, questionou:

— Seu marido não comentou nada com a senhora?

Silvana pensou em dizer que Sidney não era seu esposo, mas diante do quadro gravíssimo de Sidney, ela pensou e achou melhor não dizer nada. Como explicar sua presença naquele momento, sem que fosse uma pessoa da família?

— Desculpe, doutor, é que estou tão nervosa... Claro que ele disse... é que às vezes em sã consciência custava-me a acreditar.

— Ainda bem... A senhora me pregou um susto. Numa doença como essa, é de extrema importância que os familiares estejam a par de tudo, pois não sabemos o que pode acontecer!

— Então ele corre risco ainda?

— Sem dúvida. Uma lesão como a de seu marido é de grande risco. Mas gostaria que a senhora confiasse em nossos neurologistas, todos nós fizemos um ótimo trabalho, estou confiante quanto à sua melhora.

— Que bom... O senhor não sabe como me encoraja.

Silvana respondeu para o médico com toda a sinceridade. Ele não podia imaginar o quanto ela estava apavorada com aquela descoberta. Em seu íntimo pensou em todos os palavrões que eram possíveis de lembrar, por seu patrão ter escondido um fato tão grave como aquele.

O médico, atencioso, estendeu a mão para se despedir.

— Qual a sua graça?

— Silvana... A seu dispor.

— Descanse bem, dona Silvana, seu esposo ainda vai demorar para retornar à vida.

— Como retornar à vida, doutor?

— Não se aflija, senhora, é força de expressão. Vai demorar para despertar.

— Ah... Graças a Deus, doutor. Não sabe o susto que me deu...

O médico saiu e Silvana se deixou cair sobre a poltrona chorando desesperadamente. Parecia que o mundo ia desabar sobre ela. Sua angústia incomodava profundamente seu coração. Ela não sabia se era um medo terrível de estar responsável por ele ou se era medo de perdê-lo. Naquela noite não conseguiu descansar nem por um segundo, ficou sentada ao seu lado, segurando sua mão. De tempos em tempos, levantava a cabeça para ver se ele ainda permanecia adormecido.

E assim se seguiram as setenta e duas horas. Os medicamentos não cessavam, a cada três horas a enfermeira entrava, examinava-o e trocava o soro por outro. Mas já existia uma ótima notícia, não mais aplicava os sedativos.

Silvana estava exausta. Ficou ao lado do patrão sem deixá-lo em tempo algum, apenas se limitou a ir ao banheiro e escovar os dentes, por sorte havia levado a escova e a pasta de dentes em sua bolsa. Banho? Já nem sabia o que era. Sua paciência e generosidade foram além do que Samuel esperava. Para sua felicidade, Sidney remexeu-se no leito.

— Sidney... Sidney... — pronunciou seu nome ao vê-lo despertar.

Sidney, ainda muito sonolento, espremeu os olhos para fixar melhor Silvana à sua frente. Ela estava com o semblante radiante de felicidade e de alívio por ele ter voltado à vida.

— Graças a Deus você despertou! Por que fez isso comigo?

Sidney sorriu levemente ao vê-la aflita, e Silvana, sem perceber, beijou suas mãos por ver que ele a reconhecera, demonstrando que não havia sequela, pelo menos naquele momento. Sidney se pronunciou ainda sonolento:

— Está chorando por eu estar aqui ainda ou por eu estar entre os anjos nos céus?

— Ah... Não brinca com uma coisa dessas!

Com muita dificuldade, ele levou as mãos de Silvana em sua boca e as beijou.

— Sabe há quantos dias está dormindo? — perguntou Silvana.

— Nem imagino... Mas pela sua pergunta... devo estar dormindo há uns três meses!

— Há três dias... Mas devo confessar-lhe que para mim me pareceram uns três meses mesmo.

Sidney sorriu, ainda não se sentia bem. Silvana notou o esforço que estava fazendo para tentar manter-se com os olhos abertos. Sem esperar, tocou a campainha.

— Pois não, dona Silvana!

— Sidney acordou, não seria melhor chamar o médico?

A enfermeira gentilmente se aproximou:

— Como se sente, sr. Sidney?

— Bem... — Sidney respondeu sem entusiasmo.

— Fique tranquilo, vou chamar o médico.

A enfermeira saiu. Não passou nem dez minutos e o médico entrou.

— Como se sente, sr. Sidney?

— Sidney balançou a mão indicando que não se sentia muito bem.

O médico o examinou minuciosamente; ao término, pediu que o enfermeiro o levasse para fazer uma tomografia. Foi uma atitude mais que correta. Silvana, sem pensar, acompanhou-o.

Assim que voltaram, o médico trouxe os resultados.

— Senhor Sidney, como eu esperava, sua cirurgia foi um sucesso.

— Mas ainda sinto algumas pontadas na cabeça.

— Fortes ou leves?

— Leves, nada que me desespere, mas incomoda.

— Bem... Faz apenas três dias que saiu de uma delicada cirurgia, são comuns algumas pontadinhas. Fique descansado, está tudo bem. O exame definiu muito bem a cirurgia, a irrigação está compatível. Não devemos esquecer também que seu mal-estar tem a ver com o restabelecimento da cirurgia. Você passou por uma intervenção delicada, e, claro, não é comum depois de três dias despertar e sentir-se bem. Não tenha pressa, aos poucos, bem lentamente, vai voltar ao estado normal. Não espere vitalidade breve. Está bem?

Sidney levantou a mão positivamente.

— Para sua tranquilidade, prescreverei um calmante bem leve para que possa relaxar. Tudo bem?

— Sidney acenou com a mão novamente.

— Doutor, quando ele terá alta?

— Daqui a mais alguns dias. Logo poderá ir para casa.

O médico, muito atencioso, percebeu que Silvana desde que chegara ao hospital não o deixara um minuto sequer.

— Dona Silvana, entendo sua preocupação com seu marido, mas recomendo que vá para casa; precisa descansar.

Sidney olhou para Silvana sem entender o que estava acontecendo, mas não disse nada, não sabia o que havia acontecido durante o período em que ficara inconsciente.

— Bem... Era sobre isso mesmo que eu ia conversar com o senhor. Será que não haverá problema? Preciso realmente ir até em casa, e também ao escritório.

— Não vejo nenhum impedimento. Poderá ir sem problemas.

— Muito obrigada, doutor.

O médico saiu deixando Sidney e Silvana sozinhos.

— Marido? — perguntou Sidney esperando uma explicação.

— Podemos falar sobre isso mais tarde?

Sidney sentia-se muito mal ainda, mas não pôde deixar de insistir:

— Como marido?

— Ah, o que queria que ele pensasse? Eu não lhe disse que era meu marido.

— Mas também não disse que não era!

Sidney tentou levantar a cabeça sem sucesso. Silvana, preocupada, aproximou-se, dizendo aflita:

— Não deve fazer movimentos bruscos. Acalme-me... também não é o fim do mundo que você passe por meu "marido". Ele achou que eu era sua esposa e deixei que ele pensasse assim. O que queria que eu fizesse? Uma cirurgia como essa é complicada, tinha de ter um responsável. E essa pessoa deveria ser sua "esposa", oras.

Sidney sorriu admirado e concluiu com dificuldade:

— Sim... Mas está aqui comigo todos esses dias sem ir para casa?

— Sim...

— Mas por quê?

— Fiquei preocupada.

— Não há motivos para isso!

— Como não há? Você nunca me disse que tinha um aneurisma. Aliás, não foi nada gentil de sua parte ter me escondido uma doença tão grave! — sou sua "esposa", sabia? — brincou Silvana animando-o.

— Não é grave.

— Como não?

— Senhorita Silvana, esse aneurisma nunca me incomodou em nada, apenas existia em algum lugar qualquer do meu cérebro. E, depois, já foi solucionado, não foi?

— Não quero falar sobre isso. Você ainda se recupera, e eu ainda não posso lhe dar uns tapas bem dados no seu bumbum. Vou para casa tomar um banho. Passarei no escritório para ver como estão as coisas e volto depois. Aí sim, quando eu voltar conversaremos mais tranquilos.

Silvana esperou que ele fosse medicado, depois, mais tranquila, foi embora.

CAPÍTULO 10

As notícias

SILVANA CHEGOU AO seu apartamento muito cansada. Tomou um banho, deitou na cama para descansar um pouco e acabou adormecendo. O dia estava se findando quando ouviu um barulho na sala, assustou-se. Vera, notando movimento, foi ver o que estava acontecendo. Abriu a porta do quarto e exclamou:

— Mana!

— Vera, o que está fazendo em casa a essa hora?

— Eu é que pergunto por onde andou todos esses dias!

— Quer responder à minha pergunta primeiro?

— Nossa, pelo visto está mal-humorada.

— Desculpe, não estou mal-humorada, mas sim preocupada.

Silvana levantou-se e viu pela janela que já havia anoitecido.

— Minha nossa, que horas são?

— Já passou das sete horas da noite! Isso responde por que já estou em casa?

— Desculpe, irmã...

— Silvana foi andando toda atrapalhada e se desculpando ao mesmo tempo.

— Cadê meu celular?

— Está aqui em sua cama recarregando — disse Vera com a atenção voltada para a irmã, que se mostrava muito nervosa. Silvana mais do que depressa ligou para o hospital.

— Atende... Atende... — sem resposta, Silvana apertou o botão e finalizou a chamada.

— Para quem está ligando tão nervosa?

Silvana não respondeu, apenas se dirigiu à sala para pegar o outro número que dava direto na enfermaria do andar. Assim que conseguiu completar a ligação, falou:

— Alô... quem está falando?

— Com quem quer falar?

— Sou Silvana, estou com um paciente internado, é o sr. Sidney.

— Ah... sim, é a esposa do sr. Sidney?

— Isso... como ele está?

— Está tudo bem, já o medicamos, ele está dormindo.

— Puxa vida... Não sei se irei conseguir voltar ainda hoje. Tem algum problema?

— Não senhora, fique tranquila, o sr. Sidney está muito bem.

— Ah! Que bom ouvir isso. Amanhã cedo estarei aí. Mais uma vez, muito obrigada.

Silvana se despediu da enfermeira, sentou-se no sofá, jogou-se para trás e, com ar de alívio, disse:

— Ah... Graças a Deus está tudo bem.

— Será que posso saber o que está acontecendo?

Silvana, com os olhos cerrados, respondeu:

— Desculpe, irmã, mas não posso contar-lhe nada.

— Como não? Sou sua irmã, pelo amor de Deus, estão todos à sua procura. É melhor ir se preparando para o pior.

Silvana deu um pulo saindo repentinamente de seus devaneios:

— O que seria pior que tudo o que está me acontecendo?

— Os pais de Sidney estão desesperados atrás dele!

— Não é Sidney, e sim dr. Sidney. Ele é seu patrão, sabia?

— Eu sei, acho que quem não sabe é você. Há dias que aquele escritório está um pandemônio, e você nem aí para o que está acontecendo. Quando nosso "patrão" chegar nem quero estar por perto. Vai sobrar tudo para você!

Silvana passava as mãos pelos cabelos tentando achar uma solução. Num repente, arrumou-se, pegou a bolsa e foi em direção à porta:

— Vera, por favor, prepare alguma coisa para comermos que eu já volto.

— Aonde vai a esta hora?

Silvana saiu sem lhe dar explicações. Tentou várias vezes respirar fundo, exercitando os pulmões para acalmar o frio que estava sentindo no ventre, mas foi em vão. A cada rua que cruzava sentia-se pior, até que estacionou o carro e desceu. Andou alguns passos e apertou o interfone. Do outro lado da linha, ouviu-se o porteiro:

— Por favor, a sra. Isaura.

— Quem gostaria?

— Diga que é a funcionária do seu filho, meu nome é Silvana.

O porteiro abriu o portão e, em seguida, pediu que Silvana entrasse:

— Pode subir, já a estão esperando.

— Qual o andar?

— Décimo terceiro, apartamento 133.

— Obrigada, senhor.

Silvana subiu com o coração nas mãos, não sabia ao certo como eles iriam recebê-la. Logo que chegou ao andar indicado pelo porteiro, os pais de Sidney já a estavam esperando com a porta aberta. Isaura, em desespero, chorava compulsivamente. Silvana, a pequenos passos pensava no que diria aos pais de Sidney. Assim que deparou com Isaura chorando em desespero, arrependeu-se amargamente, mas já era tarde para voltar atrás.

— Senhora Isaura?

— Sim, minha filha, você é?

— Silvana — a moça gentilmente estendeu a mão. Ela não esperava que o desespero daquela mãe fosse tanto. Sem reservas, ela se atirou nos braços de Silvana, que a acolheu mesmo sem querer. Silvana ficou calada por longos instantes até que falou:

— Senhora, acalme-se, seu filho já está muito bem.

— Já está muito bem? O que quer dizer com "já está muito bem", por um acaso sofreu um acidente?

Silvana conduziu a senhora para o interior do apartamento, e carinhosamente a fez sentar no sofá, ao lado de João, que estava aflito por notícias. Não havia o mínimo de intimidade entre a funcionária e os pais de Sidney. Contudo, naquele momento, Silvana deixou a educação e a etiqueta em algum lugar de seu deplorável pavor e insegurança e foi à cozinha buscar um copo com água para a senhora, que continuava aos prantos.

— Acalme-se, senhora. Está tudo bem com seu filho.

— Onde ele está, pelo amor de Deus!

Silvana a fez tomar alguns goles de água e depois colocou o copo sobre a mesinha de centro. João, com medo do que poderia acontecer à esposa, mantinha-se em silêncio.

— Vou contar-lhes tudo. Logo ficarão mais calmos.

— Por favor, minha filha, então nos conte logo! — pediu a senhora muito aflita.

— Sidney está hospitalizado...

A jovem funcionária do escritório de engenharia civil contou tudo o que havia acontecido com o chefe, sem omitir absolutamente nada de João e Isaura. Ao término, segurou as mãos da senhora e concluiu carinhosamente:

— Sente-se, está mais calma agora?

— Mais calma sim, mas muito magoada. Meu filho jamais poderia omitir um fato como esse. Para que nós servimos, senão para ampará-lo? Onde já se viu uma atitude tresloucada como essa?

— Dona Isaura, não fique assim, tenho certeza de que a intenção do dr. Sidney não foi magoá-los. Ele apenas quis poupá-los.

— Sinto muito, srta. Silvana, mas meu filho não podia omitir um fato como esse. Sempre respeitamos seu jeito fechado de ser, mas agora passou das medidas, isso não se faz com uma mãe tão zelosa como a minha mulher. Sidney desde que se separou da mulher ficou pior — João quebrou o silêncio, desabafando.

Silvana nem sabia que o chefe havia sido casado. Para ela, foi uma grande surpresa:

— O dr. Sidney já foi casado? Eu nem sabia!

— Muitas coisas você não sabe a respeito de nosso filho. E talvez nem venha a saber. Ele não se abre nunca.

Silvana ficou chocada com o posicionamento de João.

— Bem... tenho de ir embora. Já estão mais calmos?

— Fique tranquila, minha jovem, agradecemos-lhe imensamente por vir nos avisar.

— Amanhã devo voltar ao hospital, se os senhores quiserem me acompanhar estarei à disposição.

— Agradecemos, vamos aceitar sim; afinal, você é quem sabe bem onde o destrambelhado do meu filho está internado!

— A que horas querem que eu passe aqui?

— Não precisa nos apanhar, vamos nos encontrar na empresa do meu filho.

Silvana achou providencial, pois tinha de passar no escritório para ver como tudo estava por lá.

CAPÍTULO 11

Um sonho

SILVANA VOLTOU para casa muito cansada, mas muito mais decepcionada com a última notícia. Procurou não fazer barulho porque a irmã já havia ido se deitar. Foi até a cozinha e viu sobre o fogão um prato de comida. Silvana olhou sem interesse, não tinha apetite, seus pensamentos a tomaram por completo. A única coisa que restava a fazer era ir para o quarto e tentar dormir novamente. Mas, sem conseguir dormir, levantou-se e foi ao armário do banheiro pegar um sonífero leve.

Voltou a se deitar, mas não conseguia se desligar dos pensamentos que eram voltados todos ao patrão: "Não posso acreditar que Sidney já foi casado. O que será que aconteceu para que chegasse a uma separação? Ah, Silvana, você não tem nada a ver com isso! Sidney é apenas seu patrão, dono da empresa em que você trabalha...".

A jovem se revirou por mais algum tempo na cama e acabou adormecendo. Sonhou que estava ao meio da natureza. Havia muitas árvores, flores e uma linda bica de água que descia montanha abaixo. Ela se sentia bem naquele lugar, sentia uma paz infinita tomar conta de seu ser; era a bondade de Jesus em forma de bálsamo a higienizar seu espírito.

— Como tem passado, Silvana?

Silvana saiu de seu silêncio interior e virou-se para aquele que a questionava.

— É muito bom estar aqui, não é mesmo? — continuou Samuel diante do olhar distante da jovem. — Gosto da paz que sinto neste lugar — depois de alguns instantes de admiração, ela respondeu ao moço como se já o conhecesse havia muito tempo:

— Tirou as palavras de minha boca... é exatamente o que sinto.

— Como está seu paciente Sidney?

— Meu paciente? Ele não é meu paciente, ele é meu patrão!

— Mas no momento é você quem está cuidando dele.

— É verdade... como sabe?

— Digamos que às vezes eu adivinho algumas coisas. Quer dizer, o que me interessa, claro.

— Então não é preciso perguntar se você se interessa por Sidney, não é isso?

— É verdade. Mas não só por Sidney, por você também.

— Por mim? Por quê?

— Já nos conhecemos há muito tempo.

— É a impressão que tenho, porém, não sei de onde! — concluiu Silvana.

— Para que se preocupar com isso? Que diferença faz de onde nos conhecemos? O mais importante é que podemos nos encontrar.

Silvana abriu um sorriso e completou:

— Você me parece muito tranquilo e equilibrado. Gostaria de ser como você.

— Mas você é igual a mim.

— Não... não sou. Veja bem, neste momento estou passando por um árduo problema. Não sei se vou conseguir solucioná-lo.

— Lógico que vai. Você sempre foi um ser tranquilo e sensato, é só se manter como está agora e tudo vai dar certo.

— Como gostaria de acreditar em suas palavras.

Samuel se aproximou e com delicadeza pousou sua mão sobre a dela. Silvana, no mesmo momento, sentiu uma energia percorrer-lhe todo o corpo e um bem-estar a tomou totalmente. Ela fixou seus olhos nos do moço tentando decifrar o que ele representava para ter aquela forte sintonia com ele. Silvana retirou sua mão e disse com uma vibração na voz:

— Preciso ir embora!

Samuel, antes de Silvana entrar em choque consigo mesma, colocou suas mãos sobre ela, que retornou na mesmo instante ao corpo físico. Assim que se conectou ao corpo, ela abriu os olhos suavemente e sentiu ainda uma sensação de amor e paz indefinida. Contudo, antes que pudesse esquecer-se do sonho tão bom e reconfortante, serenou e, ainda deitada, tentou puxar pela memória o sonho que havia tido. Não poderia ficar mais feliz!

— Meu Deus, quem é o moço dos meus sonhos? Será que ainda acredito em príncipe encantado?

Em seguida, o despertador do celular tocou avisando que um novo dia estava começando. Ainda com um sorriso nos lábios, a jovem foi tomar um banho. Logo que ficou pronta foi à cozinha preparar o café. No caminho, chamou a irmã para se levantar:

— Bom dia, mana... Bom dia, querida! Está um lindo dia, o Sol está sorrindo para nós!

— Nossa... o que foi que deu em você para estar assim tão feliz?

— Nada, apenas estou agradecida por acordar e sentir que a vida é muito boa...

— Nem sempre, né?

— Não sei por que esse desânimo, só de o Sol nos presentear com seus raios luminosos já é um bom motivo para estarmos felizes.

— Ah... Você e esses dizeres melodramáticos.

— Irmã... está bem, não vamos discutir logo cedo, tome seu café que hoje tenho de resolver muitas coisas.

— Conheci seu namorado, ele esteve todos esses dias lá no escritório! — comentou Vera olhando de soslaio e com cinismo na voz.

— De quem está falando?

— De quem? Do seu namorado, Marcelo!

— Marcelo não é mais meu namorado. Terminamos faz tempo.

— Não foi isso o que ele disse.

— E o que mais ele disse?

— Que é apaixonado por você.

— É nada, ele é um grande iludido, isso sim. E você, por favor, não se meta com ele, viu!

— Claro que não, ele não é seu namorado?

— Já disse que não, Vera. E, por favor, eu lhe peço, não alimente as fantasias dele.

— Quer dizer que não o quer mesmo?

Silvana na hora parou e segurou o braço da irmã:

— Escute aqui, Vera, sei muito bem o que está querendo dizer, não sou namorada dele; não o amo, mas não a quero com ele, está me ouvindo?

Vera puxou o braço com toda a força e respondeu secamente:

— Já entendi... Pare de ser igual à mãe.

— Escute bem o que vou lhe dizer: se continuar com essas ideias na cabeça eu a coloco no primeiro jato para a Bahia, viu, senhorita?

— Não vai ser preciso, mainha e Jorge já estão chegando.

— O quê? — perguntou Silvana boquiaberta.

— Isso que ouviu; nossa mãe e nosso irmão já estão chegando.

— Quando soube disso, garota?

— A mãe ficou muito preocupada que você sumiu e disse que pegaria o primeiro ônibus em Salvador. Já deve estar chegando.

— Quem mandou preocupar a mãe, Vera?

— E o que você queria? Que eu mentisse que estava tudo bem? Fiquei com muito medo por você... — Vera, num repente, começou a chorar e saiu da mesa, empurrando a xícara longe e correndo em direção ao quarto.

Silvana sentiu que fora dura com a irmã. Sabia que não era realmente culpa dela. Vencida, foi atrás. Bateu na porta e entrou:

— Desculpe, Vera, você tem razão, eu não devia ter sumido por tanto tempo; eu faria o mesmo em seu lugar.

Silvana pegou um lenço e limpou as lágrimas da irmã que caíam sentidas. Lamentando sua atitude, abraçou-a:

— Fiquei com muito medo de ter acontecido alguma coisa com você, sua ingrata — disse com a voz embargada.

— Perdoe-me, você tem toda a razão; vesti um santo e descobri outro. Mas não fique assim, tomei uma decisão muito importante. Agora já posso lhe contar tudo. Sei que vai me perdoar.

Silvana colocou a irmã a par de tudo o que estava acontecendo e o porquê de sua ausência. Ao término, Vera questionou assustada:

— Mas e agora, o que vai ser do nosso patrão?

— Tenho muita fé em Deus que ele vai se curar definitivamente.

— Não sei não, mana, dizem que isso é muito perigoso.

— Temos e vamos esperar o melhor. Ainda hoje vou ao hospital para visitá-lo.

— E os pais dele?

— Vão comigo. Por esse motivo, dona mocinha, faça um favor de ter muito juízo. Na minha ausência, você ficará responsável pelo escritório, viu?

— Verdade? — perguntou Vera feliz.

— Sim, quer dizer, hoje vou ver se merece ou não minha confiança.

— Pode conferir tudinho, vai ter uma surpresa.
Até Carlinhos me elogiou.

— Vera, não quero ser implicante, mas o dr. Carlos, além de ser um grande engenheiro, está fazendo a vez do dr. Sidney, por essa razão sempre o chame de doutor ou senhor, temos de dar respeito para receber também.

Vera, com o rosto feliz, respondeu:

— Tudo bem, como você quiser.

— Tem de ser assim. Somos apenas funcionárias, nada além disso.

Silvana, depois de se retratar e pedir desculpas para a irmã, foi para o escritório. Assim que chegou, Cristiane entregou todos os recados em suas mãos.

Silvana ficou orgulhosa da irmã, tudo estava indo muito bem, e o melhor, tudo em seu devido lugar, como ela gostava. A jovem era muito organizada e caprichosa, e a irmã não deixou por menos. Realmente, Leonor, a mãe, soube educá-las e ensiná-las muito bem.

Silvana não precisou organizar tudo, pois Cris e a irmã deram conta do recado. Já passava de uma hora que Silvana havia chegado ao escritório quando fez uma ligação para o hospital:

— Por favor, o sr. Sidney.

Silvana esperou poucos minutos enquanto a telefonista transferia a ligação para o quarto:

— Sidney, é você?

— Silvana!

— Sim, sou eu, olhe, perdoe-me por não ter voltado ontem mesmo, mas vou...

— Calma, Silvana, não precisa ficar tão nervosa assim — cortou o engenheiro preciso. — Você já fez muito por mim.

Silvana lembrou-se dos pais dele. Quando ele soubesse que ela contara a seus pais, e pior ainda, que os levaria quando voltasse para vê-lo, talvez não fosse tão gentil e agradecido.

— Parece-me que está muito bem!

— Sim, sinto-me muito bem. Para falar a verdade, além das pontadinhas na cabeça já não sentia mais nada, agora então... Minha vontade é só uma.

— Seria muito atrevimento se eu perguntasse?

— Claro que não. Minha vontade é singela. O que mais gostaria neste momento é estar em minha casa precisamente deitado em minha cama e assistindo a um bom filme.

— Que desejo mais propício o seu, hein? É preciso só um pouquinho de paciência. Tenho certeza de que logo seu desejo será concretizado.

Silvana ficou alguns instantes calada.

— Ei, ainda está aí?

— Claro que sim...

— Por que está tão calada?

— Sidney, será que um dia você se zangaria comigo?

— Claro que não! Por que essa pergunta tão sem cabimento?

— Mesmo que eu não cumpra rigorosamente com o prometido?

— O que está acontecendo, Silvana? Estou sentindo você apreensiva.

— Talvez esteja mesmo, porém gostaria que soubesse que faria tudo de novo.

— O que está querendo dizer?

— Não estou querendo dizer nada, apenas que confie em mim sempre. Tudo o que diz respeito à sua pessoa farei com o maior prazer, mesmo que me interprete mal.

— Silvana, não sei o que está tentando me dizer, mas nunca... nunca ficaria triste ou zangado com você. Pode ter certeza disso.

— Não tenha tanta certeza assim.

— Silvana, a única coisa que me deixaria bravo ou zangado, é se você por um acaso não voltasse para me ver. Por favor, deixe tudo aí e venha logo...

Silvana foi pega de surpresa. Sentiu um calor percorrer-lhe o corpo. Sidney, ao ver que ela emudeceu, insistiu:

— Por favor, Silvana, venha, estou à sua espera.

— Tudo bem... Mais tarde estarei aí. Tenho uma pendência para resolver.

— Houve algum problema com as obras?

— Não, fique tranquilo quanto a isso. Até mais tarde, que Deus o abençoe.

Silvana desligou o telefone e Sidney sorriu. Achava ótimo Silvana pedir a bênção de Deus por ele.

— Que coisa mais antiga... Mas gosto...

CAPÍTULO 12

Rumo ao hospital

JÁ ESTAVA QUASE na hora do almoço, quando Isaura e João chegaram ao escritório. Cris, atenciosa, levou-os até a sala de Silvana. Depois de acomodados, ela falou:

— Tenho boas notícias! Falei com o Sidney por telefone e ele está ótimo.

— Graças ao bom Deus! Falou para ele sobre nós?

— Não, senhora. Não tive coragem, aliás, ele vai me matar quando souber que lhes contei!

— O que disse?

— Nada... nada, não se preocupe. Bem... acho que já podemos ir.

— Com essa boa notícia, podíamos almoçar primeiro e depois seguirmos viagem. O que acha?

— Eu prefiro ir logo. Preciso ver nosso filho.

— Acho que o sr. João tem razão, poderíamos almoçar, depois seguir viagem. Fique tranquila, dona Isaura, acabei de falar com ele, que já está até querendo voltar para casa!

— Tem certeza, srta. Silvana?

— Claro, mulher, Silvana iria mentir para quê?

— Pode acreditar, dona Isaura, não adianta nos apressarmos dessa maneira. É preciso tranquilidade para que possamos passar isso ao seu filho.

Isaura meneou a cabeça meio insatisfeita, mas concordou com o marido e Silvana. Assim que todos se sentaram à mesa do restaurante, João, como um cavalheiro, perguntou o que as duas gostariam de comer, e prontamente fez os pedidos.

— Quer dizer que meu Sidney está bem?

— Está sim, dona Isaura. Não sei muito sobre aneurismas, mas ele me garantiu que não sente mais nada. A cirurgia foi preventiva. Achei-o muito animado.

Apesar das preocupações de todos em razão da enfermidade de Sidney, o almoço transcorreu animadamente, até que Marcelo entrou no restaurante e viu Silvana acompanhada dos pais de seu amigo.

— Silvana, você por aqui? — Marcelo, ao mesmo tempo em que perguntou, puxou a cadeira para se acomodar.

— Sim... — limitou-se a responder de forma curta e precisa.

— Onde esteve durante todo esse tempo? Procurei-a por toda parte!

— Não iria me achar mesmo, eu estava fora da cidade! E, antes de mais nada e de me questionar, boa tarde a você também, viu, seu Marcelo!

João e Isaura deram uma sonora gargalhada. Silvana ficou sem graça.

— Não ligue, minha filha, esse aí é assim mesmo.

— Como tem passado, Marcelo? Faz tempo que não aparece lá em casa!

— Estou muito bem, embora goste muito do senhor e de dona Isaura, não tenho tido muito tempo. Quando tenho tempo, vou ver meu amigo na empresa. O senhor me entende, não é?

— Claro, meu filho. Não se preocupe. E o que tem feito de bom para estar sem tempo?

— É exatamente por esse motivo que estou procurando Silvana!

— A mim? E por quê?

— Consegui aquela obra da prefeitura!

— É mesmo? Que bom.

— Não fica feliz? Agora já podemos marcar a data de nosso casamento!

Silvana até engasgou, e o sr. João deu uns tapas em suas costas para acudi-la.

— Casar? Quem disse que pretendo casar-me? — questionou Silvana pausadamente.

— Pensei...

— Por favor, Marcelo não pense; aqui não é hora nem lugar de falarmos sobre isso — cortou a jovem antes que ele concluísse seus intentos.

— Mas pensei que ficaria feliz!

— Estou feliz por você, embora não aprove os meios que usou para conseguir a obra.

— Tudo bem, se não quer falar sobre isso, marcaremos um jantar à noite. O que acha?

— Sinto muito, Marcelo, mas não posso.

— Por que não? O que a impede?

Silvana passou o guardanapo nos lábios para ganhar tempo.

— Minha mãe e meu irmão estão chegando da Bahia. Você há de concordar comigo que não posso deixá-los nos próximos dias, não é?

— Se isso for o problema, já está solucionado. Marcaremos daqui a alguns dias; será uma ótima oportunidade de conhecê-los!

Silvana deu um sorriso, mas não tentou contemporizar. Com certeza Marcelo não iria entender seus propósitos. Encerrou o assunto ali mesmo:

— Já que está aqui, por que não almoça conosco? — perguntou João solícito.

— Vou aceitar.

Marcelo fez o pedido ao garçom e continuou conversando animadamente sem que percebesse a contrariedade da "namorada". Ao término do almoço, todos se levantaram para sair.

— Que mal lhes pergunte, por que estão juntos? Cadê o Sidney? Não veio com vocês?

— Ah... quanta pergunta, Marcelo! — respondeu Silvana intolerante.

— Sidney não veio conosco por motivos de trabalho. Está inspecionando uma obra no interior de São Paulo — concluiu João, poupando Silvana.

— Ah... Ainda bem! Pensei que tivesse acontecido algo, já faz dias que vou visitá-lo e não o encontro. Falando nisso, gostei da minha cunhadinha, é gente muito boa. E esperta também!

Silvana olhou-o com olhos de reprovação, quase fulminando-o.

— Bem, meu filho, temos de ir. Apareça lá em casa, gostamos muito de você! — disse Isaura apressada.

— Quer que eu os deixe em casa?

— Não é necessário, viemos com o carro.

— Posso marcar o jantar para daqui a três dias?

— Vamos ver como as coisas caminham lá em casa. Depois nos falamos, está bem?

Marcelo, contrariado, beijou o rosto de Silvana e se despediu de João e Isaura. A senhora, mais que depressa, foi para o carro, implorando que fossem logo ao encontro do filho. Já estavam dentro do carro, na estrada, quando Isaura questionou Silvana:

— Não gosta muito de seu namorado, não é?

— É...

— Esse "é", quer dizer sim ou não?

— O que é isso, mulher! Não tem nada a ver com vida da moça!

— Não tem problema, sr. João. Para falar a verdade, nem eu sei o que sinto por Marcelo. Ele diz gostar de mim, mas também da torcida do Brasil. Marcelo não é homem de uma mulher só. Até que sou otimista, ele vai sossegar com uns 40 ou 50 anos de maturidade. Aí, quem sabe, consiga viver para uma mulher só!

— Pode desabafar, Silvana, nós, mulheres, percebemos muito mais que esses homens machistas e insensíveis.

— Mas só me faltava essa agora... Depois de velha ficou implicante.

— Não é nada disso, meu velho, é que tenho certeza de que Silvana não está muito contente com esse namoro. Isso mesmo, pense muito bem no passo que vai dar, casamento é para toda a vida, é coisa séria. Não pense que por conhecermos Marcelo desde pequeno concordamos com tudo o que ele faz!

— Isaura... está indo longe demais!

— E você acha, meu velho, que Silvana já não percebeu os defeitos dele? Claro que já. Mas não é por falta de educação, viu, minha filha, os pais dele são muito bons. Marcelo vem de uma família muito rica e generosa.

— Isaura, por que está dizendo tudo isso? Coitado do moço, ele não está aqui para se defender!

— Por favor, não vão brigar por causa de Marcelo. Tenho certeza de que não vale a pena. Os dois se calaram e Silvana riu sonoramente.

— Fique sossegada, dona Isaura, conheço muito bem Marcelo. E conheço seus pais também, sempre os achei pessoas boníssimas.

— Não falei, meu velho, que Silvana já o conhece bem?

— Mas não gosto que fale dele. É um bom menino, só lhe falta uns bons puxões de orelha. Infelizmente, Antônia nunca lhe passou uns corretivos.

— Bom, é melhor deixarmos o assunto "Marcelo" para outro dia, todos nós já o conhecemos bem. Sei que ele tem bom coração, só lhe falta juízo. E, infelizmente, só o tempo poderá ajudá-lo.

— Sábias palavras. É isso mesmo, ele só precisa que a vida direcione seu caminho. Igual ao meu filho: só a vida e o tempo lhe darão o juízo necessário.

A senhora, pesarosa, silenciou com o olhar perdido, mergulhado em lamentações. Silvana, sentindo sua emoção, acariciou suas mãos.

CAPÍTULO 13

Contando um segredo

MARCELO NÃO FOI para casa depois de se despedir de Silvana e dos pais do amigo. Passou no escritório.

— Olá, Cris, tudo bem por aqui?

— Tudo em ordem. O dr. Sidney não está.

— É mesmo? O que está acontecendo? Já faz dias que ele não vem para cá!

— Está fora de São Paulo — respondeu Cris, exatamente como Silvana havia lhe pedido.

— Nossa, mas ele nunca se ausentou tantos dias assim!

— Bem, que eu saiba ele está a serviço.

— E Silvana? Também está fora a trabalho?

— Bom, sr. Marcelo, não sei da vida dela. Por que não pergunta a ela? É sua namorada, não é?

Marcelo sentiu um pouco de ironia no tom de voz de Cristiane, mas achou prudente não entrar em atrito.

— Vera está aí?

— Sim.

— Vou falar com ela.

— Acho melhor...

— Quer dizer alguma coisa, Cris? — cortou-a se impondo. Cris sentiu certo receio, pois sabia que ele gostava de confusão. Ela mesma já o havia presenciado aos berros dentro da sala de Silvana. Por esse motivo, recuou:

— Não... não quero dizer nada.

Marcelo deu as costas e entrou na sala de Silvana. Vera trabalhava concentrada.

— Oiiiiiii, tudo bem?

— Tudo e você?

— Está sozinha?

— Sim.

— E sua irmã?

— Foi resolver um problema.

— Um problema?

— É... — Vera lembrou-se dos avisos da irmã e disfarçou: — E você, o que está fazendo?

— Muitas coisas. Uma delas é vir convidar minha cunhadinha para jantar à noite. O que acha?

— Eu? Sair com você para jantar?

— É, qual é o problema?

— Bem, não sei, acho que minha irmã não vai gostar.

— Onde está o problema? Tenho certeza de que sua irmã vai até me agradecer; afinal, vamos ser cunhados, não é?

Vera ia responder, mas ele, muito mais experiente, adiantou-se:

— Encontrei com Silvana agora há pouco. Ela estava almoçando com os pais de Sidney. Comentei com ela que ia convidá-la para jantar comigo.

— É mesmo? E ela não ficou brava?

— Não. Por que ficaria? Quer saber? Ficou até feliz, disse-me que não ia estar em casa e achou providencial eu sair com você.

Vera abriu um sorriso que o encantou.

— Se é assim, por que não aceitar?

— Então está combinado, passo lá por volta das nove horas!

Vera balançou a cabeça positivamente e Marcelo se retirou com ar vitorioso.

Marcelo chegou pontualmente. Vera entrou no carro feliz e acomodou-se no banco.

— Aonde quer ir? — perguntou Marcelo gentilmente.

— É melhor você escolher, não conheço nada.

— Bem... Vamos lá. O que quer comer?

— Uma pizza! — respondeu Vera se sentindo especial.

— Uma pizza? Com tantos pratos maravilhosos!

— Não falei que não sei nada?! Sou uma recém-chegada da Bahia e não gosto que riam de mim!

— Desculpe, não quis ofendê-la — retratou-se, sentindo que Vera era muito mais pavio curto que a irmã.

— Tudo bem, se gosta de pizza, conheço um lugar maravilhoso. Tem as melhores pizzas de São Paulo. Vai adorar.

Vera, sentindo-se importante, sorriu.

Chegaram à pizzaria e ele puxou a cadeira para que ela se acomodasse. Passou-lhe o cardápio e deixou-a escolher os sabores.

— Fiquei contente que aceitou meu convite.

— Eu também gostei de sair com você. Desde que cheguei, só vou do escritório para casa e da casa para o escritório.

— Puxa, ainda não conheceu nada? — perguntou fazendo tipo.

— Minha irmã está muito ocupada.

— É mesmo? Coitada. Você sabe que às vezes fico até preocupado com isso?

— Eu não, ela não é a boazinha? Pois então, aguente as consequências.

— É, concordo com você. Sempre está disposta a ajudar um ou outro. Não sei como ela aguenta! Mas não fale assim, é sua irmã.

— Isso mesmo, vamos deixar minha irmã para lá, a noite está muito boa para falarmos dos problemas dela.

Marcelo sentiu que havia um segredo, mas não podia pressionar, pois a garota podia perceber. Foi então que teve uma ideia. Fez sinal com a mão e o garçom atendeu-o.

— Que tal tomar um vinho?

— Adoro vinho!

Marcelo, de família rica e tradicional, era conhecedor das melhores bebidas das casas que frequentava e sempre fazia a escolha certa.

Assim que o garçom se aproximou com o vinho, disse gentilmente para impressionar a convidada:

— Pode deixar, eu a sirvo.

O garçom se retirou educadamente. Marcelo encheu a taça de Vera. Assim que os lábios da ilustre convidada tocaram a borda da taça, ela sentiu o paladar refinado e deu um gritinho estridente:

— Nossa, que delícia! Acho que nunca provei um vinho como esse!

— É todo seu, pode tomar à vontade. Se acabar, pedimos mais.

Vera estava se sentindo importante ao lado do belo rapaz, rico e refinado; enfim, um moço de fino trato era tudo o que ela almejava para alimentar sua vaidade. Marcelo, por sua vez, não deixou a taça esvaziar. Antes mesmo de a pizza ser servida, a ingênua garota já estava sentindo o poder do álcool.

— Nossa, Marcelo, acho que tenho de parar de tomar vinho, estou sentindo um calor terrível.

— Ah... a pizza já chegou, pare um pouco com o vinho e coma um pedaço de pizza.

O garçom os serviu e esperou ao lado. Marcelo a fez comer bem, pois não queria que a garota entrasse em coma alcoólico. Mas ainda ofereceu, aos poucos, o saboroso vinho. Vera já estava mais que à vontade, falava alto, usava as mãos o tempo todo e ele se divertia.

— Queria sua irmã aqui conosco, ela adora este vinho.

— Minha irmã? É ruim, hein...

— Por quê?

— Se eu fosse você, ficava com os olhos bem abertos.

— Mas sua irmã é muito legal comigo, nós nos amamos.

— Não sei não. Acho que ela ainda vai trocá-lo por outro.
— Do que está falando?
— Do seu amiguinho Sidney... — Vera havia comido alguns bons pedaços de pizza, mas o vinho já havia reagido com violência em seu organismo. A garota ria alto e chamava a atenção das pessoas.
— Por que com Sidney?
— Olha... olha... — falava pausadamente a ingênua garota alcoolizada. — Ela deve estar com ele neste exato momento. Se gostasse de você onde estaria? Mas não... ela está lá... lá com o dr. Sidney, é assim que ela quer que eu o chame: "dr. Sidney".

A cada duas palavras enroladas que ela pronunciava, dava intervalos de boas gargalhadas e ainda apontava o dedo para Marcelo, como se o estivesse acusando de tolo.

— Você sabe que ainda nem conheço esse tal "dr. Sidney"? Logo que cheguei, eles sumiram no mundo.
— E você sabe para onde eles foram? — perguntou Marcelo completamente transtornado. Sua raiva era tanta que se pudesse tirava toda a informação da garota a tapa, mas procurou manter a calma, sabia que não havia outra saída.
— Não sei ao certo, mas acho que estão no interior de São Paulo. E tem mais, os pais do dr. Sidney estão com ela. Não é engraçado?

Marcelo chamou o garçom e pediu a conta, Vera mal conseguia andar de tão alcoolizada que estava. Marcelo a puxava pelo braço.

— Calma aí, ainda nem terminei meu vinho, espere um pouco.

Marcelo foi se irritando de tal maneira que sua vontade era largar a garota ali mesmo e ir embora. Mas o bom senso falou mais alto e ele, tentando manter o controle, abraçou-a e a arrastou até o carro. Quando chegou ao apartamento, Vera não tinha a mínima condição de subir sozinha. Marcelo apoiou o braço de Vera atrás de sua nunca e a levou para cima, acomodando-a sobre a cama. Verificou se tudo estava em ordem, fechou a porta com a chave que ainda tinha em seu poder e foi embora.

CAPÍTULO 14

Ameaças

SILVANA CHEGOU com os pais de Sidney ao hospital com medo da reação dele, mas era tarde para voltar atrás. Em seu raciocínio, havia feito o que era certo.

Apresentou-se na recepção e subiu. Quando alcançou o andar onde Sidney estava internado, a enfermeira-chefe a chamou solícita:

— Dona Silvana.

Ela parou no meio do corredor para que a moça pudesse alcançá-la.

— Pois não...

— Pensei que não viesse mais hoje!

— Por que, aconteceu algo?

— Não, pelo contrário, seu esposo está muito bem, mas está muito impaciente, quer ir embora. Quem sabe ele se acalma um pouco com sua presença?

Silvana, diante dos pais do enfermo, não sabia o que dizer, pois não foi uma boa ideia ter encontrado a enfermeira naquele momento. Contudo, diante da cena inusitada, a generosa Isaura se adiantou:

— Fique tranquila, com a presença de minha nora meu filho vai se acalmar, tenho certeza disso.

Silvana, em vez de ter se sentido bem, ficou ainda pior com o impasse.

— Ainda bem. Pensei que teríamos de usar uma camisa de força nele — brincou e retirou-se.

Os três, então, dirigiram-se para o quarto. Silvana, sem conter o medo da reação de Sidney, parou diante da porta e suplicou:

— Senhor João, dona Isaura, eu quero lhes fazer um pedido.

— O que é, minha filha?

— Por favor, deixe que eu fale com ele antes de vocês entrarem.

João olhou para Isaura e concluiu:

— Tudo bem, nós a aguardamos aqui; acalme-se, tudo dará certo.

Silvana bateu de leve na porta e entrou:

— Silvana, até que enfim!

Silvana, receosa, aproximou-se e abriu um sorriso que rapidamente confortou o enfermo.

— Desculpe, não consegui chegar antes.

Sidney estendeu sua mão para que Silvana a segurasse e gentilmente disse:

— Tudo bem, o importante é que chegou.

— Sidney, lembra-se do que eu lhe disse por telefone, que talvez pudesse ficar zangado comigo?

— Duvido!

— Seus pais estão aí fora, querem vê-lo.

— Meus pais? Como assim?

— Eu sinto muito, mas tive de procurá-los.

— Por que fez isso? Eu lhe pedi tanto!

— Não podia deixá-los aflitos da maneira que estavam. Vera e Cristiane me disseram que eles estavam desesperados. Ligavam a todo instante. Diante disso, fui procurá-los e os coloquei a par de tudo o que estava acontecendo.

— Eu lhe pedi tanto! Confiei em você.

— Sidney, você tem de entender que eu não poderia arcar com uma responsabilidade dessa proporção. Eles tinham de saber, são seus pais! E se algo desse errado, o que eu faria?

— Então eu sou um problema para você?

— Eu não disse isso.

— Não disse, mas é a mesma coisa.

— Não distorça minhas palavras. Depois, essa situação é sim um problema muito grave.

— Se acha que sou um problema não precisa arcar com nada.

— Por favor, Sidney, você sabe muito bem que não foi isso que eu quis dizer. Por que seus pais não poderiam saber? Não o entendo.

— Vamos fazer um trato, já que quebrou minha confiança, peça para que eles entrem. Se quiser, pode ir, deve estar cansada de mim.

— Por que está fazendo isso comigo? Não quero ir embora, quero ficar com você!

— Porque lhe pedi para não falar nada, não confio mais em você — o tom alto da voz de Sidney chocou Silvana, que segurou as lágrimas para que a situação não piorasse. Assim, ela saiu do quarto. Os pais do lado de fora estavam apreensivos.

— E aí, minha filha, contou-lhe que estamos aqui?

— Falei sim, dona Isaura. Vocês podem entrar.

— Mas ele não ficou aborrecido?

— Não... Não senhora, não se preocupem, podem entrar.

— Tem certeza, minha filha? — insistiu João.

— Claro que sim, ele está ansioso para vê-los.

— Então vamos entrar juntos.

— Espere um pouco, dona Isaura, os senhores podem entrar, vou até o toalete e encontro-os em seguida.

— Está bem, minha filha, mas não demore.

Silvana carinhosamente abraçou João, Isaura e saiu. Assim que eles entraram no quarto, Silvana realmente foi ao toalete, como havia dito, e deixou as lágrimas invadirem seu rosto. Chorou quase que gritando, tamanha a mágoa que lhe invadiu o peito. Por mais que se esforçasse, não conseguia parar de chorar. Tentou por longos instantes entender o porquê daquela atitude do chefe. Depois de muito tempo, se recompôs, lavou o rosto e foi embora, como Sidney havia pedido. O pior é que só se deu conta de que estava sem transporte ao sair porta afora. Sem alternativa, pegou um táxi até a rodoviária. Chegou ao apartamento à meia-noite. Entrou, jogou a bolsa em cima da mesa, andou alguns passos, abriu a porta do quarto e verificou que a irmã estava em casa, em segurança. Estava em sono profundo. Silvana tomou um banho, um copo de leite e foi se deitar. Por mais respostas que procurasse, não encontrava uma que fosse plausível. Queria esquecer e dormir, porém estava difícil, o sono não vinha. "Meu Deus, por que Sidney fez isso comigo?"

Já estava amanhecendo quando ela, esgotada de tanto pensar em Sidney, conseguiu conciliar o sono. Na manhã seguinte, acordou com uma tremenda dor de cabeça. Abriu os olhos e gemeu, mas, sem alternativa, levantou-se e tomou um comprimido, pois o dever a chamava. Entrou debaixo do chuveiro e deixou a água cair sobre o corpo, ainda inconformada com a atitude do moço.

"Silvana, pare de drama; afinal, ele não é nada seu! Tem todo o direito de não querer mais sua amizade!", pensou consigo mesma.

Silvana era uma moça muito bonita, seus olhos negros combinavam com seus cabelos negros e longos, que caíam sobre os ombros. Embora fosse baiana, já não havia aquele bronzeado; sua pele ficara branca como a neve. Era dona de um corpo com curvas perfeitas, capazes de atrair qualquer um do sexo oposto. Era exuberante, mas se vestia com simplicidade. Às vezes, até ousava em um decote deixando à mostra um colo extremamente tentador, nada além disso.

Fechou o chuveiro, deslizou a toalha sobre a pele jovial e macia, olhou-se no espelho embaçado, mas não conseguiu visualizar a moça que acordava todas as manhãs com a alegria de mais um dia vivido. Não era isso que sua alma estava sentindo naquele dia. Terminou de se arrumar e foi chamar a irmã.

— Vera, acorde, já está na hora.

Silvana, alheia aos acontecimentos da noite anterior, foi à cozinha preparar o café. Arrumou a mesa como fazia todos os dias e nem sinal da irmã. Voltou ao quarto e percebeu que Vera permanecia em sono profundo.

— Vera, acorde! O café está na mesa.

Silvana abriu as cortinas.

— Ai, feche a cortina. Ai, minha cabeça.

— O que houve, garota? Vamos, levante dessa cama.

— Minha cabeça...

Vera, sem conseguir abrir os olhos direito, gemia com muita dor de cabeça. Silvana se aproximou para puxar as cobertas e sentiu o cheiro de álcool.

— Que cheiro é esse?

Mais perto da irmã, para se certificar se realmente sentia aquele cheiro forte de álcool, falou:

— Vera, você bebeu?

— Quanto drama, foi só um pouco de vinho.

— Não estou acreditando no que estou sentindo e vendo! Você está cheirando azedo, puro vinho! Meu Deus!

Silvana ficou muito nervosa e no mesmo instante ajudou a irmã a se levantar e a colocou debaixo do chuveiro com roupa e tudo.

— Vera, você estava tão alcoolizada assim para dormir de roupa?

— Beber não foi nada, o pior é essa dor de cabeça terrível que estou sentindo.

— Já ouviu falar de ressaca? Pois bem, é isso que acontece com quem não tem controle. E não pense que vai faltar ao trabalho não. Vai tomar um comprimido, um café bem forte e vai trabalhar!

— Podia ficar pelo menos a parte da manhã aqui?

— Nem que Deus descesse e me pedisse isso pessoalmente; da próxima vez, pense melhor. E, por falar nisso, com quem se embriagou assim?

Vera lembrou-se de Marcelo, da pizzaria e, pior ainda, das bobagens que disse. Não foi preciso Vera contar nada. Marcelo, completamente fora de si, entrou no apartamento.

— Silvana... — aos berros, ele a chamava. A moça, muito assustada, saiu do banheiro, fechou a porta e encontrou com o ex-namorado.

— O que houve para entrar em meu apartamento aos berros?

Marcelo, transtornado, puxou-a pelos braços e a jogou sobre o sofá.

— Quem faz as perguntas aqui sou eu!

Silvana levantou-se contrariada e o desafiou:

— Escute aqui, Marcelo, você não é nada meu; não tenho obrigação nenhuma de admitir seus destemperos aqui dentro!

Ele, como um bicho acuado, segurou bem forte a mandíbula da moça e vociferou com o rosto colado ao dela:

— Qual é a sua relação com o Sidney?

Silvana pensou que fosse desfalecer ao ouvir aquelas palavras. Ouvindo os gritos que vinham da sala, Vera, com a toalha envolta no corpo, apareceu e empurrou Marcelo com toda a força. O jovem ficou ainda mais bravo.

— Não se meta, Vera. Você não tem nada a ver com isso.

Marcelo foi pra cima de Silvana outra vez. Ela, de contrariada que estava, sentiu um medo terrível percorrer-lhe o corpo.

— Estava viajando pelo interior de São Paulo, é? Como pôde me trair com o meu melhor amigo? Como teve coragem de fazer isso comigo?

Silvana reagiu. Empurrou-o e correu, puxando a irmã para o quarto e se trancando por dentro.

— Silvana, abra a porta! Abra, Silvana...

Vera chorava desesperada, pois sabia que a causadora de tudo tinha sido ela. Silvana, com as mãos trêmulas, discou para a emergência e pediu socorro.

— Silvana, abra a porta, se não abrir por bem, vou arrebentá-la!

— Não abro, vá embora... por favor, vá embora, depois conversamos!

— Não, Silvana. Abra já esta porta, quero conversar agora...

— Marcelo, acionei a polícia; se não for embora, terá de arcar com as consequências.

— Você está blefando.

— Não estou, logo estarão chegando. Se não quer ir preso, vá embora.

— Você não faria isso comigo.

— Já fiz... eu já fiz.

Vera chorava desesperadamente por causar aquela discórdia terrível, suas mãos trêmulas, suavam frio. Marcelo ouviu ao longe a sirene da polícia em alerta e saiu correndo. Silenciou, Silvana abriu a porta bem devagar e, na ponta dos pés, se dirigiu à sala. Em seguida, a polícia chegou e foi encaminhada para o andar da denúncia, onde a porta já estava aberta.

— Com licença, senhora.

— Pode entrar — permitiu a dona da casa chorando.

— A senhora fez uma denúncia?

— Fiz sim, senhor policial.

— O que houve?

Vera se adiantou. Contou tudo aos policiais, desde o convite de Marcelo até aquele momento. Silvana ficou indignada com o que ouviu sair dos lábios da irmã. Em vez de se acalmar com a presença dos policiais, chorava cada vez mais por saber que a história não pararia ali, que estava apenas começando; tudo era possível quando se tratava de Marcelo.

— A senhora quer me acompanhar para fazer a ocorrência?

Silvana não sabia o que responder. Vera, mais uma vez, pronunciou-se.

— Nós vamos sim, senhores.

Silvana reagiu brava:

— Você, Vera, fique calada, pelo amor de Deus. Chega de arrumar mais problemas.

Silvana estava muito contrariada e com medo, mas mesmo assim quis dar um voto de confiança a Marcelo, pois achou que ele não seria capaz de fazer mal algum a elas.

— Não, senhores, agradeço-lhes muito por terem vindo, mas tenho certeza de que não precisarei contar com a lei.

— A senhora é quem sabe. Qualquer coisa nos acione novamente.

Silvana lhes agradeceu e fechou a porta. Correu para lavar o rosto e ir trabalhar. A jovem sentiu medo, como qualquer mulher ameaçada, mas não se deixou intimidar, a vida tinha de continuar.

— Vamos logo, Vera. Coloque uma roupa e vamos para a construtora.

— Como vamos trabalhar desse jeito? Não temos condições.

Silvana se aproximou da irmã e respondeu olhando no fundo de seus olhos:

— Nosso emprego não tem nada a ver com nossos problemas particulares. Aprenda desde já, nunca leve seus problemas para onde trabalha, senão nunca ficará em emprego algum. E não pense que vou me esquecer de tudo o que aconteceu ontem à noite, ouviu bem?

Vera não se atreveu a responder nada, sabia que a irmã estava muito chateada com ela. Não precisou que Silvana pedisse duas vezes. Em cinco minutos ficou pronta e ambas foram trabalhar.

CAPÍTULO 15

Transtorno bipolar

JOÃO E ISAURA, assim que entraram no quarto do filho, foram tocados pela emoção. A mãe, como sempre, muito amorosa, pousou um beijo na testa do filho. O pai limitou-se a deixar cair algumas lágrimas.

— Meu filho, por que nos escondeu a cirurgia?

— Por favor, mãe, não vamos nos lamentar. Aliás, foi justamente por causa dessa aflição que eu quis poupá-los.

— Mas não foi justo, se não contar conosco, que somos seus pais, com quem mais contará? — insistiu o pai.

— Podem parar, por favor, tudo já passou e eu já estou muito bem.

— Quando vai poder ir para casa?

— Ainda não sei, se fosse por minha vontade ia hoje mesmo.

— Bem, não devemos nos precipitar, Silvana disse que ficaria de acompanhante até que você tivesse alta.

— Eu sei, mas infelizmente Silvana tem seus compromissos. Ela já voltou para São Paulo.

João olhou na hora para a esposa, sentindo algo no ar.

— Meu filho, diga-me: não destratou Silvana, não é?

— Mãe, Silvana não é nada minha, não tem obrigações nenhuma comigo; sua função é cuidar da parte profissional, e foi por essa razão que teve de voltar.

Isaura não insistiu; deixou que o tempo lhe esclarecesse o que havia acontecido entre eles. Sidney, logo em seguida, adormeceu. Não estava mais sedado, mas ainda tomava comprimidos para dormir. Assim que adormeceu, João e a esposa foram procurar o médico. A enfermeira-chefe os conduziu ao consultório, onde o médico já os esperava.

— Por favor, tenham a bondade de entrar — convidou o médico gentilmente. Os dois se acomodaram e esperaram o médico prosseguir.

— São os pais de Sidney?

— Sim, doutor.

— A cirurgia foi muito bem-sucedida.

— Ele não terá mais esse problema?

— Bem, eu como médico devo lhes esclarecer e dizer sempre a verdade. Tudo pode acontecer, não é porque a cirurgia transcorreu bem e com sucesso, que ele não poderá ter algum outro problema vascular. Dou garantia de que Sidney vai sair daqui totalmente recuperado. Contudo, ele tem uma predisposição a problemas similares, o que não quer dizer que isso vai impedi-lo de ter uma vida normal; terá apenas de passar ao médico regularmente.

— E seria com o senhor mesmo?

— Sem dúvida. Minha clínica fica em São Paulo, o que vai facilitar muito nossas consultas e nossos exames periódicos.

— Então, por que meu filho veio fazer a cirurgia aqui nesta cidade?

— Bem, senhora, foi um pedido dele, não sei quais foram seus motivos reais; contudo, arcou com todas as despesas, inclusive meus honorários. Estou aqui exclusivamente para atendê-lo.

— Doutor, meu filho tem um problema, muitas vezes age e toma atitudes sem que fiquemos sabendo.

— Claro que ficamos sabendo sim, mulher, não exagere.

— Sim, doutor, realmente ficamos sabendo, mas muito depois de tudo já ter acontecido e se consumado.

— É sobre isso mesmo que eu gostaria de falar com os senhores. Não sei se como pais sabem tudo sobre alguns aspectos de sua vida.

— Aspectos? O que quer dizer, doutor?

— Quando digo aspectos, quero dizer sobre sua rotina, seu cotidiano.

— Bem... acho que sabemos. Já faz algum tempo que ele mora sozinho, mas nós acreditamos que sabemos tudo sobre nosso filho — disse Isaura preocupada.

— Pois bem, dona Isaura, sr. João, venho notando que Sidney sofre mudanças de humor e gostaria muito de fazer algumas perguntas para que possamos ajudá-lo.

Isaura, no mesmo instante, procurou pelo olhar do marido.

— Não é preciso, doutor, nós já sabemos, inclusive não sei se ele tem tomado a medicação direito.

— Não é bem assim. Se ele parou de tomar os medicamentos fortes é porque já está curado, quem sabe da vida dele é ele mesmo!

— Sinto em dizer-lhe, senhor, mas não é assim que as coisas funcionam. Quem sabe a hora de parar com os medicamentos é o médico.

— Doutor, meu marido não aceita que nosso filho está passando por grandes crises, ele prefere não enxergar, mas a verdade é que desde que perdeu a esposa começou a dar alguns sinais de depressão, inclusive, fomos nós que o levamos ao médico. Chegou a ter crises terríveis e atentou contra a própria vida por duas vezes.

— Não é nada disso, mulher. Ele estava muito nervoso, posso dizer, até mesmo descontrolado, mas jamais atentou contra a própria vida. Sinceramente, não acredito em nada disso doutor. Meu filho é um moço bonito, cheio de vida, não cometeria um erro desses nunca!

— Cometeria, sr. João, pode apostar que sim!

João fechou o cenho, não aceitava que o filho estava dando indícios de ser uma pessoa bipolar, que apresentava um transtorno psíquico de humor.

Alguém com essa doença, muitas vezes tem um pico de humor alto, fica eufórico por muitas horas e até mesmo por muitos dias, querendo abraçar o mundo de uma só vez. Seguidamente, esses indivíduos mudam de humor totalmente, caindo em uma depressão profunda e dolorosa, sem forças para recuperar o prazer da vida e lutar.

Enclausuram-se em quartos escuros, sem querer ouvir ou receber quem quer que seja, e não conseguem reagir nem mesmo na presença de um ente querido. Não têm apetite e ficam sem fazer a higiene pessoal por dias. As drogas são soluções necessárias para obter equilíbrio da falta do elemento lítio, que regula o humor. Esses transtornos começam com pequenos sinais de depressão e há muitos pacientes que levam meses e até anos para serem diagnosticados com o transtorno.

Alguns anos atrás, a ciência, ainda leiga no assunto, tratava esses doentes como loucos, dopando-os terrivelmente. Muitos eram colocados em camisas de força por serem considerados ameaças à sociedade. E, pior ainda, atentavam contra a própria vida.

Atualmente, graças a forças superiores da pátria espiritual e da ciência, evoluímos muito quanto a quaisquer transtornos de efeito psíquico. São muitas as drogas de grande importância para os males da humanidade. Contudo, devo prevenir e elucidar os leitores que esses transtornos se originam não somente no corpo físico (corpo carnal), mas principalmente no corpo espiritual. Sempre que falamos de enfermidades físicas, temos de ser justos na realidade. E a realidade é que toda e qualquer doença é proveniente do espírito encarnado ou não. Em casas espíritas e federações, muitos já encontraram grande ajuda para a cura total ou parcial desses transtornos. Contudo, isso ocorre de acordo com o grau evolutivo de cada um. Cada caso é um caso, mas todos recebem auxílio, principalmente os que aceitam e compreendem esse tipo de malefício perispiritual (corpo invisível do espírito).

— Senhor João, entendo que admitir esse tipo de doença para um homem jovem e bonito como seu filho é difícil. Mas devo ressaltar que como o senhor há muitas pessoas preconceituosas, e isso não é um bom exemplo. Entendo perfeitamente que é doloroso para um pai e uma mãe ter de lidar com esse tipo de doença, porém, quanto mais rápido o senhor aceitar, mais fácil será sua colaboração com seu filho.

João, em vez de responder ao que estava lhe fazendo mal, calou-se. O médico prosseguiu:

— É um fato muito importante neste momento eu saber se há mais alguém da família com transtornos psíquicos.

Isaura, indignada, perguntou ao médico:

— Por quê, doutor?

— Preciso saber porque quase sempre essa doença é hereditária.

— Não diga? — espantou-se Isaura.

— É isso mesmo, senhora. Eu disse quase sempre; não quer dizer necessariamente que há alguém na família. Não precisa preocupar-se.

— Que nós saibamos não há ninguém na família com esse tipo de doença!

— Tudo bem, dona Isaura, não precisa se aborrecer; são informações que tenho de colher, pois só assim eliminaremos os obstáculos dos caminhos.

— Senhor João, o senhor disse que os indícios desses transtornos começaram quando seu filho perdeu a esposa, não foi? — perguntou o médico, para que ele pudesse participar também da conversa. E ele, sem ânimo, respondeu:

— Foi isso mesmo. Tudo começou após a esposa ter partido.

— Muito bem. E quem é Silvana?

Isaura sorriu animada ao se lembrar da moça:

— Ah, doutor, Silvana é uma grande amiga da família.

— Mas não foi o que ela disse.

— Estamos sabendo. Olhe, doutor, ainda não sabemos realmente o porquê desse engano, pois não tivemos oportunidade de conversar com ela. Mas se precisar de qualquer informação dela tenho absoluta certeza de que ela poderá colaborar conosco.

— Essa informação foi uma surpresa para mim. Eu tinha absoluta certeza de que a moça era esposa de seu filho.

O médico ficou por alguns instantes pensativo e, em seguida, deu um leve sorriso.

— Por que o senhor quis saber sobre Silvana? Há algum impasse por ela ter se apresentado como esposa do meu filho? — manifestou-se João.

— Nenhum, só acreditei piamente que eles fossem um casal. Para falar a verdade, é uma pena, ela faz muito bem a ele. Desde que ele chegou estava muito bem, tranquilo e sereno. Mas de ontem para hoje nos deu um pouco de trabalho, esperava por ela muito ansioso. Até pensei que ela voltaria.

— É, doutor, ela veio. Fez uma breve visita e, infelizmente, teve de voltar. Silvana é uma moça de ouro, é responsável pelos negócios do meu filho. Agora que já estamos aqui, ela teve de voltar e cuidar de tudo.

— Bem, senhores, acho que já conversamos o que era preciso. Assim que Sidney puder voltar para São Paulo eu também voltarei. Deixarei meu cartão com o endereço e o telefone da minha clínica. Nos próximos dias voltamos a conversar sobre o tratamento dele. É muito importante que os senhores estejam inteirados sobre tudo o que diz respeito a Sidney. Por enquanto, não precisam se preocupar, estou ministrando um tranquilizante. Ele não pode ficar sem a medicação de jeito nenhum, por dois motivos: primeiro, por causa da cirurgia em si, deve sempre se manter calmo, quanto mais dormir, melhor; segundo, tem de se manter tranquilo e sem agitação, sob total controle. Isso será muito eficaz para sua recuperação.

— Sim, doutor, pode deixar que ficaremos atentos. Doutor, nós conversamos muito e ainda não sabemos seu nome!

O médico tirou do bolso um cartão.

— Meu nome é Ciro. Quaisquer dúvidas, entrem em contato comigo, estarei às ordens.

João e Isaura se despediram do médico e voltaram para junto do filho, que permanecia dormindo.

CAPÍTULO 16

A chegada de Leonor

O DIA PARECEU interminável para Silvana. Ela estava aflita sem notícias do patrão. Ela e Carlinhos despacharam todo o serviço do dia, visitaram obras e analisaram alguns projetos. Silvana estava bem mais à vontade com Carlinhos, que, bondoso, não media esforços para orientá-la. Ela, por sua vez, estava a cada dia mais inteirada com projetos, cálculos e obras.

O expediente já estava terminando quando Silvana retornou ao escritório. Assim que entrou, Cris foi ao seu encontro:

— Silvana, dona Isaura pediu que ligasse neste número. Ela precisa falar com você.

A jovem sentiu uma pontinha de esperança quanto a voltar a ver Sidney.

— Ah, Cris, obrigada. Não sabe como essa notícia me deixou mais animada.

Silvana entrou em sua sala, colocou a bolsa sobre a mesa e pediu que a irmã fosse buscar um chá na copa. Vera, desconfiada, foi, sem questionar. Silvana aproveitou a ausência da irmã e ligou para Isaura, que prontamente atendeu o celular, saindo em silêncio do quarto.

— Silvana, é você, minha querida?

— Sim, dona Isaura. Como o Sidney está?

— Está bem, fique tranquila. Precisamos conversar, vou precisar muito de sua ajuda.

— Minha ajuda? Dona Isaura, a senhora não está me escondendo nada, está?

— Não, minha filha, claro que não. Como posso ocultar alguma coisa se você tem sido tão boa para o meu filho? O que tenho para falar são outros assuntos, espero-a aqui amanhã.

— Amanhã? — perguntou surpresa.

— Sim, amanhã. Posso contar com você, não posso?

Silvana refletiu por um momento, depois respondeu:

— Pode sim, dona Isaura. Amanhã estarei aí.

— Obrigada, minha querida. Até amanhã.

O expediente terminou e Silvana fechou tudo e foi para casa em companhia da irmã. Mal entrou, o telefone tocou:

— Pronto.

— Silvana, minha filha?

— Oi, mãe, como a senhora está?

— Estou bem, daqui mais ou menos uma hora estaremos chegando à rodoviária. Você vem nos buscar ou quer que eu pegue um táxi?

— Já está chegando? — perguntou eufórica.

— Já sim, filha. Fiquei muito aflita com o seu desaparecimento.

— Mas a senhora sabe muito bem que sou responsável, se preocupou à toa.

— Tudo bem, eu acredito, mas eu precisava vir!

— Olhe, mãe... Já estou saindo daqui, logo estarei chegando. Se eu demorar, não se aflija, o trânsito em São Paulo é péssimo!

Silvana pegou a bolsa e antes de sair recomendou para a irmã:

— Vá preparando o jantar que nossa mãe está chegando à rodoviária. Vou tentar voltar logo. E mais uma vez você foi salva pelo Senhor do Bonfim; mas fique sabendo que não me esqueci daquele assunto, apenas o adiei.

Silvana saiu rapidamente. Vera foi preparar o jantar. Jorge e a mãe chegaram meia hora antes que Silvana. Ao longe, Silvana os avistou. Encontraram-se e abraçaram-se apertado, matando a saudade de muito tempo. Leonor chorou emocionada ao sentir em seus braços a filha amada.

Depois de matar a saudade dos dois, Silvana quis saber:

— Conte-me, irmão, o que tem feito?

— Não há muitas novidades, a não ser que terei de voltar para as provas finais da faculdade — disse Jorge, com olhar reprovador para a mãe.

— Mas por que, irmão? Por que não esperou as provas para depois vir para cá?

— Pergunte para sua mãe!

— Ah, mãe, não devia ter se precipitado. Por que não esperou que Jorge terminasse as provas?

Leonor abaixou a cabeça sem retrucar.

— Tudo bem, Jorge, você volta para a Bahia e termina as provas restantes. Fazer o que, né?

— Mas custava mainha ter esperado só mais uns dias? Olhe o trabalhão que ela me causou.

— Jorge, sou sua mãe e tem de me obedecer. Se eu quis vir agora para cá, você tinha de vir comigo e pronto; assunto encerrado.

— Tudo bem, irmão, a mãe tem razão, você tinha de lhe fazer companhia.

— Tudo bem mesmo... o que *tá* feito, *tá* feito, não há solução.

Quando chegaram ao apartamento, o jantar estava pronto e a mesa posta. Depois dos abraços e cumprimentos, dona Leonor quis saber da filha caçula:

— E você, Vera, está obedecendo à sua irmã?

Vera não respondeu e entregou suas faltas.

— Já sei, está dando trabalho para sua irmã, não está?

Vera fez cara de poucos amigos.

— Deixe, mãe, Vera e eu temos muito que conversar sim, mas na medida do possível ela está se saindo muito bem — amenizou Silvana.

— Acho muito bom... se bem que...

— Se bem que... — continuou Silvana curiosa.

— Vou ficar aqui em São Paulo por um bom tempo, não estou com a mínima pressa de voltar.

— Já está decidida, mãe?

— Já sim, precisamos estar juntos sempre, esse negócio de um filho aqui, outro acolá, não está certo. Quero que todos os meus filhos fiquem juntos. Fiz minhas economias, vai dar até para alugar uma casa. Modesta, mas vai.

— Que bobagem, mãe. A senhora e Jorge vão ficar aqui comigo!

— Eu não faço questão nenhuma de morar aqui em São Paulo! — disse Jorge contrariado.

— Por que, irmão? Algum tempo atrás estava tão decidido a vir!

— Jorge está assim porque deixou um rabo de saia em Salvador!

— Não é só por isso. Tem outros motivos, faculdade emprego, amigos. Minha vida está lá em Salvador.

— Você tem razão, Jorge. Para quem mora em uma cidade como Salvador, é duro se acostumar com as loucuras de São Paulo, fora que se deixou alguém por quem está apaixonado é pior ainda.

— Como eu disse, não é só por esse motivo. Agora que eu estava me acertando com a frota de táxi, a mãe decidiu de uma hora para outra vir para cá. E eu, como fico?

— Bem, não sei ao certo quais são os compromissos que deixou lá, mas nada como entrarmos em um acordo.

— Nem pensar, Silvana, Jorge ficará conosco.

— Mãe, não é bem assim. Jorge já é adulto e tem seus objetivos.

— Não penso assim, acho que em primeiro lugar está a família.

— Não adianta discutir, Silvana. Quando a mãe coloca uma coisa na cabeça, não tem quem a faça mudar.

Silvana fez sinal com a cabeça para que o irmão deixasse para depois. Jorge se acalmou, confiava na irmã mais velha.

Leonor se levantou e foi ao toalete.

Assim que ela se retirou, Silvana sentou-se perto de Jorge para acalmar suas angústias.

— Não fique assim, irmão. Deixe que eu resolvo essa questão com a mãe.

— E há outro jeito? Por favor, irmã, preciso voltar para Salvador, convença-a!

Silvana abraçou o irmão com carinho e respondeu:

— Deixe comigo, vou resolver isso, dê-me só alguns dias. Está bem?

Jorge balançou a cabeça desenxavido.

— Ela é bonita? — perguntou Silvana apertando o ventre do irmão, tentando animá-lo.

— Ela é a baianinha mais bonita que já vi em toda a minha vida!

— Se for igual aquela com quem você ficava, Deus me livre! — disse Vera, provocando o irmão.

— Cale a boca, Vera, você não sabe nada!

— Ei, nada de brigas. Vamos nos sentar à mesa para comer. Tenho certeza de que estão com muita fome!

— E como... — respondeu Leonor, que voltara. Todos se sentaram à mesa e fizeram uma boa refeição. Silvana acomodou a mãe em seu quarto, e Jorge no quarto de Vera. Aquela noite foi de muita alegria para mãe e filhos.

Na manhã seguinte, antes de todos se levantarem, Silvana fez uma ligação para Isaura.

— Dona Isaura, sou eu, Silvana. Está tudo bem por aí?

— Está sim. E com você?

— Também. Como o Sidney está?

— Neste momento está fazendo uma tomografia, mas está bem. Você é que me parece um pouco alterada.

— Não, dona Isaura, está tudo ótimo, porém, não vou poder ir me encontrar com a senhora no hospital. Minha mãe chegou ontem à noite da Bahia. A senhora se importaria de conversarmos um outro dia?

— Eu compreendo, não faz mal, marcaremos outra data.

— Eu lhe agradeço a compreensão.

— Silvana, só me responda uma pergunta...

— Diga, dona Isaura.

— Você foi embora sem mais nem menos por causa do meu filho, não foi?

— Não, dona Isaura, não foi nada disso.

— Está bem, se você diz que não, então está bem. Olhe, logo que chegarmos a São Paulo nos falamos.

— Está bem, que Deus os abençoe.

Silvana desligou o telefone e foi à cozinha preparar o café da manhã. A jovem sentia-se feliz por estar com a mãe e seus irmãos em casa.

Logo todos se levantaram e sentaram-se para o desjejum. Era uma animação só, todos falavam ao mesmo tempo. Silvana sentiu como se vislumbrasse sua infância, quando ainda era apenas uma garotinha cheia de ilusões na alma.

Vera saiu na frente para adiantar o serviço. Jorge saiu para comprar a passagem de volta para fazer as últimas provas que restavam. Ficaram no apartamento somente Silvana e a mãe. Depois de lavarem a louça do café, Silvana sentou-se à sala para conversar.

— Mãe, conheço-a muito bem. O que deu na senhora para vir tão depressa para cá?

— Minha filha, não sabe como estou aflita! Quer dizer, aflita é pouco, estou mesmo é muito brava!

— Por quê, o que houve?

— É seu irmão. E vou logo avisando-a: se acha que vai me convencer que seu irmão vá a Salvador terminar essas benditas provas da faculdade e fique por lá, pode esquecer. Jorge vai ficar de vez aqui comigo. Vim decidida, todo dinheiro que guardei vai me servir agora! Ele até pode terminar as provas, pois sempre demos muito duro para que ele estudasse, mas viver lá, não tem nenhuma chance!

— Mas o que houve, pelo amor de Deus?!

— Seu irmão está enrabichado por uma mulherzinha que sinceramente está tirando meu sossego.

— Nossa mãe! Quem é?

— Não sei, minha filha, diz que é de Salvador, mas não me engana. Você acha, minha filha, que não conheço aquela Bahia de trás para a frente? E o sotaque? O Brasil é um país imenso, rico de cultura regional e folclórica, mas me confundir com jeito que baiano fala isso nunca!

Silvana, com os olhos arregalados, apenas balançou a cabeça positivamente.

— Essa *talzinha* pensa que me engana, mas não me engana, não! Sou vivida, minha filha, ninguém me passa a perna. O único, que Senhor do Bonfim o tenha, foi seu pai, mais ninguém!

— Como sabe que não é da Bahia, mãe?

— Porque conheço, está com a pele toda bronzeada como manda a minha Bahia, mas acho que é de São Paulo. Não tem nem sotaque. Depois, é uma mulherzinha metida à besta, que anda atrás de um baiano trouxa para se divertir. E esse trouxa é seu irmão, minha filha!

— Mãe, a senhora não está fazendo julgamentos prematuros?

— Minha filha, eu conheço a vida. Quantos anos seu irmão tem?

— Uns 23 anos, se não me engano.

— Pois bem, essa dita cuja tem uns 32 ou 33 anos. Instalou-se em nossa casa e queria me fazer de empregada. Ah, mas comigo não. Rodei a baiana e a coloquei para correr; é por tudo isso que seu irmão está desse jeito. Sei que está com raiva de mim, mas não me importo. Sabe aquelas baianinhas folgadas, arretadas, como se fala lá na nossa Bahia?

— Sei sim, minha mãe.

— Pois então, para lá seu irmão não vai voltar para ficar de vez enquanto eu estiver viva e com saúde. Essa fulana não vai perturbar a paz da minha família. Amo por demais minha Bahia e um dia vou voltar para minha última morada, mas, por enquanto, vou defender meus filhos!

— Ah, não sei não, minha mãe. Pelo visto Jorge está decidido a voltar e ficar por lá. E eu ainda o incentivei.

— Silvana, escute sua mãe, não alimente a ilusão de seu irmão. Se quer saber, essa frota que ele pensa em ter é com essa mulher, que ainda o convenceu a me pedir dinheiro emprestado.

— A senhora está brincando!

— Não, minha filha, não estou. Num sábado, os dois haviam chegado da praia e eu estava fazendo um extra para minha patroa, que recebia um pessoal do Rio de Janeiro. Cheguei por volta das quatro horas da tarde. Quando entrava pelo corredor do quintal ouvi os dois conversando e parei, parece que estava adivinhando. A danada estava convencendo-o a pedir-me um empréstimo para abrir a tal frota.

— E a senhora não disse nada?

— Não, para quê? Esperei, e um dia seu irmão foi falar comigo. Quando neguei, ficou muito furioso...

— Mas a senhora se desentendeu com ele?

— Não, Jorge sabe até onde pode chegar. Passaram-se os dias e essa moça não saía lá de casa; até que começou a ficar de vez e passar as noites no quarto de seu irmão. Já pareciam até casados. Sinceramente, minha filha, você sabe muito bem que se essa moça tivesse boas intenções eu não me oporia. Jorge sempre teve suas namoradas e eu sempre as tratei bem. Só que essa moça é uma oportunista. Não trabalha, mas veste-se muito bem. Não sei se tem alguma renda, mas nunca a ouvi falar em trabalho. Por meu Senhor do Bonfim, eu gostaria de estar enganada, mas essa moça esconde algo muito sério.

— Tem certeza, mãe?

— Valei-me, São Salvador... Não aprecio julgamentos, mas minhas intuições não falham.

Silvana abraçou a mãe com carinho.

— Por mim ficaria aqui com a senhora, mas tenho meus compromissos, o dever me chama.

— Tudo bem, minha filha, vá trabalhar.

— Eu tenho de ir.

— Senti preocupação no tom da sua voz.

— É uma longa a história, à noite conversamos.

Silvana foi para o escritório e Leonor cuidou dos afazeres domésticos.

CAPÍTULO 17

Novas emoções

OS DIAS PASSAVAM e Sidney se recuperava a cada dia. João voltou algumas vezes para São Paulo, deixando a esposa com o filho. Ciro prescreveu medicamentos para que o paciente continuasse o tratamento em casa e conversou por longo tempo sobre isso com ele. Ele não era especialista naquela área, porém, prescreveu um medicamento primordial para mantê-lo em harmonia e equilíbrio. Sidney não queria tomá-lo, contudo, tinha consciência de que seria para o seu bem. Finalmente, ele pôde voltar para casa e desfrutar todo conforto e cuidados dos pais e de Margarida.

— Até que enfim estou de volta à minha casa — disse feliz.

— Seu quarto está pronto, está tudo como o senhor gosta.

— Como tem passado, Margarida?

— Embora preocupada depois que soube de seu problema, estou bem, muito obrigada.

— Senti muito sua falta.

— Fico feliz, mas o que importa agora é que já está de volta.

— Eu que o diga, Margarida...

— Não quer ir para o quarto, meu filho?

— Não, mãe. O que mais quero é ficar na sala assistindo à TV, lendo minhas revistas e tudo o mais que eu puder curtir — respondeu feliz.

— Então está bem, meu filho. Vou com Margarida até a cozinha, tenho algumas recomendações do dr. Ciro. Terá de fazer dietas daqui em diante.

— Mãe, pelo amor Deus, não comece a mudar tudo o que já estou acostumado. Nada de dietas, nada de muitos cuidados. Ninguém morre na véspera, todos temos o dia certo.

— Que absurdo, Sidney!

— Mãe, entenda uma coisa: não vivi até hoje com essa doença? Pois bem, agora estou sem ela, por que mudaria meus hábitos? Sempre gostei de comer bem, de saborear um vinho, de ir a restaurantes etc.

Isaura não se zangou, já conhecia o gênio difícil do filho, e foi para a cozinha.

Quando se viu sozinho, ele ligou para a empresa.

— Alô, quem fala?

— Por gentileza, com quem quer falar?

— Eu perguntei primeiro, por favor, quem está falando?
— É Vera... E o senhor, quem é?
— Sou Sidney. Tudo bem, Vera?

Vera tampou o fone com a mão e disse baixo:

— É o dr. Sidney, o que faço?
— Seja educada e pergunte com quem quer falar — explicou Silvana, respondendo apenas com os lábios e com sinais.
— Olá, dr. Sidney, com quem deseja falar?
— Por gentileza, Carlinhos está?
— Está sim, só um momento.

Vera passou a ligação.

— Olá, meu amigo, que prazer poder falar com você!
— O prazer é meu. Como estão indo as coisas?
— Não se preocupe, está tudo indo muitíssimo bem.
— Já chegou a São Paulo?
— Acabei de chegar.
— Como está se sentindo? Fiquei sabendo do seu problema.
— Muito bem... Nunca me senti tão bem como agora.
— Eu estimo muito, meu amigo. Por enquanto ficará por aí?
— É... como acabei de chegar, confesso que vou curtir um pouco mais minha casa. Mas não pense que vou ficar na cama de molho, viu?
— Parece bem mesmo, estou feliz por você!
— Carlinhos, desculpe tê-lo obrigado a me ajudar com Silvana, não tenho palavras para lhe agradecer.
— Nem precisa. Quer saber? Acabei trazendo meus clientes pra cá também, não podia deixá-los sem saber onde eu

estava. Então, eu e Silvana, fizemos um acordo e acabou dando certo. Mas não se preocupe, assim que voltar, retiro-me.

— Que bom que tudo deu certo, mas fique tranquilo, logo estarei voltando.

— Está bem, faço votos que seja rápido. Quer falar com a Silvana?

— Não, apenas peça que ela passe por aqui quando puder.

— Deixe comigo, darei o recado.

* * *

Passara mais de uma hora desde a ligação de Sidney. Silvana ficara arrasada por ele não ter querido falar com ela.

— Será que nosso patrão já chegou a São Paulo?

Silvana permaneceu calada, estava longe com os pensamentos.

— Mana, estou falando com você.

— Ah, desculpe. O que disse?

— Será que o dr. Sidney já está em São Paulo?

— Deve estar — Silvana não estava a fim de conversar.

Já era perto do horário de almoço quando Carlinhos entrou na sala de Silvana.

— Silvana, estou indo almoçar, quer ir?

— Não, obrigada. Preciso terminar alguns assuntos ainda.

— Precisa de alguma coisa?

— Não, obrigada.

Carlinhos saiu e voltou em seguida.

— Silvana, desculpe, Sidney pediu que eu a avisasse que assim que possível quer vê-la.

— Ele disse isso?

— Sim... Por que, algum problema?

— Não... — respondeu desconcertada.

— Ele está muito bem, e já está em seu apartamento.

— Graças a Deus! — entusiasmou-se Silvana.

— O recado foi dado, pelo amor de Deus não se esqueça!

— Fique tranquilo, não vou esquecer — Lógico que Silvana não ia esquecer, era tudo o que estava esperando.

O rosto da jovem mudou consideravelmente depois do recado, seu semblante se iluminou.

O expediente terminou. Todos se aprontavam para ir embora. Silvana deixou a irmã em seu apartamento. Mais uma vez não foi à faculdade, não poderia deixar de atender a um pedido do patrão.

— Avise a mãe que estou indo à casa do dr. Sidney; qualquer coisa peça para ela que ligue no celular.

Silvana chegou ao apartamento de Sidney e o porteiro a autorizou a subir. Assim que o elevador parou no andar, Isaura já a esperava com a porta aberta.

— Boa noite, querida, como está?

— Muito bem, e a senhora?

— Eu também, por favor, entre.

— Onde Sidney está?

— Acabando de se arrumar. Por favor, sente-se, fique à vontade.

Silvana não esperou muito, logo Sidney apareceu com a aparência melhor.

— Boa noite, tudo bem? — cumprimentou Sidney, como se nada tivesse acontecido. Silvana estendeu a mão gentilmente:

— Bem, graças a Deus.

— Mãe, por favor, será que eu poderia ficar sozinho com Silvana?

— Claro, meu filho, vou até a cozinha. Fiquem à vontade.

Isaura se retirou, Sidney acomodou-se no sofá e disse:

— Silvana, eu pedi que viesse para lhe pedir desculpa.

— Não...

— Por favor, deixe-me terminar — cortou-a.

Silvana, então, esperou que ele concluísse seus pensamentos.

— Naquele dia eu estava ansioso, com muitas expectativas para minha nova vida, mas acabei descontando em você. Para falar a verdade, eu contava os minutos para que você chegasse. Silvana, você não sabe muitas coisa a meu respeito. Sou uma pessoa difícil. Uma hora me sinto bem, em outras não muito, meu humor não coopera muito comigo.

Silvana o olhou com estranheza, nunca notara nada que pudesse confirmar aquelas palavras.

— Sei que está pensando neste momento "mas não parece". Contudo, sou um homem cheio de manias, e o que é pior, nunca gosto de ser contrariado. E justamente no dia em que mais precisava de você, você deu azar, fiquei zangado sem motivo; afinal, não tem obrigações comigo, a não ser profissionais.

— Sidney, olhe...

— Você me perdoa? — cortou-a mais uma vez.

Sidney, devido aos problemas de saúde era extremamente difícil de lidar. Era impulsivo, não pensava antes de tomar atitudes e errava muito com as palavras, acabando por ofender as pessoas que mais admirava. Como os pais, por exemplo. Não que fosse uma pessoa ruim ou intransigente, mas não sabia ainda lidar com as emoções. Para os encarnados, esse tipo de doença precisa de acompanhamento de psiquiatras que lhes ministrem drogas para ajudá-los a superarem seus transtornos psicólogos, além de terapias de auxílio, que fazem com que adquiram autoconhecimento e encontrem o caminho certo para os prováveis problemas que possam surgir ao longo da vida.

Nós, desencarnados, tratamos diretamente a causa do problema, que é o próprio "espírito", a essência imortal de todos os tempos. As possíveis causas estão nas marcas adquiridas durante muito tempo de encarnações para encarnações. São espíritos difíceis, de modo geral, apesar de "cada caso ser um caso". A maioria é rebelde, impulsivo e até mesmo obsessor. Alguns até cometem suicídio por não conhecerem a imortalidade, embora sejam espíritos de alto QI, seres muito "inteligentes".

Dependendo do grau de extensão dos maus causados a si próprios, eles nascem com consequências de perturbação neurológica. São depressivos, têm síndromes de vários tipos, TOC (transtorno obsessivo-compulsivo) e transtornos bipolares. A recuperação, porém, é quase de cem por cento. O tratamento consiste em remédios com substâncias específicas e passes espirituais. Essas duas ferramentas são imprescindíveis para a recuperação total ou parcial.

Silvana gentilmente não se ofendeu, já havia passado e esquecido.

— Não se preocupe com isso, já nem me lembro mais.

— Silvana, por favor, diga que estou perdoado.

— Sim, eu o perdoo. Está bom assim? Agora me conte, como está se sentindo?

— Muito bem... agora que estou em minha casa, então!

— Fico feliz por você. Até quando vai ficar em casa?

— Só por mais alguns dias. Não quero ficar aqui, gosto de trabalhar, gosto do que faço. E você, como está?

— Bem, na medida do possível.

— Estou sentindo uma ponta de aborrecimento.

— Não é nada de mais, coisas de família, logo se resolvem.

— Hoje falei com sua irmã pelo telefone! Pelo tom de voz, parece que está se saindo muito bem. É desembaraçada.

— Está mesmo, só precisa de um pouco mais de juízo.

— Pode me dizer o que houve?

— Não é nada, não quero que se preocupe.

— Conte-me, às vezes precisamos de um ombro amigo.

— Para falar a verdade, eu precisaria de dois ombros amigos — disse Silvana bem-humorada.

Sidney sentou-se mais próximo de Silvana e insistiu:

— Pode contar comigo. O que houve?

— Não quero aborrecê-lo com bobagens.

— Se não se abrir comigo está despedida! Já sei, sua mãe está mal da crise de apêndice novamente?

— Apêndice? — Silvana ficou olhando para Sidney sem entender nada.

— Apêndice... lembra que sua mãe havia passado muito mal?

— É... o apêndice! Já havia até esquecido!

— Isso é bom, se você já não se lembra mais, com certeza não é esse o problema.

Silvana ficou desconcertada, não gostava de mentir, mas não havia como voltar atrás.

— Minha mãe está ótima, é Vera...

— O que houve?

— Uma noite dessas saiu e bebeu demais, e eu não aprovei.

— Aí vocês brigaram?

— Você acredita que ainda não?

— Não estou entendendo!

— Já era para eu ter conversado com ela, mas toda hora acontece alguma coisa e eu acabei não dizendo nada. Ah, mas ainda vou dizer poucas e boas para ela.

— Com quem ela saiu para beber?

— Com Marcelo, é claro... — saiu espontâneo.

Silvana na mesma hora se arrependeu de tocar no nome do melhor amigo dele.

— Quer dizer...

— Não adianta disfarçar. Quero saber de tudo!

— Ah, Sidney deixe para lá. Não temos de ficar falando de seu amigo! Afinal, ele é seu amigo.

— Temos sim. Pode me contar. Vamos, Silvana, fale.

— Nem sei se foi com Marcelo que ela se embebedou.

— Conte o que sabe que eu lhe digo se está no caminho certo ou não.

Silvana contou por cima o que havia acontecido, omitiu os detalhes, pois Sidney e Marcelo eram amigos, e ela não queria criticá-lo. Ao término, disse sem jeito:

— Foi isso. Mas a errada é minha irmã, não Marcelo!

— Você não conhece Marcelo. Quando ele quer saber alguma coisa, trapaceia sim. Por essa razão, ele também tem culpa, não deve brigar com sua irmã.

— Não vamos falar em culpa, talvez não seja esse o termo apropriado. Vera tem suas responsabilidades.

— Eu vou falar com Marcelo!

— Por favor, Sidney, não precisa. Deixe que eu resolvo esse problema.

— Faz tempo que ele precisa ouvir algumas coisas. Vera não teve juízo, é ingênua, mas Marcelo também não teve. Vou ligar para ele agora.

Silvana se levantou e segurou a mão de Sidney, não o deixando pegar o celular.

— Por favor, Sidney, não faça isso. Eu arrumei esse problema, portanto, tenho de resolvê-lo.

— Eu sei que não é de hoje que ele não aceita o rompimento do namoro de vocês!

— Tudo bem, Sidney. Vamos fazer o seguinte: eu deixo esse problema para outro dia e você também. O que acha?

— Não gosto de adiar problemas se posso resolver na hora!

Silvana delicadamente segurou suas mãos.

— Você acabou de sair de uma cirurgia, não quero que passe por esse aborrecimento! Por favor, Sidney...

— Tudo bem, acho que tem razão, não vale a pena ficarmos nervosos; hoje é um dia especial para mim; afinal, estou de volta à vida! Janta comigo? — perguntou esquecendo-se completamente de Marcelo.

— Não sei...

Isaura, que vinha entrando, respondeu por Silvana:

— Claro que ela janta conosco, não faria essa desfeita para nós, não é mesmo, querida?

— Já que insistem, eu aceito.

Isaura e Sidney ficaram felizes com a presença da doce Silvana. Logo em seguida, João chegou. O jantar transcorreu na mais absoluta paz e harmonia. Depois que Margarida ofereceu um café fresquinho a todos, Silvana começou a se despedir, pois tinha de ir embora, já era tarde da noite.

— Bem... tudo está ótimo, mas preciso ir.

— Que pena, ainda é cedo!

— Não, dona Isaura, já passa das dez horas da noite.

— É verdade, Isaura, a moça precisa ir. Está de carro? Senão eu a levo — disse João solícito.

— Não se preocupe, estou sim.

Silvana gentilmente abraçou João e Isaura. Quando foi se despedir de Sidney, não esperava que ele a abraçasse tão forte e com emoção.

— Amanhã, se quiser voltar, não faça cerimônia.

— Eu adoraria, mas tenho de ir a faculdade. Faz tempo que não vou às aulas, daqui a pouco vão me perguntar se estou me especializando em turismo e não em engenharia...

Todos riram e a jovem foi embora. Sidney foi para o quarto sentindo grande alegria no coração. João acompanhou Isaura até a cozinha.

CAPÍTULO 18

Um alerta

SILVANA CHEGOU e Leonor estava à sua espera.

— Ainda acordada, mãe?

— Fiquei esperando-a.

— Não precisava, mãe.

Leonor, mãe zelosa, fez sinal para que a filha se sentasse ao seu lado.

— Como está seu chefe?

— Como sabe do meu chefe?

— Conversei com sua irmã, já me contou tudo.

— Contou o quê?

— Sobre o dr. Sidney. Por que, tem mais algum assunto pendente?

— Claro que não... quer dizer... Sabe aquele namorado de quem lhe falei?

— Sei. Marcelo, é seu nome, não é isso?

— Isso mesmo, mãe. Separamo-nos. Mas só ele não aceita isso, continua insistindo.

— Como assim, Silvana?

— Não deu certo, mas ele não aceita nosso rompimento.

Silvana se levantou e começou a andar de um lado para o outro, temerosa pelas atitudes de Marcelo.

— Como assim, minha filha? Ainda não entendi!

— Percebi que Marcelo não era o que eu pensava, não gosto de algumas atitudes dele. O que eu sentia por ele foi minando, até que acabou. Quer dizer, pensei que sentia algo por ele, mas nunca passou de um entusiasmo. Mãe, terminei tudo, mas ele me trata como se ainda estivéssemos juntos.

— Minha filha, esse tipo de homem não recebe negativas com facilidade! Tome cuidado...

— Já percebi, mas não quero vê-la preocupada, uma hora ele terá de aceitar.

— Sinceramente, espero que sim, não gosto de homens que não sabem quando é hora de parar. Seu pai era assim, tive muitos aborrecimentos.

— Lembro-me levemente de alguns episódios. Mãe, admiro sua coragem e perseverança, sempre lutou por mim e por meus irmãos. Disso eu me recordo bem.

— É assim que deve proceder quando tiver seus filhos. Sempre sob a verdade e os bons princípios.

Silvana abraçou a mãe com carinho.

— Tenho muito orgulho da mãe que Deus me deu.

— Valei-me, Senhor do Bonfim! — Leonor derrubou algumas lágrimas. — Pare com isso, minha filha... Que bobagem!

— Mas agora vamos ao assunto que nos fugiu. O dr. Sidney está bem?

— Está sim, estou tão feliz por ele!

— Deu tudo certo na cirurgia?

— Foi um sucesso, graças a Deus.

— E ele quis você lá por quê, hein?

— Sabe, mãe, Sidney é uma pessoa boa e correta. Sempre foi um bom patrão, mas de uns tempos para cá devo confessar que nos afeiçoamos mais, parece que está surgindo uma grande amizade entre nós.

— Só amizade?

Silvana olhou Leonor espantada.

— Claro que sim, mãe. Nada além de uma grande amizade.

— Como diz em minha terra, isso está me cheirando a um chamego!

— Claro que não, mãe, realmente o admiro muito, mas só isso.

— E ele, o que sente?

— Uma grande amizade.

— Tem certeza?

— Nossa, mãe... por que a desconfiança? A senhora acha que se houvesse algo a mais eu não contaria à senhora?

— Quer dizer que realmente não há outro interesse?

— Já falei que não, nem pense uma coisa dessa. Deus me livre e guarde ele supor que eu possa ter outro sentimento por ele que não amizade. Acho que ele me despede na mesma hora! Estou feliz... muito feliz, mas por ele, sabe? Nunca tive um homem como amigo. Acho que ele também nunca teve uma amizade com uma mulher. Até fiquei triste quando tivemos um pequeno desentendimento. Ele me confessou que é genioso; mas já passou, agora está tudo bem entre nós.

— Amigos também brigam muito, sabia? — concluiu Leonor com um sorriso no canto da boca.

— É, acho que sim, mas prefiro que não briguemos mais.

— Pois é. Esse seu patrão está cultivando uma amizade um pouco mais forte do que devia, não acha?

— Não acabei de falar, mãe?! Somos apenas amigos.

— Tem certeza?

— O que deu na senhora hoje? Coloque uma coisa nessa sua cabecinha: Sidney, além de ser meu patrão, é um ótimo amigo. Existem pessoas desinteressadas, sabia?

— Está bem, se você está falando...

— Bom... vamos dormir, amanhã preciso levantar muito cedo.

Leonor e Silvana foram dormir. Ao adormecer, a jovem voltou àquele mesmo lugar de outros sonhos. Viu-se no meio da mata e a bica de água a correr para o leito do rio entre as pedras. Aspirou com prazer, apurando melhor o perfume que as flores exalavam.

— O perfume das flores é uma bênção em qualquer ocasião.

— Samuel, o que faz aqui?

— Vamos dizer que eu sabia que ia encontrá-la; por essa razão arrisquei.

Silvana saiu correndo entre as flores, rodopiando feliz. Samuel a observava em silêncio. Deixou que ela absorvesse o fluido balsâmico que exalava das flores fazendo cintilar sua aura.

— Como Sidney está?

— Muito bem... por que se preocupa tanto com ele?

— Por muitos motivos, mas um deles é por sermos amigos.

— Gosto da amizade de Sidney também.

— É de pessoas como você que Sidney precisa ao seu lado. É muito bom saber que está indo bem.

— Indo bem? Como assim?

— Quis dizer, se dando bem... Será que poderia parar um pouco de correr entre as flores e vir sentar-se ao meu lado? Parece não me ouvir!

Silvana parou de repente, sorriu e correu, esvoaçando os lindos cabelos negros que refletiam o brilho do olhar de Samuel. Silvana foi ao seu encontro.

— Pronto... Já estou aqui, o que quer falar?

— Sente-se — pediu Samuel gentilmente.

— Silvana, Sidney é uma pessoa muito boa, um homem íntegro, porém sofre de algumas enfermidades; tenha paciência sempre. Ele gosta muito de você.

— Explique-se melhor.

— Sidney está abrindo seu coração para sentimentos fortes e sinceros.

— E daí? Eu também tenho sentimentos sinceros por ele.

Silvana se levantou novamente e correu atrás de muitas borboletas que voavam livres ao seu redor.

— Que lindas, olhe!

— Silvana, está escutando com atenção o que estou falando?

— Claro... eu ouço com os ouvidos, não com os olhos... Por que está falando como minha mãe?

— Por que é a realidade com que você vai deparar.

Silvana parou diante de Samuel ofegante de tanto correr atrás das belas borboletas; segurando uma delas nas mãos, perguntou:

— Que realidade? Parem de se preocupar com Sidney, ele é forte, ele não gosta de mim como vocês estão pensando. Sidney é meu amigo, só isso. Primeiro minha mãe, agora você! Por que as pessoas se preocupam tanto com a definição dos sentimentos? Sentimento sincero de amizade pode ser considerado amor!

— E se eu lhe disser que ele vai se declarar a você?

Silvana, com o semblante sério, fixou seus olhos nos de Samuel.

— Por que quer me confundir? Você acha que não sei o que sinto por Sidney, e ele por mim? Acabar com uma amizade pura e verdadeira que cresce entre nós não é gentil de sua parte.

— Você tem uma amizade pura e sincera, mas Sidney alimenta outros sentimentos.

— Já que sabe tudo, o que devo fazer? Não sinto esse amor de que você fala.

— É isso que estou tentando lhe explicar. Não recuse o amor de Sidney.

— E por que não devo recusar?

— Porque vocês precisam se ajustar.

— Mas não o amo! Como me unir a um homem sem amor?

— Mas amor sincero não precisa se explicar. Quantas uniões se dão quando cultivada uma grande e verdadeira amizade? Às vezes, vale muito mais uma sincera e grande amizade, do que nos arrastarmos por paixões ilusórias, que nos fazem sofrer, lamentar e errar insanamente.

Silvana parou por longos minutos; depois, respondeu:

— Há lógica em seu raciocínio. Nunca havia pensado por esse lado. Ou será que eu não sou normal por nunca ter me apaixonado por ninguém?

Silvana, naquele momento, ao questionar Samuel, sentiu novamente um calor percorrer-lhe o corpo. Sem ação, deu as costas para o protetor.

— O que foi, Silvana? Eu disse algo que lhe desagradou?

Silvana não tinha coragem de olhá-lo.

— Não. É que sinto algo mexer comigo quando estou ao lado dele.

— Não tenha medo do que sente. É por meio desse amor que vai estender as mãos para Sidney. Nós o amamos com a mesma intensidade sincera, terna, de elo forte e irrompível.

Silvana se virou e, com lágrimas nos olhos, perguntou estranhamente abalada:

— Nós três vivemos um grande amor?

Samuel sabia que, aos poucos, descortinava o véu de suas encarnações:

— Tudo o que houve foi inigualável e verdadeiro. E o que Sidney também sentiu por você teve o mesmo valor.

— Não... Não é possível...

Silvana acordou em sua cama com as vestes molhadas de suor.

— É mentira... — gritou no escuro da noite.

— O que foi, minha filha? — Leonor perguntou, acendendo a luz. — Sente-se, filha.

Silvana sentou-se e concentrou-se, querendo se lembrar do sonho.

— Espere, mãe... — sonhei com um homem, mas quem era?

— Ah, minha filha, sonhamos muitas coisas, e com muita gente, como saber?

Silvana se levantou pensativa, abriu o guarda-roupas e pegou uma camisola para trocar-se.

— Tenho quase certeza de que conheço o homem com quem sonhei. — Mas de onde?

— Você está bem?

— Sim, já passou.

— Vou fazer um chá.

A mãe falava, mas Silvana não prestava atenção no que ela dizia. Seus pensamentos estavam ocupados em lembrar-se de cada instante do sonho.

— Por que fiquei tão impressionada?

Leonor voltou com a xícara de chá.

— Tome, Silvana, vai lhe fazer bem.

Silvana pegou a xícara e bebericou. Logo, o sono bateu e ela tornou a dormir.

Na manhã seguinte, acordou bem e animada. Dessa vez, quem preparou o café da manhã foi Leonor. Quando a filha chegou à cozinha, a mesa estava posta com capricho.

— Esta mesa lembrou-me de quando ainda morávamos todos na Bahia. Quanta nostalgia!

— Bom dia, minha filha. Conseguiu dormir depois do chá?

— Muito bem, graças à senhora.

— Tome seu café, vou chamar Vera e Jorge.

Silvana, com muito apetite, saboreou o café com leite como havia tempo não fazia, pois preparado pela mãe, ele era muito melhor! Às vezes, sentia os reflexos do sonho, mas eles logo se apagavam.

— Que raiva! Por que não consigo me lembrar do homem?

— Está falando sozinha, mana? — perguntou Jorge animado.

— Não ligue, irmão, às vezes converso comigo mesma. E você, parece tão feliz!

— Estou mesmo, hoje à noite embarco para minha terra querida!

— Mas essa felicidade toda não é só porque vai à Bahia, não é?

— Claro que não; vou ver minha namorada... aquela de quem lhe falei!

— É mesmo? Como é o nome dela?

— Marília... Quando conhecê-la, vai gostar muito dela.

— É muito bom ter uma namoradinha quando se é jovem; tudo parece mágico.

— É, quer dizer, não é uma namoradinha à toa como as que tive, essa é uma mulher madura, ela é o máximo.

— Madura?

— Ela tem 32 anos.

— Jorge, pensei que ela regulasse com sua idade!

— E qual o problema? Também é preconceituosa?

— Ela pode não ser o que está pensando, ou melhor, ela pode não ser o que você está pensando sobre ela!

— Pronto, está falando igual mainha... ou melhor, foi ela que já falou para você o que acha da garota que nem sequer conhece. Meu Senhor do Bonfim, como essa baiana é arretada!

— Não se refira à nossa mãe como "baiana arretada", tenha mais respeito. Dona Leonor é nossa mãe!

— Não sei por que a mãe odeia Marília! Ela nem a conhece direito!

— Mãe é sábia, sempre tem intuições. Jorge, não digo pra que não a veja mais, porém, peço que tenha cuidado, observe com mais atenção as atitudes dela. Afinal, até casada ela já foi! Você, querendo ou não, tem de aceitar que ela tem muito mais experiência!

— Não disse que foi a mãe que colocou caraminholas em sua cabeça? Como sabe que foi casada? Posso lhe fazer um pedido?

— Claro, irmão, faça.

— Não escute a mãe, tenho certeza de que assim que conhecê-la, você vai gostar dela.

— E eu posso lhe fazer um pedido? Não entre de cabeça, vá devagar, devagar se vai ao longe. Não tenha pressa, o que tiver de ser seu, será, pode confiar.

Jorge abraçou a irmã com carinho.

— Eu sei me cuidar, a única coisa que eu gostaria é que a mãe fosse como você.

— Nem tudo é como gostaríamos. Cada um é e vive à sua maneira. Só não quero vê-lo sofrer.

— Isso não vai acontecer, Marília é mulher para toda a vida.

— Vou torcer para isso, tenha certeza.

O assunto parou quando Vera e Leonor entraram. Logo depois do término do café, cada um foi cumprir seus compromissos.

CAPÍTULO 19

Um convite

OS DIAS SE PASSARAM e Sidney voltou à sua forma. Seu corpo e sua alma se mantinham saudáveis e equilibrados. Todos os dias, antes de quaisquer compromissos, ele fazia sua corrida matinal durante 1 hora. Sidney possuía um belo porte físico. Depois que Ciro lhe deu alta médica, ele se transformou em um homem mais bonito. No início, começou a se exercitar por recomendação médica, depois, pegou gosto e não parou mais. Fazer exercícios físicos tornou-se um hábito. Silvana se afinava a cada dia com seu patrão, e entre eles se fez uma amizade de total lealdade. Sidney não sabia resolver nada sem Silvana; até mesmo na escolha das roupas que vestia e que comprava ela o ajudava.

* * *

— Bom dia, Cris!

— Bom dia, dr. Sidney. Que bom vê-lo de volta! Seja bem-vindo! — disse Cristiane, surpresa.

— Obrigado, Cristiane.

Sidney mudou seu comportamento consideravelmente. Estava mais afável e menos convencional.

— Silvana já chegou?

— Ainda não, doutor. Quer que eu telefone para ela?

— Não é preciso, obrigado. Carlinhos também não chegou?

— Ele já está aí, sim. Está em sua sala.

— Obrigado, que você tenha um bom dia.

Sidney se retirou e Cris ficou com cara de quem tomara um susto. "Será que é o dr. Sidney mesmo?", perguntou a si mesma.

Sidney bateu levemente na porta e abriu-a, apontando apenas com a cabeça na porta entreaberta.

— Não acredito, seja bem-vindo! — disse Carlinhos eufórico.

— Posso entrar?

— Entre... Fique à vontade. Faça de conta que a sala é sua! — brincou com humor.

Sidney deu um forte abraço em seu amigo de profissão, que comentou:

— Estou feliz que tenha se recuperado tão bem.

— Acredite, eu também. Você não sabe como eu estava com saudades desta sala, destes projetos, até mesmo de todas as minhas bagunças por toda a mesa!

— Ainda bem que voltou com toda força e vontade, temos muitas obras para colocar em pé.

— É mesmo? Mas isso é muito bom!

Sidney olhou tudo à sua volta, passando as mãos por cima dos projetos com entusiasmo. Sentiu-se muito feliz e com muita vontade de trabalhar e de retomar sua vida.

Carlinhos, gentilmente foi retirando todos os projetos que inspecionava para que o líder se apoderasse de seu lugar.

— Não... não se incomode... por favor, fique.

— Mas estou na sua mesa!

— Não é preciso, aliás, vou pedir que a Cris prepare a sala de reuniões, quero todos lá hoje, até mesmo as moças da limpeza, se for possível.

Carlinhos ficou intrigado, mas não quis ser indelicado e perguntar algo; afinal, Sidney já pedira a reunião para falar. Até que Silvana e os outros funcionários chegassem, Sidney sentou-se do lado oposto da mesa que era sua e ficou colocando as novidades e fofocas em dia.

— Bom dia, Cris!

— Bom dia, Silvana! Bom dia, Vera! Tenho uma novidade, o dr. Sidney voltou!

— Que ótimo! Ele está em sua sala?

— Sim, e pediu que assim que chegasse fôssemos para a sala de reuniões.

— É mesmo? E você já arrumou a sala?

— Já deixei tudo em ordem.

— Bem, vou vê-lo. Assim que todos estiverem lá, avise-nos.

— Quero conhecê-lo, posso ir com você? — perguntou Vera.

— Não, Vera.

Silvana bateu na porta e entrou. Sidney se levantou e foi recebê-la com um forte abraço.

— Quem lhe deu ordem de chegar primeiro que eu?

Sidney abriu um lindo sorriso.

— Estava tão ansioso para estar aqui que madruguei!

— Bom dia, dona Silvana. Agora já nem percebe minha presença, não é? — brincou com felicidade Carlinhos.

— Ah, Carlinhos, perdoe-me. Muito bom dia.

— Bom dia a todos nós!

Depois dos cumprimentos, todos foram esperá-lo na sala de reuniões. Não demorou e Sidney entrou com semblante sereno e feliz.

— Bom dia.

Todos responderam ao eufórico bom dia. Durante a palestra de Sidney, todos repararam na mudança drástica que havia acontecido com aquele homem, que talvez tenha percebido que só valia a pena ter tudo de bom à sua volta se tivesse a saúde a seu favor. Sidney era sério, calado e muito formal; era cheio de convenções e programado para somente ir ao trabalho e voltar para casa. Fora uma pessoa difícil e de poucos amigos, mas quando teve de se separar da esposa, por quem era totalmente apaixonado e dependente, ficou pior, resumiu-se a uma pessoa fechada e amarga. Tivera várias crises de depressão e não queria nem mesmo os pais em sua casa. Sua vida era ser solitário e ter apenas a companhia da sua ajudante Margarida. Quem o conhecia sabia que ali nada mais restava do Sidney de outrora. Vera se encantou. Durante todo o tempo em que o patrão falava, ela permaneceu olhando fixamente para ele. Ela queria apenas ouvir sua voz, que era como música para seus ouvidos.

— Bem... agradeço-lhes por terem desempenhado seu trabalho com muita competência e carinho à empresa. Agradeço a cada um de vocês, que se dispuseram a manter a companhia como eu sempre mantive, com orgulho. Não sei se todos os presentes sabem, mas esta construtora é a minha vida. Mas também quero que saibam que saberei reconhecer o esforço de cada um.

Ninguém dizia nada, apenas olhavam-no com emoção.

— Mas vamos ao ponto. Bem, o mais importante é o motivo desta reunião. Carlinhos é meu amigo de muitos anos, desde os tempos de escola. Aliás, formamo-nos juntos. Fiquei sabendo que além de cumprir com os compromissos já existentes, ainda trouxe mais clientes para esta empresa de construção civil, aumentando nosso prestígio no mercado. Por esse motivo, quero propor a este homem, que está sentado ao lado de vocês com toda a humildade, que venha fazer parte do nosso quadro de funcionários, mas com uma pequena diferença. Quero lhe propor uma sociedade. Você aceita?

Todos olharam emotivos para Carlinhos, que realmente havia feito faculdade com Sidney e Marcelo, mas não havia tido a mesma oportunidade de montar sua própria empresa por motivos financeiros. Carlinhos não teve nem mesmo a oportunidade de ter pais como seus amigos. Era sozinho, ficara órfão aos doze anos e fora criado por uma única tia, que fez o possível e o impossível para contribuir para que o sobrinho concluísse seus estudos. Carlinhos não tinha uma empresa como aquela que seu amigo Sidney tinha. Recebia seus poucos clientes em sua humilde casa. Mas, de repente, aparecera a oportunidade tão almejada quando Sidney o convidou para ajudar Silvana durante sua ausência. Deus sempre é providencial e, quando merecemos, abre-nos a porta para que possamos passar. Está em nossas mãos aproveitar e passar pela porta que Deus generosamente nos oferece. Carlinhos se manifestou:

— Bem... Nem sei o que dizer.

Silvana sentiu-se feliz por Carlinhos. Delicadamente, levantou-se e o abraçou fortemente.

— Seja bem-vindo, Carlinhos.

O jovem não sabia o que responder. Foi curto e direto:

— Eu aceito! Muito obrigado.

Todos o cumprimentaram com satisfação. Pelo seu desempenho durante o tempo em que Sidney ficara ausente, tinha de receber um reconhecimento. Sidney observava tudo com alegria e orgulho.

Antes que todos voltassem às suas funções, Sidney quis conhecer Vera oficialmente. Silvana a apresentou. A garota o cumprimentou com um sorriso. Ele já havia encomendado mais uma mesa para colocar em sua sala para Carlinhos. O que todos não sabiam é que a responsável por Carlinhos ter conquistado o posto de sócio tinha sido Silvana.

Sidney estava estimulado para trabalhar por ter dois parceiros magníficos. O expediente já estava terminando quando Marcelo apareceu.

— Cris, Sidney ainda está aí?

Cris sentiu-se aflita com a presença de Marcelo, mas não disse nada.

— Está em sua sala.

— Obrigado.

Marcelo não fez cerimônia. Bateu na porta e entrou.

— Como você não me avisa que já voltou a trabalhar?

— Marcelo! Que prazer!

Marcelo se aproximou e abraçou Sidney.

— Por onde andou durante todo esse tempo?

Marcelo, abraçando também Carlinhos, respondeu:

— Trabalhando!

— Pensei que não conhecesse essa palavra "trabalho" — completou Sidney, debochando do amigo.

— Eu não lhe disse que aquela licitação iria sair? Falei até para você entrar comigo, mas você não quis... ainda está em tempo.

— Não, deixe-me aqui quieto em meu canto. Carlinhos e eu agora somos sócios. O que acha?

Marcelo não aprovou a novidade, não cultivava inveja, mas alimentava muito ciúme. E isso não era bom.

— Parabéns para vocês. Tomara que dê certo.

— "Tomara"? É isso que se diz para dois amigos?

— Sabem que desejo tudo de bom para vocês.

— E quando começam as obras da prefeitura?

— Ainda tem aquelas burocracias de documentos.

— Por esse motivo que não tenho tanta ambição assim! É muito trabalhoso.

— Trabalhoso nada! É tudo arranjado, daqui a pouco saem as papeladas e pronto.

Bateram à porta e entraram.

— Com licença, dr. Sidney, trouxe o projeto que pediu para Silvana olhar. Ela disse que está tudo ok.

Marcelo olhou para Vera com malícia e disse irônico:

— Vamos tomar aquele vinho, Vera?

— Marcelo!

— O que foi? Só estou brincando.

Vera ficou parada olhando para Sidney; nem ouviu o que Marcelo disse.

— Pode ir, Vera, fale para sua irmã não ir embora sem falar comigo.

— Sim, senhor.

Vera saiu e Sidney chamou a atenção do amigo:

— Marcelo, pare de arrumar confusão. Vera é minha funcionária e irmã de Silvana.

— E eu com isso? O que tem de mais sua funcionária ser irmã da minha namorada? Essa baianinha é muito bonitinha.

— Já estou sabendo o que fez e lhe aviso que Silvana não gostou nem um pouco.

— E do que Silvana gosta, Sidney? É certinha demais para o meu gosto.

— Se é assim, então deixe-a em paz.

— E por que eu faria isso? Tenho de lutar por aquilo que eu quero, e eu quero Silvana, não vou dar paz enquanto ela não voltar para mim.

— Pare com isso, Marcelo — interferiu Carlinhos.

— Essa mulher acaba comigo. Não consigo esquecê-la.

Sidney não estava gostando daquela conversa e teve de contar até dez para não se indispor com o antigo amigo.

— Marcelo, faça-me um grande favor, não pressione Silvana, se ela quiser reatar o namoro, com certeza vai procurá-lo.

— Você está me dando bronca?

— Em hipótese alguma, e também não quero entrar nessa briga. Estimo muito Silvana, temos uma forte amizade.

— Pensei que Silvana fosse apenas mais uma funcionária!

— Não se faça de desentendido, você sabe o que eu quis dizer. E para finalizar essa desgastante conversa, deixe-a em paz.

Marcelo mordeu os lábios de raiva, não conseguia entender o que estava acontecendo entre o amigo e a mulher que dizia amar. A única coisa que compreendia é que nem mesmo o amigo o faria se afastar dela. Tentando serenar sua raiva, mudou de assunto:

— O que vamos fazer para comemorar sua volta?

— Fiquei feliz em vê-lo, mas nós já estávamos de saída.

— Para onde estão indo?

— Vou deixar Silvana na faculdade e depois vou para o meu apartamento.

— Deixar Silvana na faculdade? Por que ela não pode ir sozinha?

— Até poderia, Marcelo, mas o carro dela está no mecânico. E depois não preciso lhe dar satisfação dos meus atos.

— É verdade, Marcelo, eu sou testemunha — interveio Carlinhos com boas intenções.

— Pode ir para sua casa, eu a levo.

— Qual é o seu problema, hein? Ainda não aceitou que Silvana rompeu com você?

Marcelo engoliu em seco, tinha de manter a calma; afinal, Silvana realmente não era mais sua namorada; tinha o direito de ir para a faculdade com quem quisesse.

— Tudo bem... Não vamos brigar por causa disso. Não é Silvana ou qualquer outra que me fará romper uma amizade de tantos anos.

— Eu concordo plenamente.

— Então vamos embora, né? — interveio o humilde Carlinhos.

Todos se aprontaram e saíram. Não tinha como Marcelo e Silvana não se cruzarem, pois o insistente ex-namorado esperou até o fim para que saíssem todos juntos. No corredor, provocou Silvana:

— Como tem passado?

— Bem, e você? — disse Silvana tranquila e preparada para quando se esbarrassem.

— Eu também. Já que sua irmã vai à faculdade, Vera, quer ir jantar comigo? — Marcelo a convidou.

Silvana olhou a irmã com negativas.

— Hoje não, obrigada. Posso pegar uma carona com o senhor, dr. Sidney?

Aproveitou os olhares da irmã, que se sentiu tranquila com o pedido de favor; antes ir acompanhada de Sidney do que com o insuportável do Marcelo.

— Claro que sim, deixo Silvana na faculdade e a levo para casa.

Todos saíram e cada um tomou seu caminho. Marcelo ficou completamente contrariado, com raiva; contudo, como ir contra um amigo de tantos anos? Não poderia fazer isso. Seus pensamentos eram os piores: "Não acredito que meu amigo esteja a fim da mulher que eu amo! Não, isso não está acontecendo. Meu melhor amigo me trair assim... Mas vou descobrir tudo, pode ter certeza. E quer saber? E será com a irmã dela mesmo...".

Marcelo, remoendo seus pensamentos foi encontrar outros amigos em um bar na zona oeste de São Paulo.

CAPÍTULO 20

Diálogo prazeroso

SIDNEY, DEPOIS de deixar Silvana na porta da faculdade, combinando que iria buscá-la, foi levar a irmã dela para casa.

— Como está fazendo calor, não acha? — perguntou Vera quebrando o silêncio.

— Está sim, mas eu gosto, aliás, me fazem bem os dias ensolarados.

— Eu também. Mas bem que poderia ter a brisa fresca da Bahia!

— É, poderia mesmo, mas por aqui o calor parece nos derreter. Como dizemos, aqui é uma selva de pedra, e piora cada dia mais. Daqui a pouco não teremos mais nenhum metro quadrado sem construção.

Vera sentia-se feliz ao lado de Sidney, sua beleza a encantava, seu perfume a deixava atordoada.

— Esta noite está convidativa para jantar ao ar livre, tomar um chopinho e jogar conversa fora!

Sidney se lembrou do que Silvana contou a ele.

— Falando em jantar, noite de calor, chopinho, sua irmã está zangada com você, sabia?

Vera completamente esquecida, respondeu naturalmente:

— Zangada comigo?

— É... ela me contou que saiu com Marcelo e tomou um pilequinho. E de vinho ainda por cima. Deve ter acordado com a cabeça estourando de dor.

Vera ficou com raiva pela irmã ter contado suas coisas para Sidney. Ficou calada remoendo a raiva e com vergonha.

— Sua irmã se preocupa com você, deve escutá-la quando a aconselhá-la, sua irmã a acha muito ingênua. Eu penso a mesma coisa, ainda é muito criança para sair assim à noite, principalmente em São Paulo, aqui rola de tudo. Deve estar sempre acompanhada de alguém em quem confia.

Vera pensou que fosse morrer de ódio; seus olhos chispavam fogo com eloquência.

— Minha irmã pensa que ainda sou criança. Já tenho 22 anos!

— Mas não é a idade que conta, e sim o amadurecimento.

— Desculpe, dr. Sidney, mas sei me virar muito bem. Não sou uma menina bobinha que veio do Norte, não!

— Nossa, está bem... só quis lhe dar um toque. Você é brava, né?

Vera pensou por alguns instantes, depois prosseguiu:

— Minha irmã acha que sou criança, mas não sou não. Já tive muitos namorados. Ela é quem parou no tempo, sempre se acha a certa. Vai morrer solteirona, isso sim.

Sidney deu uma sonora gargalhada:

— Não precisa ficar nervosa! Como dizem na Bahia, você é arretada mesmo, hein?

Vera não conseguiu segurar o riso pelo jeito que Sidney disse arrastando o sotaque.

— Fica mais bonita sorrindo! — disse ele, quebrando o mau humor da garota. — Bem, já chegamos, espero que não fique zangada comigo.

Ao lado daquele homem, ela já havia esquecido por completo o que a irmã achava ou deixava de achar dela. Valia a pena estar ao lado dele, que era tão diferente de todos os que ela havia conhecido em sua curta trajetória de vida. Simpática, despediu-se:

— Muito obrigada pela carona, dr. Sidney, boa noite.

— Boa noite. Vá pela sombra e tome cuidado com os pileques, viu?!

Vera, mesmo com raiva da irmã, decidiu-se que queria ficar ao lado de Sidney, queria tê-lo em sua vida.

Sidney a deixou em frente ao prédio e foi para seu apartamento. Estacionou o carro na garagem e subiu. Ao entrar, foi recebido pela mãe.

— Boa noite, meu filho. Como foi seu dia?

— Muito bom, e meu pai?

— Está chegando.

Sidney beijou a mãe e foi tomar um banho rápido antes do jantar. Assim que entrou no quarto e se viu acolhido por aquelas paredes, deixou fluir seus pensamentos: "Meu Deus, o que está acontecendo comigo? Já não consigo viver sem Silvana... Será que é amor? Não, acho que não. Quando penso nela, não me vejo como um homem e uma mulher trocando carícias! Mas não sei viver sem ela ao meu lado. Pare de se martirizar, Sidney, deixe que a vida esclareça. Não, não é amor, é uma grande e sincera amizade. É isso, uma grande amizade...".

* * *

Sidney sentia-se feliz por ter voltado ao trabalho e por ter Silvana como amiga. Tudo parecia estar dando certo, tudo havia mudado de rumo. Sem aquela lança apontada para sua cabeça querendo definir que a qualquer hora a morte poderia tomá-lo da vida, suas inseguranças o haviam realmente abandonado para sempre. Agora era só viver a vida da melhor maneira possível, nada mais poderia interferir em sua felicidade, nem mesmo a esposa que o abandonara. Isso para Sidney era passado, um passado de que não gostaria mais de se lembrar. O jovem engenheiro terminou o banho, arrumou-se com alegria e até se achou bonito, como havia muito tempo não achava. Deu uma última olhada no espelho e foi jantar com os pais:

— Boa noite, meu filho, parece outro homem!

— Boa noite, pai... Está tão visível assim? — questionou Sidney.

— É, está sim, aconteceu algo de especial para mudar para melhor?

— A vida, pai, é a melhor oportunidade que Deus poderia nos oferecer.

Isaura e João encheram-se de esperanças de que o filho pudesse encontrar novamente a felicidade. Aquela noite para todos foi mais que prazerosa, foi um encontro agradável e inesquecível. Após o jantar, Sidney sentou-se na sala com o pai, e Isaura foi ajudar Margarida a arrumar a cozinha.

— Dona Isaura, parece que o dr. Sidney está tão melhor!

— Não parece, ele está, e isso me deixa muito feliz!

— A mim também.

— E sabe qual é o nome dessa felicidade?

Margarida balançou a cabeça em negativa.

— Silvana...

— Dona Silvana? Por que acha isso?

— Não sei, mas tenho muita esperança que nasça um grande amor entre eles.

— Acho que a senhora está enganada. Dona Silvana esteve aqui todos os dias, principalmente enquanto o dr. Sidney se recuperava, mas só os vi rindo muito e conversando até enjoar. Em minha opinião, desse mato não sai coelho, não. Nunca os surpreendi em clima de romance!

— Aí é que está, Margarida, eles ainda não sabem.

— E pelo visto nem vão saber. Só sabem rir de tudo. Riem de filmes, programas... riem por nada.

— Não faz mal, tenho todo o tempo do mundo para esperar. E muita esperança de que eles venham a descobrir o amor e a se descobrir.

— Se a senhora acha, vamos esperar.

A hora de ir buscar Silvana na faculdade já estava apontando. Sidney deixou os pais assistindo à TV e saiu. Esperou por Silvana cinco minutos apenas. Logo ela apontou no portão da saída. Sidney, gentilmente, saiu para abrir a porta do carro para que ela entrasse.

— Como foram as aulas?

— Bem... perdi muita matéria, mas uma amiga da turma vai me ajudar no fim de semana.

— Para que a amiga, se você tem a mim? Faço questão de ajudá-la em tudo. Tenho tantos livros para quê? Além disso, faltou às aulas por minha causa.

— Está bem, se acha que pode! — disse Silvana provocando-o.

— O que vamos fazer?

— Como, o que vamos fazer? Vou para o meu apartamento tomar um banho, comer qualquer coisa e cair na cama.

— Nada disso, você está mais que intimada a ir comigo a um barzinho.

— Sidney, você ainda não pode tomar nada com álcool!

— E quem disse a você que vou beber? Não posso beber hoje, nem nunca.

— Por que nunca? Está me escondendo algo? — Silvana questionou assustada. Contudo, o que não sabia, é que seu amigo não podia fazer uso do álcool não por causa dos remédios que ainda tomava por consequência do aneurisma, mas porque também tomava drogas para o problema psiquiátrico, que não podem ser misturadas com qualquer bebida que contenha álcool.

— Lógico que não. Não fique me olhando com esse olhar não. É que nunca fui de apreciar bebidas em geral. E, depois, quando digo que vai de qualquer jeito a um barzinho comigo, é porque quero que vá me fazer companhia e pronto!

Silvana deu uns tapas em seu braço e sorriu:

— Ah, bom! Enquanto estiver ao meu lado não vai beber mesmo!

Os dois jovens chegaram ao barzinho e acomodaram-se. Sidney chamou pelo garçom:

— Por favor, o cardápio.

— O que vai comer? — perguntou carinhosamente o amigo.

— Não quero nada, Sidney. Estou aqui por você.

— Quer sim... Não vai escolher? Então, escolho eu.

Sidney pediu uma salada completa com pedacinhos de manga e torradinhas, pois sabia que Silvana adorava.

— Traga também dois sucos de laranja.

— Você sabe mesmo do que gosto — disse Silvana feliz por fazer parte da felicidade do amigo.

— Claro que sei. O que achou da minha proposta para Carlinhos?

— Fiquei feliz, Carlinhos merece, tomou uma decisão que trará muitos pontos positivos para sua construtora.

— Embora nós dois já houvéssemos falado sobre isso, o que mais me incentivou foi sua palavra final; eu também gostei de minha decisão. Vai dar tudo certo, não acha?

— Claro que vai, Sidney. Não fique inseguro com suas decisões, você é uma pessoa ponderada, consciente de tudo o que faz. Depois, como você mesmo disse, já falamos sobre isso.

Silvana refletiu por alguns longos instantes chamando a atenção do amigo:

— Sidney, eu não queria tocar em um assunto, mas é preciso. Você se importa?

— Do que se trata?

— É sobre Marcelo.

— Sabia, tinha certeza absoluta de que o nome dele não passaria em branco. Não sei por que ainda me surpreendo!

— Eu sei que é difícil para nós dois, mas precisamos falar.

— Essa situação de chata, está ficando complicada. Marcelo é meu amigo, puxa...

— Eu sei, por isso mesmo. Não quero vê-lo se indispor com ele por minha causa.

— Se ele não deixá-la em paz, vou ter de chamá-lo à razão.

— Por favor, Sidney, deixe que eu resolvo. Marcelo foi meu namorado e eu tenho de resolver.

— E ele é meu amigo, nada mais lógico que insista que não alimente mais expectativas em relação a você. Depois de muito tempo que não nos víamos, ele foi lá por quê? Porque sabia que você também estava lá; não adianta me pedir nada. Embora eu o tenha tratado bem e ficado feliz por vê-lo, ele foi lá para arrumar confusão.

— Sidney, estou pedindo, por favor. Do Marcelo cuido eu.

— Você está me cobrando que eu não interfira, mas onde está a amizade que ele diz sentir por mim? Ele sabe muito bem que sofri uma cirurgia, fiquei mais de um mês em casa, e nem se deu ao trabalho de me dar pelo menos um telefonema. Agora que voltei, ele aparece? Claro que ele estava mais interessado em saber da sua vida do que da minha.

— Não importa os motivos dele, deixe que eu resolvo.

Sidney abaixou a cabeça pensativo. Havia em seu peito um grande sentimento por Silvana, que crescia cada vez mais. Ela era a companheira e amiga para todos as horas. Silvana era sua confidente, consultora e de certa forma enfermeira, pois sabia melhor que ele próprio os horários dos remédios, quando podia tocar em determinados assuntos, quando estava de mau humor, o que fazer para animá-lo; enfim, Sidney achou em Silvana a lealdade de um grande amigo. A única coisa que ela ainda não sabia, pois ele escondia por medo de perdê-la, era o problema de seus transtornos. Contudo, Silvana, alheia a esse particular, era a pessoa que, mesmo sem saber de nada, ainda o entendia como ninguém.

— O que foi? Ficou calado de repente!

— Nada, estou pensando em como pude viver até hoje sem você ao meu lado. Como vivi sem ter uma pessoa tão generosa como você? Confio em você até mesmo minha vida.

— Pelo amor de Deus, Sidney, pare de falar bobagens, ninguém, por melhor que seja, merece tanta confiança assim!

— Você merece. Tudo o que faz para mim e por mim é sem interesse.

— E para que servem os amigos?

— Para serem leais em todas a situações! Contudo, ainda não conheci sequer um amigo que não quisesse nada em troca.

— Sidney, você está exagerando!

— Não estou. Marcelo, por exemplo, é meu amigo? É, mas tem um interesse por trás: você. Carlinhos nunca me pediu nada, fui eu que ofereci, mas com toda a certeza vai fazer com que essa amizade nunca se rompa, e fará com que ela fique mais forte e alicerçada.

— E isso não é bom?

— É ótimo. Mas não foi a isso que me referi. Falo de amizade de verdade; aquela com que você pode contar realmente. Que pode contar na vida e na morte, sabe?

— Lá vem você com essas teorias. Será que dá para não falar em morte?

— Não sei por que tanta repulsa; todos vamos passar por ela.

— Não gosto de falar sobre coisas fúnebres!

— É a lei natural da vida. Se nascemos, temos de um dia fatalmente morrer... Não sei por que as pessoas pensam na morte com tanto horror!

— Já que pensa que somos tão amigos assim, posso lhe pedir um grande favor?

Sidney rindo sonoramente se adiantou:

— Tudo bem, mudemos de assunto.

O garçom serviu a salada e os sucos, Silvana não só comeu como fez com que o amigo comesse também. Naquela noite ainda falaram sobre muitos assuntos e riram muito também. Passava da uma da manhã quando ele a deixou no prédio.

CAPÍTULO 21

A aliada

NA MANHÃ SEGUINTE, Vera acordou com cara de poucos amigos. Leonor colocou a mesa do café da manhã e todos se sentaram para a primeira refeição do dia.

— Bom dia, minhas filhas!

— Bom dia — respondeu Silvana bastante animada, como sempre.

— Não responde ao bom dia da mãe, não?

— Bom dia... — respondeu Vera sem vontade. Seu coração estava amargurado, quase não havia descansado.

— Cadê o Jorge?

— Viajou para Salvador, foi terminar as provas. E com certeza ver aquelazinha!

— Ah, é! Mãe, por favor, não a julgue, a senhora ainda não a conhece direito.

— Não preciso conhecê-la mais. O pouco que a conheço basta para eu saber que ela vai nos trazer muitos conflitos! Valei-me, meu Senhor do Bonfim.

Silvana preferiu não falar mais nada sobre o irmão e a namorada.

— O que foi, irmã, não está bem? — perguntou Silvana preocupada.

— Quase não preguei os olhos esta noite.

— E por quê?

— Sei lá, não estava com sono.

— É verdade, Silvana. Ouvi sua irmã se levantar não sei quantas vezes. Uma hora ia à cozinha, depois ao banheiro, à sala...

— Puxa, mãe... a senhora ouviu tudo isso e não se levantou para ver o que sua filha tinha? — questionou Silvana admirada.

— Levantei-me quase todas as vezes que ela se levantou, mas sua irmã se recusou a me dizer o que lhe estava causando insônia!

— Fale, irmã. O que houve?

— Não tenho nada, será que nem ir ao banheiro ou beber água eu posso?

Silvana a olhou assustada, preocupou-se de verdade com Vera.

— Não é isso, mas há de convir que em sua idade ter insônia não é muito comum.

— Deixem-me, que coisa!

Vera saiu da mesa muito zangada; realmente não estava nada bem.

— O que houve, mãe?

— E eu sei?

— Deveria; afinal, é a mãe dela!

— Silvana, escute aqui: você, que esteve com ela ontem o dia inteiro não sabe, como quer que eu saiba?

Silvana silenciou. Ficou pensando no dia anterior, mas não se lembrou de absolutamente nada que pudesse deixar Vera contrariada.

— No momento, não me recordo de nada.

— Não fique aflita, conhece sua irmã, amanhã tudo já terá passado.

— É, a senhora tem razão, não deve ser nada tão preocupante.

O silêncio se fez. Leonor, depois de alguns minutos, retornou e falou:

— Por falar em ontem, onde esteve que chegou tarde?

— Saí com Sidney. Ele foi me buscar na faculdade e depois fomos a um barzinho, comemos alguma coisa e ele me trouxe. Pronto, o relatório está completo. Ficou satisfeita?

Leonor riu do comentário da filha e concluiu:

— Não sei como esse rapaz ainda não a pediu em namoro!

— Mãe, outra vez? Já falei com a senhora sobre isso. Sidney e eu somos apenas muito bons amigos, nada mais. E para esclarecer, hoje ninguém pede ninguém em namoro, estamos no século 21, hoje os casais só ficam.

— E vocês ainda não ficaram?

— Mãe!

— Nem um selinho?

Silvana riu sonoramente da mãe, que ria muito à vontade também.

— De verdade, mãe? Não. Sidney e eu somos muito amigos para namorarmos, acho que nenhum de nós nos vemos como namorados. Gosto demais dele para misturar os sentimentos. Isso não daria mais certo!

— Pois fique sabendo que conheci muitos amigos que acabaram se casando.

— Não é nosso caso.

— Está bem, se você está falando...

Silvana beijou a mãe com amor e foi terminar de se aprontar. Vera correu para o quarto depois de ouvir a conversa entre as duas.

Ela sentiu um aperto profundo no coração. Diante do espelho, não conseguia se maquiar direito por causa das lágrimas que teimosamente insistiam em lubrificar seus olhos. Em um lampejo de rancor, disse a si mesma: "Já que não há nada entre vocês, ele está livre para ser meu, e vai ser, custe o que custar".

— Vamos, Vera. Não podemos chegar atrasadas — gritou Silvana passando pelo corredor.

— Já estou indo.

Silvana e a irmã chegaram à empresa antes dos outros funcionários. Silvana abriu a sala e se acomodou, dando andamento a mais um dia de trabalho. Percebendo que a irmã estava silenciosa e dispersa, disse:

— Vera, não pedi a você que levasse todos esses projetos para a sala do dr. Sidney e do dr. Carlinhos?

— Ah, desculpe, já estou indo.

Vera foi e voltou em seguida. Sentou-se automaticamente em sua cadeira. Não conseguia se concentrar em nada que não fosse Sidney. Parecia estar completamente apaixonada.

— Onde esteve ontem à noite?

— Com o dr. Sidney.

— Que hipocrisia. Fica até tarde com o patrão e no dia seguinte quando se dirige a ele chama-o de doutor!

Silvana pensou que fosse ter um treco ao ouvir tamanho desaforo da irmã.

— O que disse?

— Isso mesmo que ouviu. Se quando está com ele o trata por Sidney, por que aqui o trata por doutor? Aliás, a única a tratá-lo como um amiguinho é você.

— Estou ouvindo tudo isso mesmo ou é um sonho?

Vera deu de ombros. Silvana jogou o corpo para trás, apoiando as costas no encosto da cadeira, e estupefata, respondeu:

— Eu sei separar as coisas, Vera. Aqui ele é nosso patrão, nosso chefe, nada mais certo do que tratá-lo como autoridade máxima. Fora daqui, Sidney é meu amigo e eu o trato como quiser... Aonde quer chegar com essa conversa toda?

— A nenhum lugar maninha.

Silvana não gostou da ironia da irmã, tentou manter o controle, mas não aguentou. Levantou-se e se aproximou de Vera.

— Com quem pensa que está falando? Sou sua irmã mais velha, estamos em um ambiente de trabalho. Se Sidney é meu amigo ou não, você tem de tratá-lo como doutor. Ele é seu patrão.

— E de você, o que é?

— Juro, Vera, não estou acreditando em seus questionamentos. Sidney é um grande amigo, estimo-o muito e nada neste mundo me faria me distanciar dele. Ninguém, em hipótese nenhuma, me faria acabar com a amizade que temos. Por essa razão, nem você nem ninguém vai destruir o que nós sentimos um pelo outro. Nem que você queira alimentar insinuações de que temos algo além de uma eterna amizade.

— Tem certeza? Sidney está livre, então?

— Sua baianinha atrevida, o que está querendo dizer?

Vera riu cinicamente da irmã e respondeu:

— É só para saber; afinal, um homem também tem de apreciar uma mulher. Sidney é jovem, muito bonito, financeiramente estabilizado, e você há de convir comigo, que uma hora ele se apaixonará por alguém. Apenas amizade não faz um homem feliz, principalmente um homem como o dr. Sidney. E quando isso acontecer, tenho absoluta certeza de que ele vai trocar sua forte amizade para viver um grande amor! Sidney está com você para cima e para baixo porque ainda não se apaixonou verdadeiramente por alguém. Quando isso acontecer, pode ter certeza de que não haverá mais lugar para você na vida dele!

Silvana tomou um choque de repente; no mesmo instante sentiu que a irmã estava coberta de razão. Antes de voltar a sentar-se, retrucou:

— Para você é dr. Sidney, entendeu? Doutor!

Abriram a porta silenciosamente:

— Vamos fazer o seguinte, Vera? Pode me tratar como Sidney, igual sua irmã; aliás, de hoje em diante todos podem me chamar apenas pelo meu nome. Assim ninguém se sentirá menos privilegiado. Serei igual para todos. Está bem? — Sidney perguntou e concluiu seu raciocínio: — Desculpem... Mas vocês falavam tão alto que não pude deixar de ouvir.

Vera se levantou na mesma hora, como se estivesse entrando alguém com uma patente superior. Mal respirou de vergonha. Silvana olhou para Sidney indignada por Vera fazê-la passar por aquela situação considerada por ela vexatória.

Com um sorriso nos lábios, o moço se aproximou de Vera e disse em tom conciliador:

— Só um adendo...

Vera olhou-o com o coração batendo freneticamente.

— Mesmo que eu um dia venha a me apaixonar verdadeiramente por alguém, esta terá de aceitar sua irmã. Nenhuma mulher no mundo me afastará dela. Uma amizade sincera como a nossa não se encontra, nem que se procure por toda a vida. Amizade a gente não inventa, acontece naturalmente. Entendeu?

Vera se deixou cair sobre a cadeira com o rosto a transpirar de vergonha. Sidney deu meia-volta e saiu rindo muito.

— *Tá* vendo o que você fez? Que vergonha, como vamos encará-lo agora?

— Nossa, para que tanto drama? Quer saber? Foi bom mesmo ele ter ouvido, assim acaba com essa minha dúvida de como tratá-lo. Ontem mesmo, não sabia se o chamava de Sidney ou de excelentíssimo dr. Sidney.

— A que horas?

— Depois que ele a deixou na faculdade. Não lembra?

— Ah, bom... Havia me esquecido que ele a deixou em casa. Bom, vamos acabar com essa história e trabalhar, pois somos pagas para isso. Para trabalhar!

Vera e Silvana voltaram às suas obrigações, esquecendo-se por completo da discussão. Logo após o almoço, Sidney, Carlinhos e Silvana foram visitar algumas obras. Marcelo então chegou e foi fazer companhia a Vera. Bateu de leve na porta:

— Posso entrar? Como está, Vera? — perguntou o galante jovem, beijando-a no rosto.

— Bem. Não veio aqui para arrumar mais confusão, né?

— Claro que não. O que a levou a pensar que poderia vir apenas para arrumar confusão?

— Esqueceu-se do que fez no apartamento da minha irmã? Memória fraca a sua, hein?

— Peço-lhe desculpas.

— É mesmo? — perguntou Vera desconfiada.

— Não acredita?

— Quer saber? Pensa que sou trouxa, não é mesmo? Mas vou logo avisando-o de que de trouxa não tenho nada; às vezes, deixo me levarem em banho-maria.

— É mesmo? Quanta esperteza!

— Diga logo. O que quer aqui? Sidney saiu com minha irmã e com Carlinhos.

— Eu? Não quero nada, vim apenas lhe pedir desculpas.

— Pensa que me engana?

— Nossa que mau humor!

— Marcelo, você não tem nada para fazer? Vá embora!

— Só depois que me contar se Sidney foi buscar sua irmã na faculdade ontem.

— Para que quer saber? Para ir lá em casa e fazer o que fez outro dia?

— Já lhe pedi desculpas.

— Por que não liga para o seu amigo e pergunta?

— Vai regular uma informaçãozinha?

Vera não respondeu, continuou olhando para a tela do computador.

— Não vai me contar? Tudo bem, já estou indo.

Marcelo, com seu teatro, achou que não fosse tirar qualquer informação de Vera, por essa razão se dirigiu à porta.

— Tchau, por favor, diga ao Sidney que passo mais tarde na casa dele para sairmos.

Vera, quando ouviu a palavra mágica, Sidney, mudou de ideia:

— Vai sair com Sidney hoje à noite?

Marcelo, ainda segurando a maçaneta da porta, parou ao sentir algo no ar. E, sem se virar, perguntou com cinismo:

— Vou, por quê?

Vera deixou de lado o que estava fazendo e, interessada, perguntou novamente:

— Será que posso ir?

Marcelo, muito mais esperto, respondeu:

— Claro. O que a impede?

— Não sei... talvez minha irmã não goste.

— Se formos só nós dois eu acredito que sim, ela se zangará, mas, como Sidney vai junto talvez não se importe. O que acha?

— É, tem razão. Mas tem certeza de que Sidney vai?

Marcelo, nada bobo, percebeu que a moça estava interessada em seu amigo. Era tudo o que ele precisava saber.

— E se Sidney não puder ou não quiser ir, nós vamos?

Vera achava-se muito esperta, mas não passava de uma tola.

— Vamos fazer assim: primeiro você confirma se ele vai; se ele confirmar, pode me buscar. Sabe como é, só nós dois, minha irmã não vai gostar. Você entende, né?

Marcelo riu sonoramente. Finalmente, havia arrumado uma bela aliada.

— Do que está rindo? É de mim?

— Lógico que não... ficou louca? Adoro você. Aliás, devo dizer que seremos bons amigos. Então fica combinado, se Sidney for, vou buscá-la.

— Mas como vou saber se ele vai conosco?

— Vamos fazer o seguinte, eu ligo para você.

— Em casa? Ficou louco? Minha mãe está morando conosco!

— É mesmo? Sua irmã nem me avisou! — disse Marcelo como se estivesse surpreso.

— Pois é, minha mãe chegou há poucos dias.

— Não faz mal, ligo por volta das nove horas. Fique atenta, assim que o telefone tocar, você atende.

— Combinado.

O dia terminou e a rotina se cumpriu. Sidney deixou Silvana na faculdade e depois deixou Vera em sua casa.

No horário marcado, Vera ficou de prontidão perto do telefone. Ele tocou e Marcelo confirmou que Sidney iria, dizendo que ele passaria para buscá-la e Sidney iria direto encontrá-los.

CAPÍTULO 22

Surpresa

VERA E MARCELO já tomavam um suco quando Sidney chegou. Primeiro, ficou surpreso e receoso quando viu a garota no bar, mas depois relaxou, talvez Silvana houvesse exagerado quando contou que a irmã havia se alcoolizado. Estavam apenas tomando um suco sem importância nenhuma.

— Olá, tudo bem? — Sidney cumprimentou Vera com um beijo no rosto.

— Tudo e você?

— Pensei que não viesse! — disse Marcelo eufórico.

— Por quê?

— Sei lá, não tem aparecido mais nem para ir ao cinema!

— É mesmo, faz tempo que não vou a um cineminha.

— Não sabe o que está perdendo, há muitos filmes bons em cartaz! Fico feliz que tenha vindo, sinto falta de nossas noites.

— Não sei se é porque já estava acostumado, mas desde que perdi minha esposa, não saí mais.

— Mas fiquei sabendo que já veio aqui com Silvana.

— Ah... Então, o motivo do convite foi esse? Se for ficar me enchendo a paciência por eu ter vindo aqui com Silvana, vou embora agora!

— Não o estou criticando, apenas comentaram comigo, foi só isso; depois, sempre confiei em você!

— Ainda bem, porque ultimamente quando nos encontramos sempre é citado o nome de Silvana, e eu quero deixar bem claro que somos bons amigos.

Vera encheu-se de esperanças por ouvir aquilo de Sidney. Ele pensou em perguntar se Silvana sabia que a irmã estava em companhia deles, mas se segurou, preferindo não tocar no assunto.

— Bem, vamos beber alguma coisa?

— Eu tomo um suco — disse Sidney taxativo.

— Um suco?

— Esqueceu-se de que estou tomando medicamentos?

— É mesmo, havia me esquecido. Então continuamos no suquinho. Eu e Vera o acompanhamos, nada de álcool.

— Se quiser beber alguma coisa mais forte tudo bem, não me oponho, mas acho que Vera não deve beber, é muito nova ainda para estragar o fígado.

A garota não aprovou o comentário, mas achou melhor não abusar. Se seus planos eram conquistá-lo, tinha de manter a linha.

— Doutor Sidney... — Sidney cortou-a:

— Só Sidney... lembra-se?

— É verdade... pois então, não se preocupe, não vou beber, prometo não lhes dar trabalho.

— É uma excelente ideia.

Marcelo ficou observando a animada conversa dos dois convidados; pelo menos estava para a jovem Vera, que não conseguia esconder o brilho nos olhos e a paixão que a deixava mais bonita e atraente.

— Terminou os estudos, Vera?

— Não... confesso que não.

— Pois devia, estudar é bom para ampliar os conhecimentos.

— Eu sei, quero um dia terminá-los para me especializar em uma profissão.

— Um palpite, por que não faz engenharia civil também?

— É uma ideia — respondeu entusiasmada.

— Pois eu acho que devia tentar algo diferente.

— Diferente?

— Publicidade, por exemplo... Daria uma boa publicitária!

— Você acha?

— Sim, eu acho. Mas também não precisa levar ao pé da letra, deve estudar aquilo com que mais se identificar; falei publicidade, mas foi puro palpite.

O assunto se fez noite adentro.

— Fiquei aqui de papo e me esqueci! Que horas são?

Marcelo, aparentando tranquilidade, olhou a hora.

— Mais de onze horas da noite.

— Esqueci completamente. Silvana, ela deve estar me esperando na faculdade!

Sidney se levantou, mas Marcelo o impediu:

— Pode deixar, vou buscá-la. Não tem cabimento, fique aí, não vai fazer essa desfeita para a nossa convidada, vai?

A vontade de Sidney era de ser mal-educado, mas ponderou e decidiu:

— Tudo bem, você faria isso por mim?

— Claro, amigos servem justamente para essas horas.

Marcelo saiu apressadamente, sentindo um bem-estar absoluto. Sidney e Vera sentaram-se de volta e continuaram conversando. Vera falava de sua terra natal e Sidney das viagens que fizera pelo país.

***

Marcelo parou o carro e tocou a buzina. Quando Silvana o viu sentiu um calafrio e, antes de se aproximar, pensou: "Não seja covarde, Silvana. O que ele poderá lhe fazer?".

— Não precisava se incomodar, Sidney vem me buscar.

— Não vem...

— Como, não vem? O que houve?

— Nossa! Quanta preocupação!

— E não é para ter?

— Claro que não! Você acha que se o meu melhor amigo estivesse ruim, eu estaria tranquilo assim. Entre logo e chega de drama!

— Não enquanto não me disser o que houve.

— Não houve nada, teve um compromisso e pediu-me que viesse, entre.

Silvana pensou milhões de coisas naquele curto instante, mas como poderia negar a carona de Marcelo?

— Vamos, entre. Não precisa ter medo, não vou lhe fazer mal.

Silvana achou melhor não deixá-lo esperando. Conhecia-o muito bem. Para perder a paciência bastavam dois minutos. Sem alternativa, abriu a porta e acomodou-se.

— Como foi a aula?

— Boa — limitou-se na resposta.

— Gostaria de lhe pedir desculpas pelo outro dia. Fui grosseiro com você.

— Foi grosseiro, não, foi mais que isso!

— Eu sei, peço-lhe mil desculpas. Não vai mais acontecer. Seu carro ainda está na oficina?

— Sim, teve alguns probleminhas.

— Por que não me disse?

— Não quis incomodá-lo.

— Mas quis incomodar Sidney?

— A questão não é essa. Sidney está todos os dias comigo, acabou sabendo e se ofereceu para me dar carona.

— É, realmente, eu não caibo mais em sua vida.

— Não dessa maneira que está pensando. Se tivesse entendido o nosso rompimento, nós não precisaríamos nos afastar, poderíamos ser bons amigos.

— Por que é tão difícil entender que ainda a amo?

— Porque quem ama não tem atitudes como as suas.

— Confesso que algumas vezes fui intransigente.

— Intransigente? Foi é totalmente possessivo.

— Possessivo? Sou ciumento como qualquer mortal!

— Sentir ciúme é uma coisa, ser possessivo é bem diferente. Nunca eu podia nada, nem mesmo sair a trabalho com seu melhor amigo! Pelo menos é como sempre encheu a boca para falar "meu melhor amigo".

— Não é bem assim, tenho minhas razões.

— Que razões?

— Silvana, não se faça de ingênua. Sabe tanto quanto eu que Sidney sempre teve uma quedinha por você.

— Pelo amor de Deus, de onde tirou essa ideia?

— Em que planeta está, hein? Situe-se, Silvana. Qualquer um percebe que ele é apaixonado por você...

— Como pode ser tão malicioso?

— Silvana, posso ser tudo, menos burro. Conheço os homens. E Sidney não é diferente... Ele a olha com segundas intenções!

Silvana achou que não era uma boa hora para discutir, mas Marcelo insistiu:

— Não vai responder nada? Quem cala consente.

— Não aguento mais ouvir essa história que você mesmo fantasia.

— Eu não sou imbecil.

— E se fosse, o que poderia fazer? Ele não é o seu melhor amigo?

— Então, assume?

— Não assumo nada, Marcelo. Sidney é apenas um grande patrão e amigo, só isso. E tem mais, nunca vai passar disso. Não daria certo.

— Por quê? Quais são as suas conclusões para afirmar com tanta propriedade?

— Se eu tentasse lhe explicar, você não entenderia, Marcelo.

— Está vendo, chamou-me de burro! Por que eu não entenderia?

— Por ser tão descontrolado assim, como está sendo neste momento.

— Não estou descontrolado, é que você diz coisas que até parece crer realmente que nada existe entre você e Sidney!

— É lógico que eu creio, não há mesmo. Você quer ouvir de mim algo que não existe. Sidney é muito meu amigo, temos muitas afinidades. Se algum dia pensássemos em amor, não daria certo. Sidney e eu sabemos demais um do outro, temos um elo muito forte, nunca daríamos certo como amantes!

Silvana ia falando e Marcelo a cada palavra sentia a ira consumi-lo. Para ele não existia amizade entre um homem e uma mulher. Era mais que impossível, era ser hipócrita diante da sociedade.

— Quer dizer que ainda acredita em amizade leal entre um homem e uma mulher? — perguntou bastante alterado.

— Marcelo, não é uma questão de crer ou não. Preste atenção, até pode haver um grande amor por trás de uma amizade de anos, mas não é o nosso caso. Se fosse amor de amantes já teria aflorado. Há quanto tempo Sidney e eu nos conhecemos?

Marcelo não respondeu, continuou olhando-a com desconfiança.

— Há muitos anos, nunca sentimos qualquer estímulo de homem e mulher.

Marcelo parou o carro em frente ao prédio de Silvana e disse:

— Você é quem tem de prestar mais atenção em suas próprias atitudes, em suas palavras; enfim, em tudo à sua volta e de Sidney. É impossível um homem e uma mulher ficarem tanto tempo juntos e não descobrirem que estão apaixonados.

— Por que não estamos. Existe um sólido amor? Existe, mas não esse amor que quer impor.

— Eu não quero impor nada! Se pudesse, separaria vocês dois de uma vez. Mas sei que não está ao meu alcance. Silvana, preste atenção, sinto ódio só em pensar que um dia vão descobrir outro sentimento que não seja uma "afetuosa amizade" e isso que quer me convencer não existe e nunca vai existir. Um sentimento como esse que estou sendo obrigado a assistir é mais que óbvio. Essa grande amizade como diz, um dia vai se transformar em amor de verdade e sinceramente não tenho a menor condição de ver isso acontecer. Não tenho a menor estrutura para encarar a mulher que amo ao lado do meu melhor amigo.

— Se é essa sua preocupação, então relaxe, por que não vai precisar encarar absolutamente nada.

Marcelo procurou se policiar e acalmar os ânimos.

— Posso confiar? Silvana, eu a amo e não vou suportar ver você com Sidney.

Silvana tentou sair das mãos inquietas de Marcelo sobre seu corpo.

— Por favor, Marcelo, já conversamos sobre esse assunto muitas vezes, não há com o que se preocupar. Sidney e eu somos apenas amigos. Você nem ninguém poderá mudar isso. Se um dia eu vier a me casar, constituir uma família, todos terão de aceitar Sidney também. Por esse motivo, Sidney não será ameaça nem para você, nem para homem nenhum.

Marcelo, aos poucos, serenou. Por curto espaço de tempo, sentiu segurança nas palavras dela. Contudo, não estava nos planos da jovem que Marcelo fosse o homem com quem ela dividiria Sidney. Marcelo definitivamente não a conquistara. Mesmo que ele se sentisse seguro quanto ao sentimento de Silvana por Sidney, ele não era o homem com quem dividiria sua vida matrimonial.

— Marcelo, não quero magoá-lo, mas no momento não amo você e nenhum outro homem, apenas peço que respeite minhas decisões. Meu coração está fechado para balanço. Por essa razão, quando encontrar comigo não tente nada, porque nada vai acontecer.

Marcelo se ajeitou no banco, respirou fundo e disse aflito:

— Posso ter pelo menos esperanças?

— Mesmo que eu disser que não, não vai me escutar. Mas aceite minha amizade, não vejo mal algum em estarmos juntos em algumas ocasiões.

Silvana abriu a porta para sair e Marcelo segurou sua mão, dizendo:

— Por favor, pense em tudo o que eu lhe disse; farei o possível para não aborrecê-la.

Silvana não respondeu, apenas saiu do carro e entrou no prédio.

* * *

— Acho que Marcelo e sua irmã não vão vir para cá. É melhor levá-la para casa.

Sidney olhou o relógio impaciente. De repente, seu celular tocou:

— Alô.

— Sidney, sou eu, Marcelo.

— Oi, cadê você?

— Já estou em casa, Silvana quis ir para casa. Disse estar cansada. Você leva Vera embora?

Sidney respondeu olhando nos olhos penetrantes de Vera.

— Pode deixar, eu a levo.

— Então, boa noite.

— Boa noite.

Sidney chamou o garçom e pediu a conta.

— Já vamos?

— É, Marcelo deixou sua irmã em casa e foi para a dele. É melhor irmos também, já é tarde.

— Pensei que poderíamos ficar mais um pouco.

— Não vai ser possível, amanhã acordo bem cedo, e você também, senhorita! — brincou Sidney, sem imaginar os pensamentos ousados de Vera com ele.

O garçom trouxe a conta e os dois foram embora. Sidney gostou da companhia de Vera, achou-a simpática, espontânea e muito alegre. Logo chegaram, e Sidney deu a volta, abriu a porta e estendeu a mão para que Vera saísse. A jovem ficou ainda mais apaixonada. Sem pensar duas vezes, pousou um beijo molhado perto do canto da boca do rapaz. Sidney não esperava aquela atitude dela. Sentiu o sangue quente percorrer-lhe o corpo em segundos. Rapidamente, entrou no carro e deu partida.

Assim que ele tomou banho e se deitou, o celular tocou:
— Sidney?
— Silvana, tudo bem?
— Tudo, e você?
— Tudo em paz, está muito cansada? Pensei que fosse me encontrar.
— Encontrá-lo? Onde?
— No barzinho! Ficamos esperando-a; mas pelo adiantado das horas pressenti que não iria.
— Do que está falando? Com quem estava?
— Marcelo não lhe contou?
— Não.
— Fomos a um barzinho e pensei que depois que Marcelo a pegasse na faculdade, vocês iriam para lá.
— Mas ele me disse que você estava em um compromisso.
— Idiota! Não lhe disse nada sobre nós termos saído?
— Não. Do que está falando?
— Nada, deixe para lá. Conseguiu pôr as matérias em dia?
— Mais ou menos, falta entender muita coisa, isso sim!
— Não se preocupe, não lhe disse que vamos estudar?
— Disse.

— Pois então! E Marcelo, encheu muito sua paciência?
— Não muito.
— Esse "não muito" quer dizer que ele a perturbou?
— É, você sabe como é seu amigo, mas nada que eu não pudesse resolver.
— Bem, vamos descansar, já é muito tarde. Boa noite.
— Boa noite, Sidney, que Deus o abençoe.

Sidney desligou o celular e riu como fazia sempre quando Silvana o abençoava. Em seguida, lembrou-se de Marcelo: "Como sou burro, ele me convidou de caso pensado. Meu Deus, quando Silvana descobrir que a irmã estava junto, vai me matar!".

Sidney ficou pensando até adormecer. Logo seu espírito saiu em busca de esclarecimento, como milhares de espíritos fazem quando o corpo físico se reabastece de revigorantes energias.

— Sidney, como se sente?

Sidney olhou sério para o jovem que o questionava.

— Bem, para falar a verdade, muito bem.
— Fico feliz.
— Às vezes me preocupo com minha cirurgia, tenho medo que apareça outro aneurisma.
— Não pense mais nisso, pense que está curado, bons pensamentos, bons fluidos.
— E Silvana, como está?

Sidney deu um largo sorriso.

— Bem, aliás, ela está sempre muito bem.
— Fico feliz por ela. Preza muito a amizade dela, não é?

— Sim, prezo demais. Às vezes tenho medo de perdê-la.

— Explique-se melhor.

— Silvana e eu somos muito bons juntos, mas confesso que às vezes sinto um medo sem sentido.

— Já tentou entender por quê?

— Não, acho que não há o que entender. Deve ser insegurança, como muitos sentem. Todos que amam uma pessoa devem pensar assim; afinal, nunca queremos que elas sofram; sei que é egoísmo de minha parte, mas se ela sofre, sofro também, e não quero sofrer mais. Talvez seja esse o motivo da minha insegurança.

— Até que são aceitáveis seus sentimentos para um encarnado.

— Você acha?

— Acho. Sidney, apesar de suas doenças, é um encarnado com grandes possibilidades de entender muitos acontecimentos de sua trajetória. Você é um espírito passivo, não gosta e não vibra desentendimentos e atritos entre as pessoas. Tanto é que, desde que sua esposa o deixou não pensou em saber como ela está, nem onde está.

— Para que me dar a esse trabalho, se ela quis assim? Por que sairia à sua procura?

Todos nós possuímos o livre-arbítrio, ninguém pertence a ninguém, somos livres para irmos e virmos. Nada que é feito por obrigação nos faz bem, porque se não nos sentimos bem, não deixamos a outra parte bem também.

— Sentiria falta de Silvana caso ela também partisse?

Sidney refletiu por longos minutos.

— Sim, mas não a deteria. Silvana significa muito em meus sentimentos, por que obrigá-la a ficar, se seu desejo fosse partir?

— Gosto do modo como encara a vida.

— Contudo, não é que eu não sofreria, sofreria muito mais do que quando minha esposa partiu. Talvez fosse a barra mais pesada que eu carregasse, mas jamais a impediria de ir embora.

Samuel bateu de leve nas costas de Sidney e argumentou:

— Tranquilize-se, Silvana não vai deixá-lo. Contudo, eu lhe fiz essa pergunta para que você a guarde em seu espírito e reflita durante sua caminhada na Terra. Deixe sempre as vibrações positivas fazerem parte do seu "eu".

Em seguida, Samuel completou:

— Bem, agora é melhor você voltar. Logo terá de despertar para mais um dia de jornada.

Sidney foi colocado de volta ao corpo físico e Samuel retornou à pátria espiritual.

CAPÍTULO 23

Sábios conselhos

SILVANA, ANTES de adormecer profundamente, ficou pensando no que Sidney havia comentado. Mas o cansaço a venceu e ela acabou dormindo, esquecendo completamente o assunto. O despertador do celular tocou e Silvana foi tomar um banho. Quando saía, Vera entrou esbarrando na irmã:

— Bom dia, maninha!

— Bom dia. Acordou feliz?

— Não sabe quanto!

Silvana foi para a cozinha e deparou com a mãe sentada na cadeira com os braços sobre a mesa.

— Bom dia, mãe!

— Bom dia, minha filha! — respondeu Leonor chorando.

— O que foi, mãe? Por que está chorando?

— Silvana, seu irmão me ligou ontem à noite.

— E aí?

— Ele disse que só volta se eu aceitar a namorada dele.

Silvana não gostava de ver a mãe chorando; depois de esperar pacientemente a mãe se acalmar, falou:

— Mãe, talvez devesse concordar...

— Nem pensar!

— Mãe, talvez devesse considerar; quem sabe sob seus cuidados ele não depare com o que quer realmente para sua vida.

— Você acha melhor?

— Sinceramente sim, é melhor ter essa moça por perto. Não a conheço, não quero fazer julgamentos precipitados; mas, como diz o ditado, quando não podemos com o inimigo, juntemo-nos a ele!

— Acho que tem razão; aliás, você é uma filha ótima, tem o dom de me acalmar em minhas aflições.

— Que é isso, mãe? Suas aflições também são minhas. De que adianta eu estar bem, se a senhora não estiver? Somos uma família, sabia?

Leonor abraçou a filha com carinho.

— Acho que chegou a hora de ir procurar a casa para alugar.

— Nem pensar, estamos juntas!

— Não, minha filha, não tem cabimento. Você tem a sua vida já organizada, e eu tenho de organizar a minha. Afinal, Vera e Jorge ainda estão sob os meus cuidados. Será melhor assim. Além de aqui ser pequeno, você tem seus amigos e sua vida para tocar. Sempre confiei em sua responsabilidade, não precisa que eu fique atrás de você. O que não é o caso de Vera e Jorge, que ainda precisam de alguém para guiá-los.

— Vera até que está bem comportada.

— Não é bem assim.

— Por que, o que houve?

— Saiu ontem à noite e chegou bem tarde. Vera se acha muito esperta, mas eu não confio nela.

— Saiu com quem?

— Não entrou em detalhes, muito menos disse quem eram os amigos.

Silvana pensou e desconfiou quem seriam aqueles amigos, mas não comentou para não preocupar a mãe.

— Tudo bem, mãe. Vou conversar com ela.

— Faça isso, minha filha, pois ontem tentei e acabamos brigando. Às vezes, sinto vontade de lhe dar umas chineladas!

Silvana e Vera tomaram o café e foram trabalhar.

Assim que entrou na sala, Silvana como quem não quer nada, tocou no assunto da noite anterior.

— Como foi sua noite ontem?

Vera, surpresa, arregalou os olhos e ficou sem saber o que responder.

— Foi normal.

— Normal? Pensei que tivesse saído para um barzinho, até eu ia, mas me bateu um cansaço, achei melhor ir para casa.

Vera, vendo a irmã tranquila, não conseguiu esconder e falou:

— Para falar a verdade, foi muito boa, nunca pensei que Sidney e Marcelo fossem tão legais!

Silvana pensou que fosse ter um treco ao ouvir tamanha ousadia. Ficou em silêncio por alguns segundos pensando no que Sidney havia falado ao telefone. Foi fácil deduzir, juntou os pontos, e descobriu o que Sidney havia escondido sutilmente dela:

— Achou-os legais, é?

— Ah, irmã, Sidney é ótimo! Maravilhoso!

— É mesmo? E o que fizeram até tarde da noite?

— Ficamos jogando conversa fora. Falamos de tudo, até pensei que Marcelo depois de buscá-la fosse voltar ao bar.

— Foi mais alguém ou ficaram apenas vocês?

— Só nós três. Mas depois ficamos Sidney e eu, pois Marcelo foi buscá-la na faculdade.

Silvana ficou furiosa. Saiu da sala deixando Vera quase falando sozinha. Entrou na sala de Sidney e ficou aguardando-o: "Ah... eu não acredito numa coisa dessas! Ele não me contou nada! Cachorro, quem ele pensa que é para me esconder um acontecimento desse?".

Silvana andava de um lado para outro tentando acalmar os nervos. Não demorou, Sidney entrou na sala.

— Bom dia, Silvana! Já chegou?

Ela esperou pacientemente o chefe acomodar-se em sua mesa, e com os olhos saindo faíscas, apoiou suas mãos sobre a mesa, quase que de bruços, e perguntou furiosa:

— Ontem à noite não foi me buscar porque estava muito ocupado?

Sidney se assustou com a amiga. Chacoalhou a cabeça tentando entender sobre o que ela falava.

— Do que está falando?

— Do barzinho, de Vera, de Marcelo e por aí afora! Não foi me buscar na faculdade! — concluiu com gritos agudos.

Sidney nunca havia presenciado Silvana daquela maneira, tão brava. Sem se mover, pois não havia feito nada, respondeu com sorriso no rosto:

— Ah, está falando de ontem à noite? Pois é, Marcelo, sua irmã e eu fomos a um bar.

— E você me fala com essa naturalidade?

Sidney sentiu que algo não estava bem e ponderou:

— O que quer saber? Por que está tão brava? — perguntou sereno.

— Não foi me buscar na faculdade por que estava com minha irmã?

Sidney ainda tentou ponderar, já que percebeu que a amiga não aprovara o acontecido:

— Desculpe. Não vi a hora passar. Quando vi, tentei ir, mas Marcelo me poupou e foi buscá-la. Pensei até que fosse voltar com ele!

— Obrigada pela companhia desagradável de seu amigo e por me esquecer na porta da faculdade! Pensei que fôssemos amigos, mas já vi que por qualquer papinho sem graça, esquece-me!

Silvana se virou e foi em direção à porta. Sidney correu atrás dela e a impediu de sair.

— Ei... o que está acontecendo com você?

Sidney a fez sentar e lhe deu um pouco de água. Silvana se acalmou; depois de alguns minutos, ela viu o escândalo que havia feito e ficou completamente envergonhada. Levantou-se, colocando o copo sobre a mesa, e continuou a andar em direção à porta da sala do chefe.

— Aonde vai? — Silvana não parou, mas Sidney a impediu novamente. — Quer voltar e me dar atenção? — Sidney puxou delicadamente seu braço. Silvana queria que o chão se abrisse fazendo com que ela caísse dentro, em vez de encará-lo. Sentiu-se mal pela cena que fizera, mas respirou fundo e tentou olhá-lo naturalmente.

— Acho que nossa conversa já terminou.

— Nada disso. Veio até aqui e me disse vários desaforos. Agora é minha vez, precisa me ouvir!

— Não é preciso, aliás, não deve satisfação nenhuma a mim. Fui um tanto quanto mal-educada, não devia lhe cobrar nada!

— Silvana, não pensei um só minuto que fosse magoá-la por não ter ido buscá-la na faculdade.

Silvana sentiu-se constrangida por ter sido precipitada e tentou se retratar:

— Fique tranquilo, não me magoei. Eu que não devia ter vindo aqui e despejado tantos desaforos em cima de você. Desculpe, isso não vai se repetir.

Enquanto Silvana tentava se retratar com o chefe e amigo, Vera, do lado de fora, escutava a conversa. Em seu íntimo, adorou que Sidney e a irmã estavam se desentendendo.

— Vera, pare de ficar ouvindo atrás da porta. Isso é muito feio! — repreendeu Cris.

— Pare você de ficar falando em meu ouvido. Estão falando baixo e não dá para escutar nada!

Cris a puxou pelo braço:

— Vamos, Vera, que feio!

Ela, sem dar ouvidos aos conselhos de Cris, puxou o braço com força:

— Fique quieta, quero ouvir!

Na sala, eles ainda discutiam:

— Pare com isso, Silvana. Você sabe muito bem que não tenho segredos com você; ia conversar com você hoje.

— Ah... Sidney, perdoe-me, que tola que fui, estou morrendo de vergonha.

— Sabe que não precisa se envergonhar. Principalmente comigo. Talvez se eu estivesse em seu lugar ficasse furioso também.

Sidney segurou as mãos de Silvana e as beijou com carinho.

— Que tal sairmos hoje, sozinhos, como pedido de desculpas por eu ter deixado seu namorado ir buscá-la? — brincou Sidney.

Silvana, ainda sentindo o rosto queimar de vergonha, sorriu.

— Marcelo não é meu namorado! — respondeu brava.

— Não é isso o que ele acha!

— Marcelo é um chato.

— Já passou? Não está mais brava comigo?

— Não... Quem convidou minha irmã para sair ontem à noite? Você ou Marcelo?

— Marcelo, é claro... Não que eu não tenha gostado da companhia de sua irmã, não é isso, mas não passou pela minha cabeça convidar sua irmã para sair, você me conhece! Só fui porque Marcelo insistiu muito. Acredita em mim?

— Claro. Sou uma boba mesmo.

— Prometo que enquanto seu carro não chegar da oficina não a deixarei mais me esperando!

Silvana sorriu por ter se entendido com o amigo.

— Bem... deixe-me ir trabalhar...

Antes de cruzar a porta, Sidney confirmou:

— Fique pronta, depois da sua aula nós vamos a algum lugar.

Vera, antes que a irmã cruzasse a porta saiu correndo, sentou-se e fingiu estar concentrada no trabalho.

— Onde esteve até agora? — questionou Vera.

— Na sala de Sidney — Silvana respondeu sem muitas explicações.

— Carlinhos já ligou, perguntou se você já havia saído para se encontrar com ele.

— Carlinhos! Esqueci.

Silvana se arrumou, apanhou os projetos em cima da mesa e saiu toda atrapalhada. Vera, mais que depressa, assim que a irmã saiu, foi atrás de Sidney.

— Entre... — respondeu ele automaticamente.

— Com licença. Bom dia. Trouxe alguns papéis para você assinar.

— Oi, pode entrar. Bom dia, Vera.

Ela entrou entusiasmada e colocou os papéis sobre a mesa, esperando que ele terminasse seu assunto ao telefone. Enquanto isso, ficou admirando sua beleza máscula.

— Não, hoje não posso de jeito nenhum.

— Por que não? Não faz nada à noite!

— Já tenho compromisso.

— Posso saber com quem?

— Vamos fazer o seguinte, mais tarde a gente se fala, está bom?

— Tudo bem, quem sabe consigo convencê-lo.

— Tudo bem, mais tarde a gente vê isso.

Sidney desligou o telefone e Vera não perdeu tempo:

— Quem era? Aposto que era Marcelo.

— Como sabe? — perguntou Sidney sem interesse, concentrando-se nos papéis que estava assinando.

— Para insistir tanto!

— Já o conhece bastante, né, garota?

— Mais ou menos. Ele quer sair com você hoje?

Sidney ia responder, porém parou. Achou mais prudente não deixar que sua funcionária entrasse em sua intimidade.

— Pode ir, Vera, está tudo assinado.

Ela tentou prolongar a conversa, mas o chefe só respondia com monossílabos. Frustrada, a garota se retirou. Voltou à sala com raiva.

Silvana e Carlinhos não voltaram para a empresa. Almoçaram num restaurante, havia muitas obras para serem vistoriadas. Quando Silvana chegou o expediente já estava quase no fim.

— Olá, Cris. Sidney ainda está aí?

— Não, Silvana. Ele disse que liga para você mais tarde.

— Tudo bem... Tem algum recado?

— Não.

— Vera?

— Está em sua sala.

Silvana colocou em ordem alguns documentos para o dia seguinte, e depois foi embora com a irmã.

CAPÍTULO 24

Viagem

SIDNEY CHEGOU a seu apartamento, embicou o carro e esperou que o porteiro abrisse o portão. Não percebeu que estava sendo observado. Entrou tranquilamente, parou o carro na vaga e subiu para o seu andar. Assim que entrou, Margarida foi recebê-lo:

— Boa tarde, dr. Sidney. Voltou cedo hoje?

— Sim...

— Sua mãe veio e fez aquele bolo de abacaxi que você gosta.

— Que bom... vou tomar um banho e descansar um pouco. Quando for mais ou menos seis e meia, acorde-me, por favor.

— Pode deixar, descanse tranquilo.

* * *

Silvana não quis incomodar Sidney, tomou um táxi em companhia da irmã e chegou a casa. Dona Leonor estava arrumando suas coisas. Suas filhas a beijaram no rosto.

— O que está fazendo, mãe?

— Arrumando minhas coisas, já aluguei uma casa. É modesta, mas muito aconchegante. Amanhã, assim que vocês saírem para o trabalho, vou me mudar.

— Como se mudar, mãe, e os móveis?

— Já pensei em tudo. A cozinha tem o principal, geladeira, fogão e uma pequena mesa, nos quartos já há camas. Em um quarto, durmo eu e sua irmã e no outro, seu irmão. Não preciso de mais nada, se tudo der certo, mais para a frente mobilio a sala e pronto!

— Para que tanta pressa, mãe? A senhora alugou a casa onde?

— Não se preocupe, fiz tudo direitinho. Fui a uma imobiliária.

— Eu não vou embora daqui! — disse Vera contrariada.

— Ah, não? E para onde vai? Aqui você não ficará, sua irmã já tem sua vida, sua rotina; não temos o direito de atrapalhá-la!

— Ah, mãe, por que temos de sair daqui? Gosto muito deste apartamento.

— Com o tempo, e se todos nós cooperarmos, logo deixaremos nossa casa bonita como este apartamento.

— Mãe, por favor, não quero ir embora.

— Já está decidido.

— Se quiser deixá-la morando comigo não faz mal, mãe.

— Por favor, Silvana, não vamos discutir a esta hora da noite, não tem de ir à faculdade?

Silvana fez cara de desânimo, mas logo foi tomar um banho. Sidney já estava chegando para buscá-la. Em poucos minutos, estava pronta, cheirosa e muito bem-arrumada. O interfone tocou anunciado que sua carona já havia chegado. Ela desceu rapidamente, deu um beijo no rosto de Sidney e se acomodou no banco.

— Aonde vai? Está muito perfumada.

— Tomei banho. Você também está perfumado.

— É que depois da faculdade vou sair com uma amiga, você se importa? — brincou Sidney feliz.

— Seu bobo... — respondeu Silvana sorrindo.

Assim que ela desceu, Vera foi até a sacada e não gostou nada do que viu.

— Filha da mãe, eu sabia! Que raiva!

— O que foi, Vera, o que está resmungando, menina?

— Não é nada, mãe, estou falando sozinha.

— Vá tomar seu banho que vou pôr a mesa para jantar.

***

Jorge chegou acompanhado da namorada.

— Mãe, está em casa?

Leonor, ao ouvir a voz do filho, correu para recebê-lo, mas, assim que entrou na sala, ficou decepcionada.

— Até que enfim chegou... Pensei que fosse ficar na Bahia!

— Olhe quem veio comigo, mãe...

Leonor lembrou-se da conversa que tivera com a filha e ponderou:

— Tudo bem com você?

A mulher respondeu à gentileza de Leonor, abraçando-a e pousando um beijo em sua bochecha.

— Como está, dona Leonor?

— Eu bem. E vocês, fizeram boa viagem?

— Ótima, mãe. Marília achou melhor virmos de avião. Gostei muito.

— Onde posso pôr as coisas de Marília, mãe?

— Deixe aí, depois eu vejo.

— Não queria dar trabalho, dona Leonor, mas seu filho insistiu muito.

— E claro que você aceitou — respondeu Leonor.

— Mãe, por favor, não vai começar a implicar, vai?

— Claro que não, mas amanhã vou precisar de sua ajuda com a nova casa.

— Nova casa? Do que está falando?

— Aluguei uma casa, não tem cabimento ficarmos na casa de sua irmã!

— Por mim está ótimo! — Jorge ficou feliz, por sua mãe incluir a namorada.

— Não precisam se dar ao trabalho de desfazerem as malas; assim que os documentos ficarem prontos, mudamo-nos.

— A que horas chegaram?

— Mãe, faz tempo, é que enquanto Marília foi visitar uma amiga, eu fui abrir uma conta no banco.

Marília, para não dar tempo de Leonor fazer um interrogatório, despistou.

— Onde é o banheiro?

Jorge lhe indicou, e a mãe foi terminar de arrumar a mesa para que eles pudessem fazer a refeição. Vera deu de encontro com Marília no corredor, que a abraçou com simpatia.

— Oi, Vera!

— Oi, Marília! Tudo bem com vocês? Quando chegaram?

— Seu irmão e eu desembarcamos à tarde, viemos de avião.

— Chique, hein?

Marília puxou Vera pelo braço e a fez entrar com ela no banheiro.

— Nossa, menina, sabe quem perguntou por você?

— Não...

— Victor! Quando disse que estava em São Paulo, queria seu endereço.

— E você?

— Não lhe dei, é claro.

— Ah...

— Nossa, está desinteressada ou é impressão minha?

— Victor não me interessa mais.

— Nossa, está esnobando um baiano daqueles?

— Você nem sabe... estou apaixonada!

— Apaixonada?! Nem bem chegou a São Paulo e já está apaixonada? Conte outra!

Vera abriu a porta, colocou a cabeça para fora para ver se não havia ninguém, e tornou a fechar a porta com a chave.

— É verdade, estou apaixonadíssima!

— Por quem, garota?

— Pelo meu patrão!

— Por seu patrão? Não está sonhando alto não, garota?

— Lógico que não, não sou mulher de sonhar com qualquer um? Ele é lindo!

— Garota, veja bem com quem vai se engraçar, hein? As coisas aqui em São Paulo não funcionam como em Salvador, onde a terra é pura magia e tudo é meio fantasioso. Aqui a realidade é outra... O que mais interessa aos homens é ganhar dinheiro. Aliás, aqui é a terra do dinheiro, mas só do dinheiro. Ninguém se apaixona ou namora, aqui realmente só se "fica", entendeu?

— Entendi... o que mais quero no momento é só "ficar" mesmo. Depois... — Vera parou no meio da frase para fazer suspense.

— Depois o quê? — insistiu Marília curiosa.

— Depois o tempo vai dizer. Só quero uma única oportunidade; se Sidney sair comigo uma única vez não conseguirá me deixar, eu lhe garanto.

— Você disse Sidney?

— Sim, por quê?

— Por nada... esse seu chefe faz o quê?

— Ele é engenheiro, mexe com construção civil. É lindo, você precisa ver! Nunca vi um homem como ele! É muito perfumado e bem tratado!

Marília pensou que fosse ter um infarto.

— Onde fica a construtora?

Vera falou e Marília engasgou. Era muita coincidência!

— Nossa, Marília, o que foi?

Vera batia nas costas da moça, sem sucesso. Abriu a porta e gritou por socorro. Jorge e Leonor correram para ver o porquê da aflição de Vera. Jorge pegou água e a fez tomar. Depois de alguns instantes, a jovem voltou ao normal, embora ainda se notasse uma vermelhidão em seu rosto, que se misturavam com as lágrimas que desciam sem que ela pudesse controlar. Assim que se acalmou, Leonor, assustada, perguntou:

— O que foi isso, garota?

— Não sei, dona Leonor.

— Nossa, mas se engasgou por nada? Bebeu água da torneira?

— Não, mãe. Estávamos conversando, só isso.

Leonor, vendo que Marília já estava bem, saiu do banheiro resmungando:

— Meu Deus, será que essa mulher tem ataques?

Marília ficou em uma tremenda saia justa, mesmo porque, quando se deu conta, estava com a calça *jeans* toda molhada de urina:

— Amor, você está toda molhada! — disse Jorge mais que admirado, assustado.

— Por favor, deixe-me sozinha.

— Mas, meu amor...

Marília muito envergonhada, pediu:

— Por favor, Jorge, preciso tomar um banho.

— Tudo bem, fique à vontade, vou buscar uma toalha para você tomar um banho.

Jorge e Vera saíram do banheiro. O moço puxou o braço da irmã e disse:

— O que houve?

— Eu que sei? Parece louca!

— Por que Marília ficou desse jeito?

Vera ia gritar, mas o irmão tapou sua boca com uma das mãos.

— Fique quieta, quer que a mãe ouça?

Vera e Jorge sempre entravam em atrito com suas diferenças de pensamentos, mas eram unidos, um sempre apoiava o outro, mesmo quando ambos escondiam algo da mãe.

— Vou tirar a mão de sua boca, mas não grite, entendeu?

— Por que acha que sei sobre sua namorada?

— Desculpe, não queria machucar seu braço.

— Mas machucou.

— Sobre o que falavam?

— Falávamos sobre a mãe.

— Sabia. A mãe não gosta dela, mas não sei o motivo.

— Deixe-me fora dessa!

— Tudo bem...

Vera foi para a cozinha ajudar a mãe com o preparo do jantar. Marília tomou um banho e, mais calma, acompanhou todos da casa para o jantar. Vera comeu rapidamente, e aproveitando que a mãe e os outros estavam entretidos na cozinha, correu para telefonar para Marcelo.

— Alô... — respondeu ele do outro lado da linha.

— Marcelo, sou eu, Vera.

— Oi, Vera, o que foi?

— Você e minha irmã reataram o namoro?

— Por quê? Não quero que se intrometa em minha vida. Não gosto disso.

— Se é assim, deixe para lá — Vera respondeu e desligou o telefone.

O telefone deu um toque e ela atendeu, sentindo-se vitoriosa.

— É você, Vera?

Leonor, quando ouviu o telefone tocar, dirigiu-se à sala. Vera tapou o telefone e falou:

— É uma amiga do escritório, mãe.

Leonor voltou à cozinha e ela, cinicamente, perguntou:

— O que quer, Marcelo?

— O que ia dizer?

— Nada!

— Ia sim... desculpe a falta de educação. O que quer me contar?

— Eu? Nada; afinal, não quer que eu me meta, não é isso?

— Pare de palhaçada e diga logo, por que me ligou?

— Só ia lhe dizer que sua amada saiu com Sidney para ir à faculdade.

Marcelo, mal-educado e completamente contrariado, mordeu os lábios e bateu o telefone. Vera, do outro lado da linha, riu sonoramente.

— Filho da mãe! E depois diz que é meu amigo!

Marcelo estava contrariado. Andava de um lado para outro em seu apartamento.

— O que vou fazer com esses dois? — repetiu várias vezes inconformado. — Se Silvana não for minha, não será de mais ninguém, eu juro!

Mas sem ter o que fazer, resolveu se acalmar. Tinha de ser racional. Enquanto ele remoía a raiva, Sidney, de volta no horário marcado, esperava Silvana na porta da faculdade. Sentia-se muito bem, não havia mais deixado de ir às consultas do psiquiatra e fazia terapia uma vez por semana com uma profissional, além de tomar os remédios regularmente. Isaura adiou a conversa que teria com Silvana, uma vez que o filho se mostrou interessado em se tratar. A jovem, de sua parte, não esquecera; contudo, achara melhor esperar que Isaura tocasse no assunto, pois não achava delicado ficar pressionando-a. Não demorou muito e Silvana apareceu no portão da faculdade, acenou com a mão e foi ao encontro do amigo. Entrou, deu-lhe um beijo no rosto e acomodou-se.

— Como foram as aulas?

— Bem... parece que agora estou conseguindo acompanhar.

— Mesmo assim, vamos estudar juntos.

Silvana era só sorrisos. Sentia-se feliz. Nada mais poderia impedir aquela amizade, era quase que impossível rompê-la. Entraram em um restaurante na zona sul.

O garçom deu o cardápio para Silvana e Sidney.

— Não sei o que pedir, não conheço nenhum desses pratos.

— Posso escolher por nós dois?

— Seria ótimo, confio em seu paladar.

Sidney fez os pedidos, e, em seguida, o garçom trouxe também uma garrafa de vinho que ele escolhera.

Os dois conversavam animadamente. Eram diferentes; contudo, se completavam. Sidney era genioso, Silvana mais centrada. Normalmente, ela conseguia tirar leite de pedra e acalmá-lo, levando-o para uma nova direção. Não era possível viverem um sem o outro. Sidney, como um cavalheiro, serviu Silvana. Colocou em sua taça um pouco do vinho com elegância, mas ele mesmo tomou um suco. Os pratos foram servidos e ela gostou muito da escolha do amigo.

— E seus pais, estão morando com você?

— Não, já foram embora. Minha mãe sempre pergunta por você.

— Gosto muito de seus pais.

— Falando em gostar, por que não vai visitá-los um dia desses?

— Por que, aconteceu algo?

— E precisa? É que minha mãe sempre pergunta por você. Eu gostaria muito que, às vezes, você fosse vê-los. Quer dizer, não é obrigada, vai se quiser, claro... Contudo, tenho certeza de que a faria feliz!

— Se tivesse me dito antes, já teria ido. Será um prazer.

— O que seria de mim sem você?

— Pare com essa conversa. O que seria de mim sem você?

Os dois riram muito um do outro. Até que Sidney silenciou por um momento e entrou em um assunto íntimo.

— Silvana, já ouviu falar sobre transtornos psíquicos?

— Como assim?

— TOC, depressão, síndrome do pânico, transtorno bipolar...

— Já... Quer dizer, já ouvi algumas coisas, mas nunca me aprofundei no assunto. Por que, conhece alguém que sofre com uma dessas doenças?

— O que sabe sobre isso?

— Quase nada. Sei que depressão é um mal que afeta muitas pessoas. Por que nunca me disse nada sobre isso?

— Deixe para lá, não devia ter tocado no assunto. Não pensei que fosse ficar tão indignada!

— Indignada, eu?

— Vamos fazer o seguinte, deixemos esse assunto para lá!

— Claro que não. Se você sofre de alguma doença dessas, quero saber agora!

— Não se chama doença, chama-se a isso de transtorno; é mais elegante.

— Não estou brincando, Sidney. Quero saber, preciso saber o que se passa com você.

— Sou um cidadão bipolar.

— Bipolar? Explique-me tudo sobre esse transtorno.

Sidney, depois de alguns segundos olhando para Silvana, começou a explicar como funcionava e os porquês dos transtornos. Ao término, silenciou, deixando Silvana se manifestar:

— Por que nunca me disse nada sobre isso?

— Achei que não era preciso.

— Como não? Você tinha obrigação de me contar!

— Você pensa que é fácil lidar com isso? Como quer que eu me sinta diante de um mal do qual não sei se um dia vou conseguir me livrar?

— Perdoe-me, não devia exigir nada, não tenho o direito de lhe cobrar coisa alguma. Mesmo assim, foi importante saber, nós somos amigos, Sidney, e tudo o que diz respeito a você, me importa. Por mais difícil que seja para você, é de suma importância para mim. Você é muito importante em minha vida!

— Por isso que não queria lhe contar.

— Por quê?

— Está com cara de piedade. Não preciso que sinta pena de mim. Não é contagioso, eu lido bem com isso!

— Desde que tome os remédios diariamente, não é?

— Vai ficar me policiando?

— Para que eu sirvo então, só para averiguar obras, revisar projetos e andar com Carlinhos o dia todo?

— É assim que gosto de vê-la, sempre sorrindo. Será que se importa realmente comigo?

— Está brincando? Se lhe acontecer qualquer coisa, por mais simples que seja, sempre vou me importar.

Sidney pegou a faca e fez um pequeno corte na palma de sua mão e a esticou esperando a reação de Silvana. No mesmo instante, a jovem, entendendo o sinal que Sidney demonstrara, não pensou duas vezes, também fez um corte em sua palma da mão, e antes que o líquido vermelho vivo se perdesse, fê-lo se misturar ao de Sidney, que se emocionou apertando forte a mão da amiga.

— Isso é um pacto que mudará nossa vida; ninguém poderá modificar o que sentimos um pelo outro. Que por toda a eternidade, em qualquer canto do mundo, possamos nos reconhecer em quaisquer circunstâncias, mesmo que nosso corpo tenha mudado com o tempo! Que possamos ouvir um ao outro, mesmo que reste apenas nosso espírito gritante a procurar-nos mutuamente.

Quando Sidney silenciou, Silvana, emocionada, deixou as lágrimas caírem por seu rosto, acentuando a mais pura e singela verdade que dois jovens juraram lealdade e amizade eternas. Ambas, com os olhares fixos e penetrantes um no outro, não perceberam que o líquido vermelho escorria por suas mãos gotejando na toalha de mesa branca e marcando realmente aquele momento tão forte.

— Silvana, o que vamos fazer agora?

— Que tal se fôssemos lavar as mãos?

Os dois se levantaram com as mãos vermelhas, assustando todos os presentes. De pronto, ele improvisou:

— Ela cortou a mão!

Os gentis garçons os acompanharam até o toalete. Quando ambos saíram, pediram a conta e se retiraram. Quando se viram fora, abraçaram-se e riram escancaradamente.

— Somos dois malucos! Ninguém entendeu nada! — gritou Silvana entre uma gargalhada e outra.

— Obrigado pela parte que me toca.

Silvana o olhou espantada, esquecendo-se completamente que o amigo havia aberto seu coração e lhe contado sobre sua doença.

— Você entendeu. Não quis ofendê-lo.

— Malucos, para mim, são malucos — respondeu Sidney beijando o rosto da amiga e saindo correndo eufórico feito criança.

— Espere-me, seu maluco! — repetiu Silvana muito feliz, provocando-o.

Silvana sentia-se muito bem ao lado daquele que se tornaria sem dúvida a pessoa mais importante de sua trajetória. Com um sorriso correu atrás de Sidney até chegar ao carro estacionado. Os dois entraram e se acomodaram. Passava da meia-noite, mas não sentiam vontade nenhuma de ir embora. Sidney, na última hora, mudou o trajeto e ambos desceram a serra.

— Para onde está indo? — perguntou Silvana admirada.
— Vamos dar uma volta na praia!
— Não acredito que vamos descer a serra a esta hora!
— Tem alguma dúvida? Vê se vai se acostumando; mesmo tomando meus remédios, sou maluco de pedra!

Silvana não entendia os porquês de tudo aquilo, de Sidney cruzar seu caminho e vice-versa, mas havia uma sensação imensa de conforto e felicidade em sua alma. Quando estava na companhia dele, esquecia-se de tudo e de todos. Nada mais importava a não ser ela e seu mais que amigo Sidney.

Assim que chegaram à praia, Sidney, ainda dentro do carro, tirou os sapatos e arregaçou a calça:

— Vamos, Silvana... — Sidney saiu correndo. Silvana fez o mesmo. Jogaram-se no mar feito crianças. Nada importava naquele momento para os dois mortais filhos do universo resplandecente.

Depois de vários e longos minutos, ambos se deixaram cair sobre a areia; exaustos, porém leves de alegria por sentirem que a vida era perfeita e maravilhosa.

— Há muito tempo não paro para olhar o céu e sentir admiração de como Deus é perfeito. Veja quantas estrelas brilham no espaço!

— É... até parece que Deus adivinhou nossos desejos e as reuniu sobre nós! — respondeu Silvana.

— E a Lua, então? Como pode, nós, pobres mortais, não pararmos e admirarmos essa fantástica sintonia do universo? Que luz límpida ela irradia sobre o mar!

Silvana não respondeu, apenas sentiu a vibração daquela noite invadir-lhe o corpo, ao se dar conta de como Deus era magnânimo em toda sua obra. Passados alguns instantes, ela perguntou:

— Você ainda ama sua esposa?

Sidney, sem se mover, continuou olhando para o céu. Diante do silêncio de Sidney, retratou-se:

— Desculpe, não devia ter perguntado nada. Quer voltar?

— Não...

— Está bem, podemos ficar mais um pouco — respondeu Silvana meio sem jeito.

— Não estou falando sobre voltarmos...

— Está falando sobre o que, então?

— Você me fez uma pergunta sobre minha ex-mulher. Estou respondendo. Não... não a amo mais. Talvez nunca a tenha amado, talvez o que eu tenha sentido fora apenas uma ilusão.

Silvana esperou por mais alguns segundos, e vendo que Sidney não se aborrecera, continuou:

— Por que se separaram?

— Eu não me separei, simplesmente ela partiu.

— Mas assim, sem mais nem menos?

— Exatamente como disse, sem mais nem menos. Até hoje procuro as respostas, mas não as encontro.

— Você já a procurou?

— Não...

— E por quê?

— Porque não tem necessidade. Se ela foi embora, é porque tinha seus motivos.

— E quais seriam esses motivos?

— Por muito tempo me fiz essa mesma pergunta, mas hoje já não me incomodo mais em saber. Os motivos somente ela sabe, e se nunca se abriu, não tenho direito de procurar explicações.

— Como não? Você é o marido dela! Tem todo o direito de saber!

— Por que acha que as pessoas têm obrigações conosco?

— Porque ela casou-se com você por livre e espontânea vontade, não foi? Porque ela é sua mulher!

— As pessoas são livres. Embora tenhamos de seguir alguns padrões, alguns princípios de moral e ética, não podemos mandar na vontade das pessoas, mesmo que estejam ao nosso lado. Temos o livre-arbítrio...

— Não concordo.

— Concordando ou não, saiba que a humanidade é assim. Por isso mesmo, as separações matrimoniais estão aí. Nunca tivemos tantas separações como nos dias atuais! E, depois, não estou aqui para impor meus princípios e pensamentos; por mais que amemos alguém, esse alguém sempre será diferente de nós, todos somos diferentes. Nunca seremos cem por cento iguais ao outro. Se partilhássemos de igualdade para que estaríamos aqui?

Silvana se sentou, e com os olhos fixos em Sidney, que permanecia deitado olhando para o infinito, questionou:

— Do que está falando?

— Da vida...

— Como assim?

— Você já se perguntou do porquê de estarmos aqui na Terra?

— Espere aí... Do que está falando? — insistiu Silvana admirada.

— Estou falando de vida, morte, retorno, continuação...

— Como assim? Em que acredita?

— Na reencarnação.

— Em quê?

— Nisso mesmo que ouviu. Para mim, nada termina com o fechar de olhos, com a última morada em um cemitério, por exemplo.

— Você quer dizer que acredita que não morremos e que um dia voltamos a nascer?

— Justamente... Silvana, que motivos teríamos para nascer, viver algum tempo aqui e depois tudo o que passamos não nos valesse de nada? Tudo acabaria como um passe de mágica? Acredite, a bondade e a sabedoria de Deus vão além do que nossos olhos enxergam. A bondade de Deus não está em enxergarmos, e sim em sentirmos dentro de nosso peito, na nossa alma, tudo o que somos e do que precisamos — Sidney bateu levemente com a palma da mão em seu peito para demonstrar a amiga seu raciocínio. — Somos imortais, Deus é Pai generoso, Ele quer sempre que aprendamos, quer tudo de melhor para cada um de nós. Por tudo isso não acredito em coincidências e acasos, acho que tudo tem um propósito. Por esse motivo, não vou atrás da minha ex-mulher, porque as respostas virão até mim, só é preciso esperar.

— Não posso concordar com o que está dizendo. Isso é insano!

— Tudo bem... Não quero e não estou aqui para fazer com que concorde comigo, apenas senti vontade de me abrir com você e dividir meus pensamentos sobre o que sinto em relação à vida e à morte. E quero que saiba que não penso mais em Marília; acho que foi um amor passageiro. E, falando em amor, esposa, como soube que fui casado, nunca falamos sobre isso?

Silvana tornou a deitar ao lado de Sidney e ficou pensando em suas palavras.

— Não quer me responder?

— Seus pais me contaram, mas não com o intuito de fofoca... Acho que eles queriam justamente falar comigo sobre esses seus transtornos. Queriam dividir comigo seus anseios, seus medos. Seu pai soltou sem querer que você tinha sido casado e que na época ficou muito mal com o que havia acontecido.

— É mesmo... Para que servem os pais se não para falarem mal dos filhos... E o que é pior, soltar coisas que nos complicam — brincou Sidney irônico. — Mas foi bom, eu mesmo queria ter feito isso, agora não tenho mais segredos para você. Quer ir embora? — completou Sidney sentindo o silêncio da amiga.

— Por mim ficaria aqui até amanhecer!

Era tudo o que Sidney queria ouvir naquela hora de paz em que ambos se bastavam.

— Seu pedido é uma ordem.

— Ficou louco? Temos de ir embora!

— Não temos nada. Temos de fazer o que sentimos vontade. Não devemos contrariar nossa alma. E se ficarmos aqui, isso vai nos dar alegria!

Sidney abriu os braços para que Silvana deitasse sobre seu peito e a abraçou carinhosamente. Os dois adormeceram profundamente. O espírito deles estavam em êxtase e se desprendeu, encontrando-se com Samuel sobre as pedras.

— Samuel! — chamou Sidney feliz.

— O que tem feito de bom, meu caro Sidney?

Sidney notou Silvana arredia. Ela não ficou feliz com o encontro.

— Tenho trabalhado muito, mas me sinto feliz, gosto de estar sempre na ativa! — respondeu Sidney puxando Silvana pela mão.

— Essa é minha amiga Silvana, quero que a conheça!

— Como está, Silvana?

— Muito bem... — respondeu a moça reticente.

— Estou feliz por encontrá-lo!

— Eu também, Sidney. E você, Silvana, o que tem feito de bom?

— O mesmo que Sidney. Trabalhando muito!

— Silvana, precisa responder assim ao meu amigo?

— Samuel não é nenhuma novidade para mim, eu também o conheço!

— É mesmo? Por que não disse logo?

— Porque minha presença lhe desagrada, não é mesmo? — completou Samuel.

Silvana não respondeu. Na verdade, ela não se sentia muito bem próxima de Samuel; algo a incomodava.

— Pensou em tudo o que falamos no último encontro? — perguntou Samuel solícito.

— Preciso responder? Já não é o bastante ver com seus próprios olhos?

Sidney ficou indignado com a amiga. Quis responder, mas foi cortado por Samuel.

— Não precisa se incomodar em me defender. Silvana ainda não acredita em meus propósitos.

— Propósitos?

— É, meu caro Sidney, mas não se aflija, logo ela entenderá minha intenção. Só precisa de algum tempo ou quem sabe de uma prova para constatar realmente quais são os reais valores de seus sentimentos.

— Nossa, estou tão feliz em revê-lo! Quais são suas teorias hoje? — questionou Sidney com sede de aprender. Para Sidney, não havia dúvidas sobre idas e vindas dos espíritos em reparações; ele acreditava piamente na reencarnação. Tinha sede de aprender e sabia que seus enganos e ilusões eram necessários para sua evolução. Cometera, em vida pretéritas, erros dos quais não se orgulhava, e sabia exatamente de seus verdadeiros sentimentos e quais deveriam ser as reparações. Claro que não estava assim tão claro em sua atual encarnação, mas sabia o bastante para alcançar suas vitórias. Em primeiro lugar, tinha de vencer seus transtornos psíquicos, que marcaram seu espírito com fortes desalinhos. Aí sim, seria mais fácil demonstrar seu amor incondicional que havia muito estava guardado para entregá-lo a quem de direito. O difícil era convencer o amor de suas antigas encarnações que o que guardava em segredo era também o amor verdadeiro, pois ela ainda não tinha se dado conta disso. Por esse motivo, a "mãozinha" salutar de Samuel era imprescindível

— Meus amigos, não posso demorar, só passei para dizer que podem contar com o meu apoio e auxílio sempre que precisarem.

— E quem precisa de seu apoio? Sidney e eu sabemos direitinho o caminho que temos de seguir. Somos amigos de verdade, não precisamos de um terceiro.

— Silvana!

— Desculpe...

— Desculpas aceitas. Vai chegar o dia em que vai me dar razão, minha amiga...

— O que me disse na última vez que me encontrou não tem a mínima possibilidade!

— Do que falam? Deixaram-me curioso!

— Não se preocupe com as contrariedades de Silvana, muitas vezes precisamos passar por algumas provas para acreditarmos em nossos sentimentos. Bem... já nos estendemos muito por hoje. Voltem, vocês precisam seguir seus caminhos e eu, o meu.

Os três se despediram e foram colocados de volta no corpo físico. Samuel, tranquilo, voltou às suas obrigações.

O dia estava clareando com os primeiros raios de sol. Lentamente, Sidney despertou e ficou feliz por Silvana estar em seus braços. Parecia um casal apaixonado. Em seguida,

Silvana também acordou; apressados, ambos se levantaram limpando a areia ainda grudada em suas roupas.

— Meu Deus, Sidney. Não é que dormimos mesmo?

— E isso não é bom? Fizemos o que tínhamos vontade!

— Bem... mas vamos embora, ainda temos um dia de trabalho.

Sidney passou o braço no ombro de Silvana e ambos foram embora. Aquele dia de setembro foi de muita felicidade para a alma dos dois.

CAPÍTULO 25

Regressando

SIDNEY E SILVANA chegaram a São Paulo mais de nove horas da manhã. Ele deixou a amiga em seu apartamento e seguiu para o seu, sem pressa.

— Minha filha, que bom que chegou! O que houve? Já ia acionar a polícia!

— Calma, mãe, não houve nada.

— Mas onde esteve até esta hora?

— Com Sidney... Fomos à praia.

— Como assim?

— Ah, mãe. Depois eu lhe explico; estou atrasada, mais tarde conversamos.

Silvana se aproximou da mãe, abraçou-a e a beijou com carinho.

— Está tudo bem, mãe. Nunca me senti tão feliz em minha vida.

— Tem certeza?

— Tenho.

— Vera me deixou tão aflita no telefone, que vim o mais rápido possível.

— Eu entendo, mãe. Mas está tudo bem, pode voltar para sua casa, assim que eu tiver um tempo conversamos.

Leonor voltou para casa e Silvana foi tomar um banho.

Já passava das onze horas da manhã quando ela chegou à construtora.

— Bom dia, Cris. Está tudo bem por aqui?

— Está sim... Com exceção de Marcelo, que já ligou para você umas quinze vezes!

— Sidney já chegou?

— Ainda não. Posso lhe fazer uma pergunta?

— Claro, Cris, contanto que não seja o porquê de meu atraso.

— De certa forma tem a ver.

— Então pergunte, se eu puder responder...

— Sempre a achei uma mulher muito bonita, mas hoje, em especial, está mais. Isso tem a ver com seu atraso?

Silvana sorriu feliz. Sua felicidade era nítida, parecia ter rejuvenescido muitos anos.

— É verdade... tem sim. Mas chega de perguntas, vamos ao trabalho.

Cris sorriu curiosa: "O que será que aconteceu de tão bom assim para Silvana estar tão radiante?".

Silvana entrou em sua sala e logo notou a cara de poucos amigos da irmã.

— Bom dia, Vera, está tudo bem por aqui?

Vera estava sentindo uma raiva muito forte, mas mesmo assim respondeu:

— Está...

Silvana não perguntou mais nada, sentou-se, acomodou-se e começou a trabalhar. Vera, além de estar inconformada com a felicidade da irmã, estava curiosa.

— Onde esteve até agora?

— Estava na praia.

Silvana não queria levar aquele assunto adiante, mas Vera insistiu:

— Fazendo o quê?

— Nada...

— Como assim? A mãe já sabe disso?

Silvana olhou para Vera tentando ponderar; ela sempre a mimou por ser a caçula dos irmãos, e, com isso, alimentou uma educação e princípios não favoráveis para todos os membros daquela família. Silvana sempre achou que com o tempo sua irmã amadureceria e entenderia as situações.

— Claro que sabe, já lhe contei.

— E posso saber com quem estava?

— Isso já não é da sua conta.

— Nem precisa responder, é claro que Sidney estava junto!

Silvana não respondeu, achou melhor ignorar o assunto. Vera também silenciou, mas seus pensamentos eram os piores. Ela era mais jovem, muito bonita, tinha os cabelos na altura dos ombros e olhos cor de mel. Contudo, cultivava grande inveja da irmã, e por mais que tentasse se igualar a ela não conseguia ter a meiguice, a simpatia e a segurança da irmã.

Silvana era uma mulher exuberante, seus traços eram delicados e ao mesmo tempo suas expressões, marcantes; tudo isso atraía os olhares intencionais de cobiça dos homens. Mas quase sempre ela nem notava; não era de usar a vaidade para arrancar elogios. Pelo contrário, vestia-se muitíssimo bem, porém de forma discreta.

Naquele dia, Silvana não saiu para almoçar, pois havia muitos projetos a serem inspecionados. Comeu um lanche em sua sala mesmo. Logo após o almoço, teve de sair com Carlinhos para averiguar obras, pois havia acontecido um acidente com um dos operários.

Logo que saiu, Sidney chegou. Depois de cumprimentar a todos que se encontravam na recepção, foi para sua sala. Estava bastante satisfeito com sua vida e tudo estava correndo bem. A empresa havia atingido grande parte de sua meta. Contava com um grande número de clientes. Havia conseguido confiança no mercado de trabalho. Tudo corria na mais harmoniosa paz; a saúde havia se estabilizado e ele não parara de tomar os remédios rigorosamente no horário. A cirurgia que havia feito tinha sido um sucesso, e o médico estava satisfeito com sua melhora.

Só lhe faltava um grande amor. Sentia que já estava na hora de abrir seu coração, deixar entrar uma nova história de amor. Um amor de verdade. Sua alma almejava uma companheira para continuar suas realizações. Pensou em Silvana e lembrou-se de que ela, sem cerimônia nenhuma, agasalhou-se em seus braços e adormeceu. Sentia que só sua amizade já não bastava para aquela alma sequiosa por viver novas experiências. Sorriu feliz ao lembrar seu rosto; porém foi tirado de seus pensamentos com a presença de Vera:

— Sidney...

— Desculpe, Vera, estava distraído.

Seu coração estava disparado; o perfume suave que Sidney usava ia ao seu encontro e a deixava atordoada. Por mais que quisesse segurar seus impulsos lhe era penoso aceitar que ele havia se interessado pela irmã. A esses pensamentos, Vera cultivava cada vez mais inveja de Silvana.

— Diga, Vera, do que precisa?

— Trouxe estes documentos para assinar.

— Tudo bem, deixe aqui em minha mesa que vou avaliar.

Vera ficou parada na frente do chefe sem atinar com o que ele dizia. Em seus pensamentos só havia segundas intenções. Num rompante, ela começou a chorar descontroladamente. Sidney assustou-se:

— O que foi, Vera, não está bem?

Generoso, ele a ajudou a sentar-se na poltrona que havia em sua sala. A moça não conseguia parar de chorar, suas mãos tremiam sem que conseguisse controlar. Sidney chamou Cris. A funcionária entrou assustada e ele pediu que trouxesse água com açúcar. Cris foi e voltou rapidamente, entregando o copo para o patrão, que fez a jovem tomar vários goles. Cris e Sidney se calaram por longos minutos até que Vera conseguisse serenar.

Cris lhe deu alguns lenços de papel para que ela enxugasse o rosto que molhara com as lágrimas compulsivas. Quando se sentiu mais calma, pediu desculpas. Sidney pediu que Cris saísse e procurou gentilmente ajudá-la:

— Sente-se mais calma?

Vera balançou a cabeça positivamente.

— Está com algum problema?

Vera não respondeu.

— Sei que não temos muita intimidade, mas se quiser falar sobre o que está acontecendo não se acanhe. Tudo o que disser ficará aqui!

Vera não sabia o que fazer, era uma boa oportunidade de abrir seu coração e lhe falar de seus sentimentos. Mas ficou com medo de como ele poderia reagir. Sidney insistiu:

— Vera, pode falar, aconteceu alguma coisa com sua irmã? Estou aqui para ajudar.

Quando ela ouviu Sidney se preocupar com a irmã, um grande ódio tomou conta dela.

— Por que todos estão sempre querendo saber sobre Silvana? Será que só ela merece atenção? Será que o mundo gira em torno dela?

Sidney assustou-se com as palavras e indagações da garota, mas procurou contemporizar:

— É claro que o mundo não gira em torno de sua irmã, mas a meu ver, uma jovem como você não deve ter tantas preocupações assim para chorar desse jeito!

— E por que não? Já tenho 22 anos! Será que mesmo sendo jovem não posso ter problemas?

— Desculpe, não foi a minha intenção deixá-la ainda mais nervosa! E, depois, já lhe disse que estou aqui para ajudá-la, senão para pelo menos ouvi-la.

— Não tenho nada, nem sei o porquê desse meu descontrole.

— Bem... se não há nada com você que eu possa ajudá-la, espero que se acalme.

Vera se remexeu na poltrona quando viu que Sidney se afastou e deu o caso por encerrado. Levantando-se, ajeitou suas roupas e aproximou-se da mesa em que Sidney a olhava com paciência:

— Você já se apaixonou por alguém?

— Não sei...

— Já sei que foi casado, deve ter amado sua esposa!

Sidney estava atônito com aquela garota nervosa e completamente insana que falava de coisas mais que íntimas de sua vida. Não havia um mínimo de sensatez para dar continuidade àquela conversa. Ele gaguejou:

— Bem... ahhh... jááááá... Já fui casado...

Falando isso, ele se levantou, deu a volta em sua mesa e parou diante de Vera mais que perplexo, tentando responder com educação:

— O que está acontecendo? Aonde quer chegar?

Sem se dar conta, impulsiva, ela segurou o rosto de Sidney e beijou-o nos lábios. O engenheiro sentiu um *frisson* percorrer-lhe o corpo em segundos, pois havia muito não tocava em uma mulher. Seus pensamentos naquele instante eram muitos, menos o de afastar Vera de seus lábios. Mesmo assim, e apesar do calor inebriante da funcionária, afastou-a sem saber como agir.

Ela pensou que fosse desfalecer e esqueceu-se de tudo à sua volta. Não se importou em nenhum momento com quem poderia entrar na sala. Sidney afastou-se dela e voltou a sentar-se em sua cadeira. A garota, por sua vez, com os membros trêmulos, quis falar:

— Sidney, preciso...

— Por favor, não diga nada...

— Mas preciso abrir meu coração.

— Não... Não diga o que está pensando, sentindo, seja lá o que for. Não é o momento, não quero ouvir. Vá para sua sala, não é momento de falarmos sobre nada.

Vera, com o coração a bater forte, aproximou-se daquele homem. Ele se levantou e andou ao contrário da garota.

— Por favor, fique onde está!

— Mas por quê? Preciso lhe falar.

— Preste atenção, nada do que me disser vai me convencer do que acabamos de fazer. Isso não estava em meus planos.

— E preciso ter planos para falar de amor? Deixe fluir nossos sentimentos.

— Vera, mais uma vez, por favor, pare de argumentar; não quero e não posso ouvir nada.

— Mas você nem sabe o que é.

— Mas posso imaginar. E já me adiantando, está completamente enganada.

Vera sentiu que o chefe estava falando sério e, sem alternativa, baixou a cabeça e saiu.

Assim que a porta se fechou, Sidney se deixou cair em sua cadeira: "Meu Deus, era só o que me faltava! Essa garota está louca e eu mais ainda!".

Sidney procurou serenar e tentar acalmar os ânimos, não estava se reconhecendo. Vera, assim que fechou a porta, andou automaticamente para sua sala. Cris perguntou-lhe muitas coisas, mas ela entrou na sala e fechou a porta.

O dia estava terminando quando Carlinhos e Silvana chegaram. Ambos se dirigiram à sala de Sidney para informá-lo sobre as providências tomadas naquele dia.

CAPÍTULO 26

Uma descoberta

— PODEMOS ENTRAR? — perguntou Silvana assim que apontou na porta.

— Claro.

Silvana e Carlinhos se acomodaram nas cadeiras. Sidney estava se sentindo muito mal com o que havia acontecido algumas horas antes.

— O que aconteceu com o funcionário da empreiteira?

— Fique tranquilo, já está internado no hospital para fazer exames.

— Foi grave?

— Não, Sidney. É apenas por prevenção que fará todos os exames. De grave mesmo, só quebrou uma perna.

— Fará cirurgia?

— Sim...

— E ainda diz que não foi grave?

— Nossa, Sidney! Está assim só por causa de um acidente? Acidentes acontecem todos os dias!

— Mas não em minha empresa, isso dá a maior dor de cabeça.

— Tranquilize-se, está tudo bem. O mestre de obras está mais calmo que você.

— Tem certeza?

— Claro!

— Desculpe, eu confio em vocês.

Silvana notou que ele não estava muito bem, mas deixou para conversar mais tarde.

O expediente já havia se encerrado. Sidney, Carlinhos e Silvana estavam se levantando para sair quando Vera bateu de leve na porta e entrou:

— Já posso ir? — perguntou.

— O que foi, Vera? O que houve?

— Nada, mana. Estou cansada, só isso.

Sidney ficou sem jeito, mas não quis se intrometer. Silvana insistiu:

— Espere a gente, Sidney vai me deixar na faculdade e a leva em casa.

Sidney não estava à vontade com a situação; a última coisa que gostaria naquele momento era dar carona para Vera.

— Não precisa, quero andar um pouco.

— Deixe sua irmã, Silvana, às vezes ela precisa ficar sozinha.

Silvana olhou para Sidney desconfiada, pois o conhecia muito bem.

— Tudo bem. Quer ir, pode ir.

Vera deu boa noite a todos e foi embora. Os três trancaram tudo e saíram. Assim que Silvana entrou no carro e se acomodou, questionou Sidney:

— O que aconteceu com Vera?

— Não sei. A irmã é sua, faça essa pergunta para ela.

— Você também está diferente, irritado!

— Não é nada, Silvana. Estou preocupado com esse pedreiro.

Sidney pousou sua mão sobre a de Silvana e fez um carinho para amenizar sua falta de humor:

— Sidney, está tomando seus remédios?

— Claro! Por que a pergunta?

— Por nada, apenas não o estou achando bem.

— Por essa razão não deveria ter falado sobre o meu problema. Se fosse uma pessoa qualquer, diria apenas que essa pessoa teve um dia ruim. Mas deve estar achando que estou tendo uma crise!

Silvana nunca havia visto Sidney tão nervoso e com mau humor. Não disse mais nada, ficou calada até que ele a deixasse na porta da faculdade. Ele parou, deu a volta no carro e abriu a porta para que ela descesse. Silvana lhe deu um beijo no rosto e entrou.

Sidney chegou ao apartamento, cumprimentou Margarida e foi para o banheiro tomar um banho. Logo após se trocou e foi para a sala jantar.

— Como vão as coisas por aqui?

— Tudo bem, dr. Sidney. Sua mãe ligou, disse que mais tarde torna a ligar.

— Tudo bem. Pode servir o jantar, depois quero me deitar um pouco.

Margarida o serviu. Achou-o muito introspectivo e chegou a ficar preocupada em razão de suas crises, mas não se atreveu a perguntar nada. Ele comeu pouco, a cena do beijo vinha a todo o momento a sua cabeça. O primeiro impacto de sensações fortes já havia passado. Já estava mais tranquilo, mas quando a figura de Vera vinha à sua memória, vinha também a da irmã Silvana. Estava tão silencioso e perdido em pensamentos que se assustou com o toque do telefone. Margarida atendeu:

— Pois não...

A voz do outro lado da linha perguntava pelo dono da casa.

— Quem gostaria de falar com ele?

Margarida tapou o aparelho de um lado e perguntou de quem se tratava, pois não sabia se o patrão atenderia a chamada ou não.

— É Vera, doutor, vai atender?

Sidney pensou por alguns instantes. Em seguida, resolveu atendê-la.

— Alô... Pode falar, Vera.

— Preciso vê-lo.

— Agora?

— Sim, agora.

— Não tem como, estou no meio do jantar.

— Quando podemos nos ver?

— Vera, sinto que não é uma boa ideia. Por favor, não quero ser indelicado. Se insistir, serei obrigado a tomar outras providências que tornará nossa vida mais complicada.

— Tudo bem, eu entendo. Vou deixá-lo pensar no que aconteceu. Pense com muito carinho. Eu o quero.

Vera desligou o telefone.

* * *

— O que ele disse?

— Fale baixo, quer que minha mãe escute?

— Claro que não, vamos para o quarto.

Marília pegou no braço da cunhada e se trancaram no quarto. Aproveitaram que Jorge havia saído:

— Conte-me.

— Disse que estava no meio do jantar. Não gostou que eu liguei.

— Mas você não vai deixar assim, vai?

— Tenho muito medo, mas não vou conseguir esquecê-lo.

— Está apaixonada mesmo? — perguntou Marília, achando-a uma tremenda idiota. — Pode deixar, vou ajudá-la!

— Por que está empenhada em me ajudar? Nem o conhece!

— Mas conheço sua irmã. Se não fizer alguma coisa enquanto é tempo, vai perdê-lo para ela.

— Como assim? Você ainda nem cruzou com Silvana!

— Seu irmão já me falou dela. E pelo pouco que disse, tirei minhas conclusões.

— Do jeito que fala de minha irmã dá a impressão de que ela não é legal!

— Ah, Vera, não é nada disso, acredito que sua irmã é uma pessoa legal! Você se acha muito esperta, né? Pelo que estou vendo não passa de uma garota mimada e iludida. Acha que com o jeito simpático, extrovertido, maduro e, principalmente, com a beleza de sua irmã, Sidney vai se apaixonar por você? Ele ter correspondido ao seu beijo não quer dizer que vai trocar sua irmã por você, sua boba!

— Como sabe que minha irmã é bonita? Estou estranhando sua conversa, nunca a viu!

— Vi algumas fotos suas e de sua irmã quando ainda estávamos na Bahia. Devo confessar que precisa se esforçar muito para conquistar Sidney. Sua irmã é linda! — disfarçou Marília, que na verdade, desde que soubera que Sidney era o mesmo que ela pensava, não saía de frente do escritório para sondar realmente com quem estava lidando.

— Nossa... Precisa acabar comigo desse jeito?

Marília estava perdendo a paciência, mas procurou manter a calma.

— Vera, preste atenção, muitos homens hoje em dia gostam de garotas como você: novinha. Sentem-se mais másculos, mais poderosos, vocês mexem com o ego deles. Mas não é o caso de Sidney.

— Como sabe? Não o conhece!

Marília parou e respirou por alguns segundos, tentando achar as palavras certas para persuadir a cunhada:

— Ah, Vera... como você é difícil! Pare de querer saber mais do que eu.

Marília tentou ganhar tempo para saber o que dizer, tinha de fazer as coisas certas, senão ela poderia desconfiar. Disse para Vera que a achava mimada e ingênua só para manipulá-la.

— Tenho mais vivência que você, só isso. Conheço os homens e, pelo que me contou sobre Sidney, ele gosta de mulheres que regulam com sua idade, com sua maturidade. E sua irmã é a mulher ideal nas convicções de seu chefe. Quer ou não minha ajuda para ter esse homem em seus braços?

Vera ficou olhando para a cunhada. Desconfiou de alguma coisa, mas não sabia precisar o que era. Seus pensamentos foram rápidos, sua vontade de ter Sidney era mais forte do que a desconfiança que sentia. Assim, ela respondeu:

— Lógico que o quero em meus braços!

— Então, preste atenção em minhas dicas. Tenho certeza de que ele será seu mais depressa do que espera!

Vera se calou, prestou atenção nas dicas da cunhada sem pestanejar, e entre uma palavra e outra, entusiasmou-se, sentindo-se segura de que tudo iria dar certo.

* * *

No horário habitual, Sidney já esperava Silvana sair da faculdade. Assim que ela o avistou, foi ao seu encontro. Entrou, acomodou-se e o beijou no rosto com carinho. Sidney, na presença dela, já não se lembrava mais de Vera, pois Silvana tinha o dom de acalmá-lo e trazer-lhe uma paz confortante. Se bem que, nem sempre os homens precisem de ombros amigos; às vezes eles também precisam instigar emoções para promover sentidos eloquentes, que só uma amante poderia oferecer-lhes. Estava mais do que na hora de Sidney ter uma mulher que chacoalhasse seu ego.

— Como foram as aulas?
— Bem, aliás, foram muito proveitosas. E você, melhorou?
— De quê?
— Sidney, vai me dizer que ainda tenta esconder algo de mim?

Sidney sorriu com carinho e pegou em suas mãos. Silvana não sabia direito o que estava acontecendo com o amigo, mas tinha certeza de que havia acontecido algo que mexera muito com ele. Sidney não a levou para casa, parou em um barzinho perto da casa dela, mas não desceu. Desligou o carro, virou-se para ela e pegou em suas mãos com muito carinho. O toque de suas mãos não eram os mesmos, havia um clima completamente diferente, um clima de sensações fortes, que ocorre entre homens e mulheres.

— O que sente por mim? — perguntou Sidney de supetão para Silvana. Ela, por sua vez, ficou paralisada, não sabia o que responder. Ele então, reformulou a pergunta:
— Já pensou em nós dois juntos, não como amigos, mas como namorados?
— O quê?
— O que sou? Amigo? Confidente?

Silvana estava completamente abalada, nunca Sidney a havia pressionado com aquelas questões. A jovem já estava chegando aos trinta anos e nunca havia tido um relacionamento sério.

— Sidney, nem sei o que responder!

— Você acha que poderíamos dar certo como namorados?

— Não sei. O que deu em você?

— Enquanto eu a esperava, pensei nesse assunto. Você é a melhor coisa que aconteceu em minha vida. É minha amiga, confidente e meu braço direito em todos os sentidos. Só não é minha namorada. E se tentássemos ser um casal, eu ficaria imensamente feliz.

Silvana estava extremamente nervosa. Suas mãos suavam frio, seu corpo esquentava visivelmente. O sangue sumiu de seu rosto, deixando-a pálida. Sidney teve uma sensação forte de que ainda era possível amar uma mulher verdadeiramente. Com todo o carinho do mundo, segurou seu rosto e beijou-a nos lábios ardentemente. A jovem não sabia como agir, seus pensamentos e suas emoções estavam condicionados em apenas sentir uma grande e forte amizade por Sidney. Mas com a entrega total daquele beijo ardente, ela se rendeu e se entregou por alguns segundos. Deixou-se ser beijada com fortes emoções a percorrer-lhe o corpo, que ardia em êxtase. Em seguida, ela o empurrou, confusa e trêmula.

— O que foi? Não sentiu a mesma coisa que eu? — perguntou Sidney delicado. Silvana fugiu do seu olhar e passou as mãos pelo rosto, tentando abafar todos os sentimentos fortes de grandes amantes.

— Não sei. Não esperava que um dia isso pudesse acontecer.

— Mas o que sentiu?

— Não sei.

Sidney segurou em suas mãos e com o forte pulsar de seu coração respondeu:

— Quer saber sinceramente o que senti? Senti que posso ser mais que amigo para você. Vamos ficar juntos? Já está mais do que na hora!

Ela estava chocada. Respondeu friamente:

— Sinceramente, Sidney, não sei o que senti nem o que estou sentindo. Preciso pensar. Por favor, dê-me um tempo, preciso pensar para não errar com você.

Silvana não esperou mais, abriu a porta do carro e saiu às pressas, deixando-o sem graça. Ele ligou o carro e seguiu seu caminho.

Assim que entrou em seu apartamento, foi direto para o quarto, trocou-se e se deitou. Seus pensamentos o atormentavam. Uma hora recordava o beijo de Vera, depois, o beijo de Silvana. Sidney tinha certeza de seus sentimentos. Agora que tivera Silvana em seus braços sabia que a amava, era indiscutível; porém Vera era mais impetuosa, ardente, corria atrás do que queria. Seus pensamentos iam e vinham torrencialmente, mas ele conseguiu adormecer.

CAPÍTULO 27

Lágrimas

AO CONTRÁRIO de Sidney, Silvana não conseguiu dormir um só segundo. O beijo de Sidney não a convenceu de nada. Para ela, Sidney era seu amigo e continuaria assim. Era questão decidida.

Eram cinco horas da manhã, quando, cansada de tentar dormir, levantou-se e foi tomar um banho: "Meu Deus, o que faço agora?"

Silvana queria se convencer de que o beijo só fora intenso porque havia muito tempo que não tocava em um homem.

"Ele tinha que me beijar? O que deu nele?"

Silvana pensou que fosse enlouquecer de tanto se lembrar do beijo. Logo que saiu do chuveiro, enrolou-se na toalha e foi preparar o café.

Depois, foi se arrumar. Assim que ficou pronta, olhou-se no espelho e se sentiu mais bonita. Algo havia mudado, mesmo assim, sua resposta para Sidney seria não. Seu amor por ele era imenso; nada, nem ninguém, iria substituí-lo, mas era apenas uma grande amizade.

Ela queria que a mãe estivesse ali para abraçá-la e sentir-se segura. Mas, infelizmente, até Vera havia se mudado.

No meio de tantos pensamentos e inseguranças, Silvana foi para a cozinha e tomou seu café tranquilamente, pois ainda não eram nem sete horas da manhã. Logo que terminou, viu que era cedo e aproveitou para deixar a cozinha limpa e arrumada. Sua rotina voltara ao normal, não tinha mais a mãe para paparicá-la.

Por mais hora que fizesse ainda era cedo. Impaciente, decidiu chegar mais cedo na empresa. Lá abriu as portas para mais um dia de trabalho. Entrou em sua sala, sentou-se e começou sua rotina diária. Em seguida, chegaram Cristiane e Vera. Ambas entraram na sala para cumprimentá-la.

— Bom dia, Silvana.

— Bom dia, irmã.

— Bom dia.

— Chegou mais cedo? — perguntou Cris.

— Cheguei.

— Aconteceu alguma coisa?

— Não. Só não consegui descansar direito esta noite.

Vera não fez pergunta nenhuma, muito ativa, começou seu trabalho normalmente.

Sidney também chegou em seguida, acompanhado de Marcelo. Não demorou muito Marcelo pediu licença e entrou na sala de Silvana. Sidney, como não queria presenciar as brigas dos dois, foi para sua sala. Entrou, fechou a porta, acomodou-se e ficou esperando ansioso pela resposta de Silvana. Ele tinha certeza de seus sentimentos, a única coisa que o incomodava era a amizade e benquerença por Marcelo, pois eram muitos anos de convívio e ele não queria de maneira nenhuma magoá-lo.

***

— Bom dia, meu amor!
— Bom dia. Já está aqui tão cedo? — questionou Silvana meio contrariada.
— Lógico, para encontrá-la tenho de vir neste horário. Depois some por essas obras sem fim!
— É meu trabalho, Marcelo.
— Eu sei, não estou cobrando nada.
— Bom dia, Marcelo! — falou Vera irônica.
— Desculpe, Vera. Bom dia!
— Silvana, já sei qual é sua resposta, mas vou perguntar pela milésima vez. Que almoçar comigo hoje?
— Tudo bem... A que horas?
— Não acredito, é sério?
— Sério? — perguntou Vera.
— Sim. A que horas?
Marcelo pensou que fosse ter um infarto, seu coração batia forte. Feliz, beijou-a no rosto e foi embora, repetindo várias vezes o horário. Logo que saiu da sala de Silvana, entrou na sala de Sidney:

— Nem acredito!

— O que foi? Quanta felicidade!

— Você não vai acreditar!

— Diga logo, estou curioso.

— Silvana vai almoçar comigo!

— Que bom.

Marcelo se levantou, abraçou Sidney fortemente e saiu muito feliz.

A manhã transcorreu normalmente. Silvana, logo após o almoço, saiu com Sidney e Carlinhos para visitar o operário da obra que havia feito a cirurgia e para inspecionar algumas obras. Por mais que Sidney tentasse decifrar o que Silvana havia resolvido, não conseguiu. Silvana o tratava como sempre. Nada havia mudado.

O dia terminou, todos estavam prontos para ir embora. ficaram na empresa apenas Sidney e Silvana. Como ela não foi procurá-lo, ele, impaciente, foi à sua sala.

— Posso entrar?

— Entre, Sidney — respondeu naturalmente.

— Podemos conversar?

— Claro. Sabe, Sidney, pensei muito em tudo o que me disse e em tudo o que aconteceu ontem à noite.

— E...

— Gosto demais de você para estragar tudo o que construímos até hoje. Sinceramente, não sei o que lhe responder.

— Se gosta muito de mim, responda sim.

— Eu não sei, melhor deixar o tempo mostrar o que realmente queremos.

— Quer dizer que não quer nem tentar?

— Não, Sidney. Tenho um medo muito grande de perdê-lo como amigo. Não vou arriscar perder você de vez caso nosso relacionamento não dê certo.

— Mas é normal um homem e uma mulher se amarem e terem um relacionamento! Tem certeza de que é essa sua resposta?

— Tenho. Nós não nos amamos para termos um relacionamento de homem e mulher.

— Não responda por mim. Responda apenas por você. Quem sabe dos meus sentimentos sou eu.

— Perdoe-me.

— Não há nada para perdoá-la. Eu pedir você em namoro e você não aceitar é uma coisa, você achar que me magoou é outra. Não se pede perdão quando se recusa um amor. Pedir perdão é pior do que tomar um tapa na cara. Respeito suas vontades, seus sentimentos e até mesmo sua opinião, mas não me peça mais perdão, não tenho de que perdoá-la.

— Seremos como antes? — perguntou Silvana insegura.

— Como antes, como?

— Como dois bons amigos.

— Claro que sim. Não quero que se preocupe com isso, nem fique melindrada, continuamos os mesmos, como sempre fomos. Está bem?

Silvana balançou a cabeça positivamente.

— Vamos, eu a deixo na faculdade.

— Hoje não precisa se preocupar, meu carro ficou pronto.

— Ficou? Não o vi no estacionamento!

— Marcelo foi buscar para mim. Deve estar chegando!

— Tudo bem, você fecha tudo?

— Sim... Claro, fique sossegado.

— Então, já vou.

Sidney deu a volta por trás da mesa, beijou-a no rosto e foi embora. Assim que ele saiu, Silvana teve uma crise de choro terrivelmente dolorosa.

Marcelo chegou vinte minutos depois, feliz da vida.

— Pronto, meu amor, seu carro está no estacionamento.

Quando ele se deu conta de que sua Silvana chorava descontroladamente, abraçou-a fortemente.

— O que houve com você?

Silvana não conseguia responder; as lágrimas que desciam e os soluços que palpitavam em seu peito não a deixavam reagir. Marcelo a sentou no sofá que havia em sua sala e ficou ao seu lado até que ela serenasse e contasse o que havia acontecido. Ele estava calmo para mostrar-lhe que ele era outro homem.

Silvana, mesmo depois de se acalmar, não respondeu às perguntas de Marcelo. Naquele dia, a melancolia a tomou por completo. O ex-namorado procurou não perturbar seus pensamentos.

Assim, dirigiu seu carro até o prédio, pois ela não tinha condições nenhuma de ir às aulas, e depois voltou para buscar seu carro na empresa.

Silvana não tinha forças para nada, tomou dois calmantes e deitou-se em sua cama. Chorou até adormecer.

CAPÍTULO 28

Mais uma tentativa

NAQUELA NOITE, Sidney chegou em seu apartamento triste, mas não infeliz; afinal, ele era contra pressões e chantagens. Em sua alma, tinha certeza de que Silvana tomara a melhor decisão para ela. Ele respeitava o livre-arbítrio, as escolhas de cada um.

Manteve sua rotina normal, após um dia de trabalho. Cumprimentou Margarida, tomou um banho, colocou uma roupa mais confortável e sentou-se para Margarida lhe servir o jantar. Antes, tomou os remédios.

Já estava terminando a refeição quando os pais chegaram. Sidney os recebeu com alegria:

— Que bom que vieram. Estava com saudade!

— Estava com saudade, mas não se deu o trabalho de ir nos ver, né, seu moleque? — cobrou-lhe a mãe chorosa.

— Como estão as coisas por aqui?

— Se está querendo saber se estou me cuidando e tomando os medicamentos, a resposta é sim, não precisa se preocupar.

— E adianta me preocupar?

— Ah, mãe, conheço-a muito bem. Fique tranquila, estou tomando meus remédios todos os dias.

— É, meu filho, sua mãe vai se preocupar com você sempre.

— Tudo bem, pai, já me acostumei.

— Mas você já é um homem, quem tem de saber sobre suas obrigações é você!

— Pai, por favor, deixe a mãe falar. Para falar a verdade, acho legal que ela se preocupe comigo; afinal, sou o único filho.

Todos estavam conversando animadamente quando o telefone tocou e Margarida atendeu:

— Pronto...

— Quem gostaria?

Margarida tapou um dos lados do aparelho e falou:

— É Silvana, doutor.

Na mesma hora Sidney atendeu:

— Silvana?

— Não, Sidney, é Vera.

— O que quer?

— Falar com você.

— Por que deu o nome de sua irmã?

— Porque você não me atenderia. Ficou decepcionado?

— Por favor, garota, estou com visita, diga logo o que quer.

— Não estou brincando com você, não, preciso vê-lo.

— Já lhe disse que agora não posso.

— Por favor, Sidney, eu espero sua visita ir embora, mas diga que vem. Eu imploro.

Sidney falava baixinho para que os pais não o ouvissem, mas sua mãe, ao contrário de sua vontade, esforçava-se para escutar. Vera não conseguiu convencê-lo. Sidney gentilmente se despediu e desligou o telefone.

— Vai sair, filho?

— A senhora não tem jeito não é, mãe?

— Eu sei que vai. Nós já vamos embora.

— Tudo bem mãe, não vou sair — Sidney respondeu consultando as horas. Isaura ouvira Margarida dizer que era Silvana e isso a deixou muito feliz. Logo, apressou-se para ir embora.

Assim que seus pais se foram, Sidney ligou a TV e se esticou no sofá. Não passou uma hora e o interfone tocou. Sidney se levantou quando Margarida também foi atender.

— Pode deixar, Margarida. Deve ser meu pai que esqueceu alguma coisa. Vá descansar, já é tarde.

— Tudo bem, doutor, tem certeza de que não vai mais precisar de mim?

— Tenho.

Margarida se recolheu e Sidney atendeu o interfone.

— Pronto...

— Doutor Sidney, tem uma moça pedindo para subir. O que faço:

— Quem é, Válter?

— Vera.

— Passe o aparelho para ela

— Oi, Sidney, sou eu, Vera. Preciso vê-lo.

— Vera, sua irmã ou sua mãe sabem que está aqui?

— Pare de ser meu pai, deixe-me subir, não vou me demorar.

— Passe o aparelho para o porteiro.

— Válter, por favor, deixe-a subir.

— Sim, senhor.

Vera subiu e Sidney abriu a porta para esperá-la.

— Entre.

Vera entrou, olhou tudo à sua volta e achou tudo muito bem-arrumado e aconchegante.

— Nossa, como seu apartamento é lindo!

— Sente-se. Vera, é isso que queria?

— Como assim? — perguntou a garota sem entender.

— Você fez o possível e o impossível para vir ao meu apartamento, pois bem, já está aqui. Diga-me o que quer.

Vera levantou-se e se aproximou dele, sentando-se ao seu lado.

— Não vai me convencer de nada — ele disse, levantando-se e sentando-se em outro sofá. Sidney sentia-se inseguro com Vera próximo dele; não a conhecia direito, mas sua experiência dizia que ela era capaz de tudo.

— Você sabe o que eu quero.

— Posso imaginar. Vera, você está me colocando em uma posição ridícula. Apesar de seus 22 aninhos, não tem nada de boba. O que está tentando fazer não resultará em nada.

— E o que estou tentando fazer?

— Você sabe muito bem. Sua irmã pode achá-la ingênua, mas sabe tanto quanto eu que de boba você não tem nada. Você está me cercando de todos os lados. Saiba que sua irmã não pode em hipótese nenhuma saber que está aqui bem no meio da minha sala. Se eu tomar uma atitude como patrão e mandá-la embora será ainda mais complicado. Para mandá-la embora, terá de haver um motivo, e esse motivo sua irmã também não pode ter conhecimento. Ela não entenderia. Por favor, vamos procurar nos entender. Será melhor para todos. Não se iluda comigo, não curto garotas novas como você.

Vera, no mesmo instante, lembrou-se do que a cunhada havia dito.

— Mas não consigo parar de pensar em você.

— A melhor coisa que tem a fazer é ir embora cuidar de sua vida e deixar a minha, que já é complicada demais.

Sidney se levantou, pegou as chaves do carro e disse taxativo:

— Vamos, vou levá-la.

Vera, muito bem instruída, abraçou-o e o beijou nos lábios efusivamente. Ela era uma jovem muito bonita e atraente; Sidney tinha certeza de seus sentimentos para com Silvana, porém manter o impasse estava quase impossível.

— Ei, vamos com calma.

Sidney sabia que estava tudo errado, que não podia se envolver com Vera, já que seus sentimentos pertenciam a Silvana.

— Vera, vamos!

Sidney se dirigiu à porta e, irritado, esperou-a sair. Sem mais argumentos, foi calado até a casa da garota; esperou-a entrar com segurança e foi embora. Vera entrou em silêncio. Marília a esperava.

— E aí, como foi?

Vera fez sinal com a mão pedindo silêncio e puxou Marília ao banheiro, fechando a porta.

— Como foi?

— Fiz tudo o que me disse.

— Fale logo!

— Ele estava arredio, não entregou os pontos, não. Sabe o que mais me deixa encafifada? É ter acontecido tudo como você realmente previu.

— Como assim? — perguntou Marília interessada.

— Ele não gosta de garotas novas como eu. Disse também que não vai acontecer nada entre nós.

— Como não? Fez tudo como eu a ensinei?

— Fiz, mas ele não deixou que eu chegasse perto dele.

— Então não aconteceu nada?

— Aconteceu. Mas porque fui eu quem tomou a iniciativa.

— Então, conte-me tudo!

— Quando ele pegou as chaves do carro para me trazer, agarrei-o e o beijei nos lábios.

— E ele correspondeu?

— Sim... Mas, em seguida, afastou-me irritado. Marília, como vou conseguir tê-lo de verdade em meus braços? O que mais me dá raiva é que tenho certeza de que Sidney ama minha irmã.

— Por quê? Ele disse isso?

— Não, mas como ele mesmo disse, não sou burra, sempre que estamos juntos surge o nome dela. Eu sinto que ele faria tudo para ter minha irmã.

Marília, andando de um lado para outro dentro do banheiro apertado, irritou-se muito mais que Sidney. Procurando dissimular a esperteza de Vera, concluiu:

— Bem, Vera, temos de ir devagar com esse andor, senão colocaremos tudo a perder.

— Por que está tão empenhada em me ajudar?

Marília parou por alguns instantes e depois, com raiva por pensar em Silvana, respondeu:

— Porque não gosto de vê-la triste, só isso.

— É só isso mesmo ou tem alguma coisa que eu não sei?

Vera era muito esperta. Por ouvir algumas conversas aqui, ali, passou a observá-la, tendo quase certeza de que Marília era realmente uma golpista. Aquela história de ser rica, era papo-furado. Contudo, não deixaria que ela percebesse nada. Ia seguir em frente para saber até onde iria com aquela história de que só queria ajudá-la por não querer vê-la triste.

— Oh, garota, o que está querendo dizer?

— Não quero dizer nada, só acho que suas experiências com homens são maiores do que eu imaginei. Deve ter um currículo extenso em assunto de homens, não é mesmo?

Marília teve vontade de dar uma boa bofetada naquela carinha de anjo perfeita, mas respirou fundo e tentou enrolá-la. Em seus pensamentos, não ia ser uma garotinha qualquer que iria passar a perna nela, que tinha mais experiência de vida.

— O que é isso, Vera? Está me ofendendo!

Vera sabia que estava lidando com uma cobra, e foi mais esperta:

— Marília, perdoe-me; não tive a intenção... é que quando se trata de Sidney fico assim; tudo que preciso é conquistá-lo. Por favor, ajude-me!

— Tudo bem, vamos deixar as desavenças e vamos nos focar em Sidney.

Vera, sorrindo, abriu a porta do banheiro:

— Vamos dormir, Marília, senão minha mãe daqui a pouco acorda e nos vê juntas.

As duas foram dormir, cada qual com seus pensamentos.

CAPÍTULO 29

Investida

NA MANHÃ SEGUINTE, Silvana acordou com o despertador do celular. Ainda sonolenta, tateou com a mão para desligá-lo. Logo que tentou se levantar sentiu uma terrível dor de cabeça. Mesmo se negando, lembrou-se da noite anterior, e Sidney veio a seus pensamentos. Sem disposição nenhuma foi para o banheiro, olhou-se no espelho e viu seus olhos inchados e vermelhos de tanto chorar: "O que está acontecendo com você, Silvana? Por que Sidney tinha de estragar tudo? Nós nunca passaremos de bons amigos", pensou.

Silvana realmente não estava bem naquela manhã, mas tinha de ir trabalhar; não podia mudar sua vida, tinha de provar para Sidney que eles sempre estariam juntos, mas como bons e fiéis amigos.

Seu desânimo era grande, mas tinha de se aprontar e continuar sua rotina. Silvana e Cris chegaram juntas à construtora. Vera já estava em sua mesa, mostrava-se muito prestativa. Silvana entrou na sala.

— Bom dia, irmã, tudo bem?
— Bom dia.
— Está tudo bem?
— Tudo.

Silvana achou-a quieta, silenciosa.

— Está tudo bem lá na casa da mãe?
— Está.
— E Jorge?
— Está bem.

Silvana sentiu a irmã reticente, ia insistir quando o celular tocou:

— Bom dia, mãe. Como está?
— Bem, minha filha.

Vera sentiu um gelo na barriga. Parou tudo o que estava fazendo e prestou atenção na irmã, temia que a mãe comentasse alguma coisa sobre ela ter chegado tarde em casa e pensou: "Será que minha mãe viu que cheguei tarde em casa?".

— Claro que vou, mãe. Vou me atrasar um pouco por causa das primeiras aulas, mas vou jantar com vocês.

Leonor desligou o celular. Silvana, naturalmente alheia às confusões da irmã, continuou a falar normalmente com ela.

— Era a mãe, ela vai fazer um jantar e pediu que eu fosse também. Quer que eu conheça a namorada de Jorge.

Vera continuou em silêncio, aliviada por nem a mãe, nem a irmã desconfiarem que ela havia ido ao apartamento de Sidney.

— Está ouvindo o que eu disse? — perguntou Silvana.

— Claro. Vai ser legal todos nós juntos hoje à noite.

— Está com cinismo ou é impressão minha?

— Mana, que nada, você é que está sempre prevenida contra mim. Acho legal jantar em família.

— Tudo bem, desculpe. Acho que não estou bem. Não passei bem a noite. Quer saber, convido-a para ir comigo ao *shopping* hoje na hora do almoço. Quero comprar alguns presentinhos. Se aceitar meu convite, comprarei um presente para você também!

Vera, muito sem graça por tratar a irmã friamente, sorriu e tentou se retratar:

— É mesmo? Claro que vou!

Carlinhos chegou e passou na sala das meninas, cumprimentando-as. Foi para a sua esperar por Sidney, que ainda não havia chegado.

A manhã de trabalho estava transcorrendo normalmente. Silvana se dirigiu à sala de ambos para tratar do que faria naquele dia. Sidney entrou logo atrás.

— Bom dia... — disse bem-disposto, pousando um beijo no rosto da amiga e, demonstrando naturalidade, acomodou-se em sua cadeira.

— O que faremos hoje, pessoal? — perguntou Sidney. Silvana relaxou e ficou satisfeita por ele não só ter entendido como parecer mais feliz.

— Hoje não temos muita obra para inspecionar. A única coisa é dar uma passadinha no hospital para ver se o operário já está melhor.

— Pode deixar que farei isso para vocês — ofereceu-se Silvana prestativa.

— Que bom, Silvana.

— Ontem à noite vi Vera entrar em seu prédio — comentou Carlinhos.

— Ontem?

— Sim.

— O que estava fazendo em minha rua? — perguntou Sidney, totalmente sem chão. Carlinhos não tinha ideia da confusão que havia arrumado.

— Você disse minha irmã? — perguntou Silvana, olhando para Carlinhos abestalhada.

— Sim, sua irmã.

Carlinhos olhou para Sidney e percebeu que havia falado o que não devia. Não sabia como consertar. Sidney ficou olhando para ambos com vontade de sumir. Contudo, como não tinha nada para esconder, procurou agir normalmente; afinal, não havia feito nada que pudesse se envergonhar.

— É verdade!

— E o que minha irmã foi fazer em seu apartamento?

Por mais que ele não devesse nada, era difícil responder àquela pergunta tão fora de hora. O homem pigarreou e respondeu:

— Bem... não foi fazer nada.

— Como, não foi fazer nada? Para que ela iria incomodá-lo à noite?

— Você quer a verdade? — perguntou Sidney, sem mais delongas.

Silvana, já com os olhos marejados de lágrimas, olhou para Sidney, que manteve seu olhar fixo nela.

— Silvana, desculpe, não devia... — Carlinhos quis se retratar, mas Silvana o cortou:

— Carlinhos, deixe Sidney responder. Quero ouvir a verdade! Diga logo, Sidney.

— Sua irmã foi ao meu apartamento dizendo que queria me ver. Mas não levei a sério, sua irmã é uma criança.

— Silvana não respondeu nada. Por mais que se esforçasse, sentia-se um nada naquele momento. Apenas pensou como Sidney podia fazer uma coisa daquelas com ela. Mas também não podia cobrar-lhe coisa alguma; afinal, ele era jovem, solteiro e bonito, e estava aberto para novos relacionamentos. Silvana era inteligente o bastante para saber que ele tinha todo o direito de fazer o que bem quisesse. Como ela mesma dissera, entre eles só cabia uma grande e sincera amizade.

Silvana tentou agir normalmente, mas não conseguiu, levantou-se, pediu licença e se retirou.

— Acho que falei o que não devia! Sidney, arrumei o maior problema para você, não é?

— Tudo bem, Carlinhos foi melhor assim.

— Meu Deus, o que eu arrumei?

— Fique tranquilo, você não tem culpa de nada.

— Claro que tenho. Por que não fiquei de boca fechada?

— Nunca vou entender as mulheres. Se a amamos nos esnobam, se não a amamos insistem! Quando vamos acertar, hein?

Carlinhos sentiu-se mal com aquela situação, e Sidney começou a rir escancaradamente.

— Do que está rindo?

— Carlinhos, se você visse sua cara, ia rir também.

Sidney pousou a mão sobre o braço do sócio e tentou acalmá-lo:

— Tudo bem, não estava me sentindo bem em ter de esconder isso de Silvana. Se quer saber, me fez um favor.

— Você está saindo com Vera?

— Claro que não. Essa garota é maluca.

— O que ela foi fazer em seu apartamento?

— Não estou dizendo? Ela foi me ver.

— E o que rolou?

— Nada, não sou do tipo que sai com garotas novinhas como ela. Só que a maluca não entende!

— E por que está rindo desse jeito?

— O que quer que eu faça, vou chorar? Carlinhos, eu amo de paixão Silvana, mas ela não me quer. Deixou claro que não me ama.

— Por que não insiste mais um pouco?

— Pensei nessa possibilidade, mas tenho meus princípios; não sou insistente, acredito no livre-arbítrio e respeito as decisões das pessoas.

— E até quando vai conviver com essa situação de tê-la a seu lado profissionalmente e não tê-la como a mulher que ama?

— Não sei. A vida é muito engraçada, minha terapeuta diz que eu não brigo por meus ideais, que sou muito passivo. Talvez seja esse o motivo de eu ter passado por crises emocionais.

— Você faz terapia? Não sabia!

— Esse era outro assunto de que não gostava de falar. Hoje, graças a Deus, e a esses médicos maravilhosos, mudei meu modo de pensar. Já não tenho problema em dizer que tomo remédios e faço terapia.

— Isso tudo o que está dizendo para mim é novidade, sempre o achei normal.

— As pessoas ainda têm muito preconceito quando falamos de terapia, de remédios controlados etc.

— Meu Deus, hoje só estou *dando fora*... Desculpe, Sidney. Não sei nada sobre problemas emocionais e já estou julgando.

— Não faz mal. Como já lhe disse, não tenho mais vergonha de falar sobre meus problemas emocionais, embora ainda tenha de aprender a lutar por tudo o que almejo para minha vida. Infelizmente, ainda não consigo lutar por nada.

— Devia começar tentando conquistar Silvana. Quer que eu vá falar com ela?

— Não, Carlinhos. Esse momento é só dela. Deixe, daqui a pouco isso passa.

— Sei que nada justifica o que Silvana acabou de saber, mas não a entendo. Falamo-nos ontem mesmo, abri-me e pedi que começássemos um relacionamento. Ela não quis. Agora fica desse jeito? Sinceramente, gostaria de entender o que pensam as mulheres. Se Silvana não me ama, por que se chocou tanto quando soube que outra mulher foi ao meu apartamento?

— Mas a questão não é qualquer mulher, e sim a irmã dela. Silvana se sentiu traída duas vezes: por você e pela irmã.

— Por mim, não. Não fiz nada para que ela ficasse desse jeito. Silvana está me julgando sem saber realmente o que houve. Vera e eu não temos nada.

— Silvana é suficiente inteligente para saber que não há nada por enquanto, mas nada os impede de terem. Ela conhece a irmã e sabe que ela vai insistir.

— E como ela pode ter certeza disso?

— Sidney, já que surgiu o assunto, vou lhe contar. Cris e eu temos nos visto sempre, e ela me contou, em segredo, que Vera fará de tudo para conquistá-lo. Cris, outro dia, pegou-a ouvindo atrás da porta o que conversava com Silvana.

— Sempre soube que Vera não é a garota ingênua que a irmã acha. Mas o pior é que nem mandá-la embora posso. Magoaria Silvana e ela é muito importante para mim.

— Sinceramente, sinto muito pelo problema que lhe arrumei.

— Não pense assim, Silvana não está nem aí com quem eu esteja ou não. Somos apenas bons amigos ou melhor, mais que bons amigos, somos confidentes. Pelo menos é o que ela alega negando meu pedido de namoro.

— Tem certeza?

— Tenho. Disse que se não déssemos certo como namorados, estragaríamos nossa amizade. Aí só me restou sermos amigos mesmo.

— Sou um imbecil. Sei que conselho não é legal, mas se eu fosse você ficaria mais esperto. Vera sabe muito bem o que quer. Melhor tomar cuidado.

***

Silvana foi para o banheiro, lavou as mãos, jogou um pouco de água no rosto e ficou juntando as ideias; nunca pensou que ouviria uma barbaridade daquelas: "Não é possível, Sidney ontem me pediu em namoro e foi só eu negar que ele recebeu minha irmã em seu apartamento? Não... Carlinhos estava falando de outro Sidney, não do meu Sidney! O que está dizendo Silvana? Meu Sidney? Acho que estou ficando louca!".

Silvana não estava bem, mas ao mesmo tempo tinha de aceitar; afinal, ela não o amava o bastante para tê-lo a seu lado como namorado. Cris entrou e perguntou:

— O que houve, Silvana?

— Nada, por quê?

— Silvana, pare de ser durona, está na cara que está muito mal! E é por causa de Sidney, não é?

Silvana começou a chorar novamente. Cris não disse nada, apenas a abraçou e deixou que ela extravasasse sua dor. Aos poucos, a jovem serenou. A amiga a fez se sentar em um banquinho e se agachou na sua frente.

— Pode se abrir, confie em mim. Se eu não puder ajudá-la, posso pelo menos ouvi-la. Você e Sidney se desentenderam?

— Pior que não... Eu é que sou uma idiota. Estou completamente confusa, não sei mais o que quero, o que sinto, nem ao menos quem sou.

— Calma, tudo vai se resolver. Quer falar sobre o assunto?

— Não, Cris, obrigada pela força, mas é melhor não comentar nada pelo menos agora.

— Silvana, qualquer um sabe o que sente, é você que não quer admitir, só isso.

— Como assim?

— Você quer Sidney, vocês se amam.

— Você está enganada, não nos amamos.

— A quem quer enganar? As coisas se complicaram, não foi?

— Do que está falando?

— Aposto que Vera tem a ver com suas lágrimas.

Silvana arregalou os lindos olhos negros e esperou que Cris continuasse:

— Não é de hoje que sua irmã está atrás dele. Tentei falar com ela, mas ela se diz apaixonada, e quando nós nos apaixonamos ficamos sem noção de tudo o que acontece à nossa volta, perdemos o senso das coisas. Vera fará de tudo para conquistar Sidney, ela não medirá esforços.

— Quer dizer que todos já sabem do romance dos dois?

— Tenho certeza de que não há romance nenhum; contudo, sua irmã vai lutar pelo que quer.

— Mas é muito canalha mesmo! Como pôde me pedir em namoro e sair com minha irmã?

— Sidney a pediu em namoro?

— Sim... Como pude me enganar tanto assim?

— Conte-me tudo.

Silvana contou a Cris todos os detalhes.

— Silvana, Sidney não é nenhum canalha, é você que não enxerga o óbvio. Ele a ama, tenho certeza. Agora sim, essa história toda faz sentido.

— Do que está falando? Você mesma acabou de dizer que minha irmã está apaixonada!

— Você disse bem... Vera está apaixonada, não Sidney.

— Isso não justifica a atitude dele!

— Mas o que ele fez para você ficar assim?

— Ontem à noite recebeu minha irmã em seu apartamento. Pode uma coisa dessas?

— Pode, amiga... Claro que pode, Sidney é livre e não deve satisfação a ninguém.

— Mas justo com a minha irmã?

— Mas sua irmã é que não deveria ter ido ao apartamento de um homem solteiro, principalmente quando esse homem é o patrão dela! Sei que não deveria me intrometer em um assunto delicado como esse, principalmente quando se trata de duas irmãs. Mas Vera não tem senso nenhum. Se essa história está complicada para você, imagina para Sidney! Ele está entre a cruz e a espada.

— Como assim?

— Você já parou para pensar que ele estava quieto em seu apartamento e sua irmã invadiu sua intimidade? Com toda a certeza Sidney não a convidou para ir lá. Apenas tentou ser educado e não quis deixá-la plantada na porta do prédio. Por outro lado, que atitude ele poderia tomar? Mandá-la embora? O que ele alegaria para você? Silvana, estou dispensando sua irmã porque ela me persegue!

A jovem, então, começou a raciocinar. Notou que Cris tinha razão. Assim, levantou-se, lavou o rosto e respondeu para Cris tentando entender todo aquele emaranhado de raciocínio:

— Você tem razão, não pensei por esse ângulo.

— Pois devia. Faça uma coisa só para tirar suas dúvidas. Pergunte para ele quem foi atrás de quem. Daí você tira suas conclusões.

— Não sei não... Vou alegar o que para pedir explicações?

— Não são tão amigos? Pois então, tem todo o direito de querer saber!

— Será que devo?

— Em minha opinião, sim.

— Não sei, vou pensar. Estou envergonhada.

— Pense bem, Silvana. Deixe de ser orgulhosa e reavalie seus sentimentos.

Silvana abraçou Cris com carinho.

— Obrigada, Cris. Você já me ajudou, sinto-me muito melhor.

— Tem certeza? Não quer ir para casa? Eu cuido de tudo.

— Não... Trabalhar me faz bem.

— Então, vamos lá. Só quero que saiba que se precisar de mim estou aqui.

Silvana e Cris voltaram para suas obrigações. Na hora do almoço, Silvana foi ao *shopping* com a irmã, mas não tocou no assunto. Em seu íntimo não queria se mostrar insegura com os últimos acontecimentos.

A tarde já estava caindo, quando ela entrou na sala de Sidney para avisá-lo de que ia visitar o operário e depois ia para casa. Ela já estava saindo quando ele a chamou:

— Posso ir com você?

— Mas não vai te atrapalhar?

— Claro que não... Mesmo que me atrapalhasse, acompanhá-la é um prazer!

Diante da resolução do patrão, os dois se apressaram para sair. Nisso, Vera apareceu e perguntou:

— Aonde vão?

— Ao hospital. Quando você e Cris saírem, fechem tudo. Carlinhos não voltará mais.

Sidney, sem problema algum, segurou o braço de Silvana e ambos saíram. Vera ficou intrigada.

— Por que ele foi junto? — Vera se perguntou.

— Porque ele é quem manda aqui, Vera. E, depois, Sidney não sabe fazer nada sem a sua irmã por perto!

— Mas terá de acostumar.

— Você é muito abusada, garota! Não há nada que o impeça de fazer o que quiser.

Vera não respondeu, limitou-se a entregar alguns papéis para Cris e voltou para sua sala.

CAPÍTULO 30

Encontros felizes

ASSIM QUE SIDNEY e Silvana saíram do hospital, foram tomar café por insistência dele. Entraram e se acomodaram.

— Está tudo bem com você?

— Sim... Por que não estaria?

— Não sei.

— Posso lhe fazer uma pergunta?

— Faça...

— Vera foi ao seu apartamento sem que a convidasse?

— Foi... Aliás, eu poderia esperar por qualquer um, menos por sua irmã. Por quê?

— Por nada. Só queria tirar... — Sidney se adiantou:

— Só queria tirar suas dúvidas, não é?

Silvana não respondeu, apenas abaixou a cabeça envergonhada.

— Você acha que sou homem que me envolveria com a irmã da mulher que amo?

Ela não esperava ouvir uma declaração de amor, mesmo sendo orgulhosa e teimando que nada sentia, ficou lisonjeada.

— Desculpe pelo meu comportamento.

— Embora eu não tenha entendido sua reação, não há nada que se desculpar.

— Fui injusta com você, não tinha direito nenhum de cobrar-lhe nada.

— Isso é verdade. Sou livre para ir e vir aonde e com quem bem entender. Mas como quero e preciso de você ao meu lado, como "amiga", já que não me quer, foi bom esse assunto vir à tona, assim esclarecemos tudo.

Silvana sentiu uma ponta de cinismo no tom e nas palavras dele, mas não querendo se dar por vencida, completou:

— Sidney, vamos fazer assim, não se sinta com deveres comigo, não tenho nada a ver com quem você sai ou deixa de sair!

— Mesmo que esse alguém seja sua irmã?

— Podemos ir embora? Hoje minha mãe vai fazer um jantar e eu não gostaria de me atrasar.

— Não vai à faculdade?

— Vou, pois infelizmente preciso ir pelo menos às primeiras aulas.

— Quer que eu vá buscá-la?

— Não precisa, estou com o carro, esqueceu?

— Não me esqueci, apenas quis ser gentil!

Sidney pegou firme na mão de Silvana e disse com os olhos fixos nos dela:

— Não me afaste de você. Não me deixe fora de sua vida, porque eu jamais faria isso com você. Temos de seguir nosso caminho e até termos uma vida amorosa; afinal, somos jovens; contudo, fizemos um pacto. Lembra-se?

Sidney abriu a mão e mostrou-lhe a marca que havia feito prometendo amizade e lealdade para com ela. Ela sentia-se magoada sem saber realmente o porquê. De repente, puxou a mão que estava sob a dele e respondeu com a voz embargada:

— Claro que me lembro, nunca vou me esquecer.

Levantou-se e saiu completamente alterada. Suas pernas estavam trêmulas. Na porta do café, fez sinal para o táxi, entrou e foi embora. Sidney ainda correu atrás dela, mas achou melhor deixá-la ir. Sem entender nada, voltou, pagou a conta e também foi embora.

No meio do caminho, lembrou-se de que Silvana havia deixado o carro no estacionamento ao lado da empresa e dirigiu-se para lá com a esperança de alcançá-la. Mas Silvana não voltou para buscar o carro. Sem ter o que fazer, seguiu para seu apartamento.

* * *

Na casa de Leonor tudo estava pronto, só faltavam os últimos retoques na mesa. Era tudo muito simples, mas muito limpo e arrumado. Leonor estava feliz por estar perto dos filhos e poder recebê-los com carinho.

Quando Silvana chegou todos já a esperavam.

— Boa noite!

Leonor abraçou a filha com carinho e orgulho, pois sabia que podia confiar nela sempre. Depois do abraço afetuoso, Leonor a apresentou:

— Filha, esta é Marília, namorada de seu irmão.

Marília, assim que colocou os olhos sobre Silvana, sentiu repulsa. E, pior ainda, sentiu-se diminuída por Silvana ser tão linda e vistosa. Mas engoliu sua inveja e cumprimentou-a com falsas gentilezas:

— Até que enfim nos conhecemos!

— Prazer em conhecê-la. Ela é muito bonita, irmão!

— Não disse?

Jorge, todo feliz, abraçou-as. Vera, que estava acabando de desligar o telefone, juntou-se à família.

— Tudo bem, irmã?

Vera disse sim com o balançar da cabeça.

Silvana definitivamente sentiu Vera diferente. Algo tinha mudado, ela tinha certeza. Leonor colocou o jantar na mesa.

— Vamos, sentem-se.

Todos se sentaram e apreciaram o jantar com muito apetite. Marília não parava de olhar para Silvana, por mais que torcesse para Vera conquistar Sidney, Silvana ia dar muito trabalho, pois, sem sombras de dúvida, Vera não era páreo para a irmã. Todos riam e conversavam animadamente, mas Leonor, mãe extremosa, percebeu que Silvana não estava bem.

— Silvana, ajude-me com a louça.

— Claro, minha mãe.

Mãe e filha foram para a cozinha. Logo que entraram, Leonor se manifestou:

— Sente-se, filha. Precisamos conversar.

— O que houve, minha mãe?

— Não sei, você é quem vai me dizer.

— Não há nada, minha mãe.

— Pensa que me engana?

— Tudo bem, o que quer saber? — perguntou Silvana com um sorriso nos lábios.

— Saber de seu patrão, por exemplo. Como ele está?

— Sidney? Está muito bem.

— Mas você não está. O que aconteceu?

— Por que, mãe? Estou bem.

— Coração de mãe não se engana!

— Está bem, o que quer saber? A senhora nunca se engana mesmo!

— Vocês brigaram?

— Não brigamos, é que...

— É que...

— A senhora tem razão, eu e Sidney nos desentendemos. Parece ter surgido um fato novo em sua vida.

— Por um acaso esse fato é uma "mulher"?

— É sim, mãe.

— E você está morrendo de ciúmes, não é?

— Aí é que está, não sei o que estou sentindo realmente. Quanto mais eu penso, mais confusa fico.

Leonor sentou-se mais perto da filha, e com carinho continuou:

— A melhor coisa que tem a fazer quando está com os sentimentos confusos é dar tempo a si mesma.

— Como assim?

— Já faz tempo, desde que ainda estava na Bahia, que venho reparando que você e seu patrão ficaram muito próximos. Muitas vezes, a intimidade não é boa conselheira. Você já o conhece tanto e ele a você, por esse motivo já não sabem o que sentem um pelo outro, quer dizer, Sidney sabe sobre seu real sentimento, você é quem está confusa. Afaste-se dele por um tempo.

— Mas como, mãe? Trabalhamos juntos!

— Cumpra seu trabalho normalmente; contudo, evite estarem juntos, participar de sua vida fora do ambiente de trabalho, dê um tempo para o coração.

— Mas, como, mãe? Estamos o tempo todo juntos.

— Sei que é difícil; afinal, apegaram-se mais do que deviam. Mas com jeitinho, sem que ele perceba, deixe-o à vontade, dê desculpas. Por exemplo, quando ele reclamar sua presença aqui ou acolá, invente um compromisso; seja atenciosa, amorosa como sempre foi, mas saia à francesa. Entendeu? Invente algo para fazer, mas não o deixe perceber. Você, longe dele, observando do lado de fora, entenderá seus sentimentos. Deixe-o livre, observe como se fosse uma pessoa qualquer, e analise o que aprecia nele, o que nele mais a atrai, mas raciocine friamente.

— Sabe que a senhora está certa?

— Pois então, antes de se maltratar achando milhões de coisas, espere, observe sua vida e a dele. Para falar a verdade, tenho uma grande vontade de conhecê-lo.

— É mesmo, mãe? Por que será?

— Não sei ainda, mas vou descobrir. Quando falamos dele tenho a precisa impressão de já conhecê-lo.

— Nossa mãe, que estranho!

— Sei que quando for o momento tudo estará mais claro.

Silvana abraçou a mãe com satisfação. O que não contavam é que Marília estava ouvindo atrás da porta. E se fazendo de boa moça entrou na cozinha surpreendendo-as:

— Oh, sogra, não vai servir o bolo de chocolate que eu fiz?

— Além de bonita ainda é prendada? — brincou Silvana simpática.

— Pelo menos é o que ela quer mostrar, minha filha. Vamos ver se realmente Marília pode entrar para a família.

— Mãe, que coisa feia!

— Nem ligo mais, Silvana; sua mãe implica comigo sempre, mas um dia eu vou surpreendê-la!

Marília disse em tom de brincadeira, mas por dentro queria matar Leonor. Sabia que a sogra não gostava dela.

— Marília, não ligue para as implicâncias de dona Leonor, no fundo ele é gente boa.

— E eu não sei? Acho que é mal dos baianos. Estão sempre desconfiados, principalmente dos paulistanos.

— Mas não disse que nasceu na Bahia?

— Nunca disse isso, a senhora deve ter sonhado!

Marília respondeu e foi para a sala com o bolo nas mãos. Leonor ia responder, mas Silvana fez sinal com a mão.

— Mãe, pare com essa implicância!

— Vocês ainda vão me dar razão. Essa moça não me engana! Às vezes, sinto até uns arrepios sinistros.

— Ah, mãe, pare com isso!

Leonor e Silvana se dirigiram à sala com os pratinhos para o bolo. Marília serviu a todos, e, claro, eles apreciaram o bolo de chocolate feito por ela. Jorge sentia-se feliz, parecia que estavam se dando bem. O celular de Silvana tocou e ela atendeu:

— Oi, tudo bem?

— Sidney, o que houve? Não está bem?

— Não estou muito bem. Por que saiu daquele jeito, fiquei preocupado?

— Desculpe, não quis preocupá-lo.

— Estou aqui em frente à casa de sua mãe, pode vir falar comigo, por favor?

Silvana, sorrindo, foi à janela que dava para a rua e o viu parado dentro do carro. Ela não conseguia ficar brava, logo esquecia os desentendimentos.

— O que está fazendo aqui, seu maluco? — perguntou Silvana.

Todos olharam admirados para ela. Vera correu para a janela para confirmar se realmente era Sidney quem estava na frente da casa da mãe.

— É Sidney! — gritou Vera empolgada.

— Já estou saindo, espere-me — respondeu Silvana sem conter a surpresa que o amigo lhe havia feito.

Vera não gostou, pensou que aquela surpresa era para ela, mas se enganou.

— Peça para que ele entre! — disse Leonor antes que Silvana saísse.

Sidney abriu a porta do carro e Silvana entrou:

— O que está fazendo aqui a esta hora?

— Pensa que vai se livrar de mim? Está muito enganada!

Silvana sorriu, sabia que não adiantaria querer se afastar dele. Sidney era insistente:

— Se eu não viesse até aqui não ia conseguir dormir sossegado.

— Você não existe mesmo!

Sidney pegou em sua mão e a beijou com carinho.

— Já devia ter me acostumado com você. Você sempre me surpreende!

— Parece que a casa de sua mãe está animada!

— Está mesmo.

— Vamos entrar? Minha mãe está louca para conhecê-lo!

— Não precisa falar duas vezes.

Silvana o puxou pela mão e entrou na casa de Leonor, que, muito simpática e sorridente, recebeu-o.

— Entre, meu filho, a casa é simples, porém feliz.

— Quando ela pegou em sua mão para cumprimentá-lo, sentiu uma energia estranha percorrer-lhe o corpo. Tinha a nítida impressão de já conhecê-lo.

— Não duvido. Sempre me disseram que onde há baianos é só alegria, imagine uma casa com muitos baianos juntos!

Silvana o apresentou com satisfação ao irmão. Vera, baianinha muito arretada, abraçou-o e o beijou no rosto demoradamente. Leonor, conhecendo-a, não aprovou a atitude dela.

— Cadê sua namorada, Jorge? — perguntou Silvana.

— Disse que não estava bem e foi se deitar.

— Jorge, vá ver se ela melhorou e diga que temos visita — pediu a dona da casa.

Jorge foi conversar com a namorada.

— Que bom que apareceu, quer jantar? Ainda tem muita comida.

— Muito obrigado, dona Leonor, já jantei.

— Quer um pedaço de bolo de chocolate?

— Um pedaço de bolo, eu aceito.

Leonor foi à cozinha e voltou com o bolo. Sidney experimentou e elogiou:

— Está muito bom, conheci uma pessoa que fazia um bolo muito parecido com este!

— Foi a namorada do meu irmão quem fez.

— Está ótimo, já pode casar!

— Nem fale uma coisa dessas, ainda é muito cedo!

Jorge ouviu o fim da conversa.

— Não ligue não, Sidney. Para a minha mãe ainda somos muito jovens!

— Sua mãe tem razão. É preciso pensar muito antes de dar um passo como esse.

— Sidney já foi casado, sabiam? — disse Vera provocando a irmã.

— Vera, pare de ser inconveniente! Isso é um assunto que não lhe diz respeito! — repreendeu Silvana.

— Não tem problema. — Sidney contemporizou. — Existiu um tempo em que eu não gostava de falar sobre o assunto.

Mas agora tudo bem, é passado. Por isso mesmo, ouçam um conselho de alguém que não sabe nada, mas não tomaria uma atitude precipitada: casamento é assunto sério.

— Isso mesmo, Silvana, Vera às vezes é inconveniente — redimiu-se Leonor, olhando para a filha com olhar reprovador.

Marília, no corredor, ouvia a conversa. Sua raiva era tão grande que pensou em ir à sala e se apresentar: "Parece um idiota romântico. Que raiva dessa Silvana. Se ela pensa que vai viver um "felizes para sempre" está muito enganada... Vou ajudar Vera a conquistar esse idiota romântico! Continua o mesmo paspalhão. Será que não aprendeu nada? O que esse cara está fazendo aqui?".

Marília não se conformava por Sidney estar ali, e que era pior, estar realmente apaixonado por Silvana.

— Cadê sua namorada, Jorge?

— Ela pediu desculpas, mas não está bem.

— Precisa ver o que acontece com ela; vire e mexe passa mal — disse Leonor com ironia.

Vera, mesmo sentando ao lado de Sidney, não conseguiu sua atenção. Ele estava completamente entretido na conversa que Leonor e Silvana palestravam com animação. Depois de certo tempo, ele consultou seu relógio e percebeu o adiantado das horas.

— Por mim ficaria aqui por muitas horas, mas amanhã vou acordar cedo.

— Amanhã? Por quê? Amanhã é sábado, esqueceu?

— Claro que não, Silvana. Vou ajudá-la com as matérias em que você tem dúvidas.

— Não precisa, vou lhe dar trabalho bem no dia em que pode descansar?

— O que é isso? Não se preocupe.

Gentilmente, ele se aproximou de Leonor para se despedir.

A senhora, muito hospitaleira, sentiu vontade de abraçá-lo e o fez com carinho. Sidney não esperava, mas também sentiu um bem-estar reconfortante. Ele nem se preocupou com a presença de Vera, saiu acompanhado de Silvana.

— Quer que eu a deixe em seu apartamento?

— É mesmo, estou sem carro. Espere, vou pegar minha bolsa.

Silvana entrou e saiu. Sidney a deixou em seu apartamento e seguiu para o seu.

CAPÍTULO 31

Decisão

NA MANHÃ SEGUINTE, Silvana levantou-se, tomou um banho e foi para o apartamento de Sidney. Assim que chegou, ele a esperava para juntos tomarem o café da manhã. A surpresa foi grande.

— Nossa, quem você está esperando?

— Você, é claro!

— Tudo isso é para mim?

— Não, é para mim também — disse Sidney em tom de brincadeira.

— Venha, sente-se, o café vai esfriar!

Silvana acomodou-se e esperou o anfitrião acomodar-se também. Ele gentilmente a serviu. Ela sentia-se muito feliz e ele muito bem. Assunto vai, assunto vem, e Sidney questionou:

— Você vai reatar o namoro com Marcelo? Ele me contou que vocês têm saído.

— Ainda não sei, mas tenho pensado no assunto. Não sei o que ele está comentando com você, mas nós temos saído apenas para almoçar.

— O que a fez mudar de ideia? Pensei que esse rompimento fosse definitivo...

— Pois é, ultimamente tenho me sentido confusa. Não sei o que quero para a minha vida.

— Não sabe ou não tem coragem de arcar com seus sentimentos. Sabe, Silvana, quero que pense bem antes de me responder, pois é a última vez que tocarei no assunto.

Silvana sentiu o coração disparar, suas mãos começaram a suar e ficar gélidas, seus olhos brilharam diante de algumas lágrimas que lubrificaram seus olhos discretamente.

— Diante de seu silêncio, vou falar o que sinto por você. Eu a amo; se tinha alguma dúvida, depois daquele beijo não tenho mais. Sei exatamente o que sinto; meu amor por você é verdadeiro; contudo, se sua resposta for negativa diante do que sinto, estará livre. Não tocarei mais no assunto, e espero que você aceite se houver algum relacionamento entre qualquer mulher e mim.

Silvana não conseguia raciocinar, seus pensamentos estavam confusos e ela não tinha certeza do que sentia naquele momento. Sidney era tudo para ela, porém, quando chegou a hora de assumir, acentuaram-se em sua alma inseguranças e bloqueios que nem ela mesma sabia explicar.

— Sinceramente, não sei o que sinto por você, muitas vezes tenho medo de não tê-lo ao meu lado, de perdê-lo; outras, penso que nunca daríamos certo como namorados.

— Não consegue me ver como um homem? Ou não consegue se entregar a um homem?

— Como pode fazer uma pergunta dessa para mim? Está me chamando de fria e insensível?

— Em hipótese alguma, mas sua atitude me faz pensar que nunca sentiu nada por nenhum homem. Toda mulher tem suas necessidades de carinho, de atenção, de trocar experiências normais com um homem, são leis naturais da vida. Você não consegue amar nem Marcelo! Desde que a conheço, e isso já faz uns cincos anos, nunca a vi em companhia de um homem.

— Como pode saber o que sinto ou não sinto? Você está me ofendendo.

— No fundo, você sabe muito bem do que estou falando, e sabe também que eu jamais a ofenderia. Eu a amo.

Silvana deixou cair algumas lágrimas e Sidney ficou com pena dela. Concluiu, encerrando o assunto:

— Tudo bem, Silvana. Respeito suas escolhas e seus sentimentos, mas quero que saiba que não vou mais tocar no assunto. Esta foi a última vez. Quero que saiba também, já que não me quer, não vou ficar esperando uma palavra sua. Seremos grandes amigos, mas vou procurar alguém para quem eu possa entregar meu amor, pois não nasci para viver sozinho.

Silvana sentiu um grande aperto no coração. Sabia que sua oportunidade diante de seu amigo se esgotara e que ele iria se entregar a outro alguém que pudesse amá-lo como merecia.

— Sinto muito lhe causar aborrecimentos. Vou embora, não precisa perder mais tempo comigo.

— De jeito nenhum, vamos estudar. Depois, esse assunto é passado. Continuamos amigos, não continuamos?

Silvana, enxugando as lágrimas que vertiam de seus olhos, respondeu mais serena:

— Claro.

— Então, vamos ao que interessa.

Depois do café terminado, Sidney começou a tirar as dúvidas de Silvana. Estar ao seu lado e não poder tocá-la como um homem toca uma mulher estava lhe causando certo desconforto, pois seu corpo pedia justamente o que ela se negava a dividir. Mas como amigo virtuoso que era, respirou fundo e a auxiliou. Já passava de três horas de estudo quando Silvana resolveu ir embora. Assim que saiu, Sidney se jogou no sofá lamentando o amor forte e verdadeiro que ela teimosamente se recusava a entregar e receber. E jurou que não mais a perturbaria, sua decisão já estava tomada; sabia que teria de fazer um esforço muito grande para tirar de sua alma aquele sentimento tão forte.

Ficou por horas remoendo o amor que entrara em seu coração e que sabia não mais iria sair. Samuel, ao seu lado, lamentava a teimosia de Silvana, mas como um grande amigo, sabia que a paciência era não só uma virtude como uma causa nobre. Carinhosamente, aproximou-se de Sidney e aplicou-lhe passes magnéticos. Aos poucos, ele serenou e dormiu, ali mesmo no sofá. Depois de certo tempo, Sidney foi sutilmente tirado do corpo físico.

— Como vai, meu amigo?

— Samuel?

— Sim. Como se sente?

— Não muito bem, às vezes penso que aquelas crises vão me dominar novamente.

— É preciso muita perseverança e fé, não deixe que certos problemas o tomem por inteiro. Você é forte, um homem de bem, cultive apenas boas vibrações. Quando algo contrariá-lo, eleve seus pensamentos até o Criador e ore. Você é forte e pode controlar seus sentimentos. Está na hora de procurar uma casa espírita e se entregar aos estudos que poderão controlar certos desencontros espirituais. Todos os ensinamentos lhe serão de muita valia para entender e saber como transpor suas provações.

— Uma casa espírita? Aquelas em que as pessoas vão para balsamizar o espírito?

— Exatamente. Irão lhe fazer muito bem, aprenderá como exercitar boas vibrações e controlar o que quer e o que não quer para seu caminho.

— Você acha que sou capaz de controlar minhas crises, minha vida?

— Com certeza, mas para isso deve estar amparado pelos mentores espirituais. Você já tem em seu aprendizado certos valores e princípios educativos. Tudo o que aprendemos de bom, nunca nos é tirado. A tendência é sempre evoluirmos. Mas lembre-se, também absorvemos coisas ruins; portanto, esteja sempre em vigília. Se precisar de mim, eleve seus pensamentos e seus mais puros sentimentos de amor ao mestre Jesus, pois ele é um grande e potencial consolador.

Sidney voltou ao corpo e Samuel volitou para sua morada. O jovem acordou suando e assustado. Tinha a nítida impressão de ter feito uma viagem astral. Esforçou-se para lembrar-se do sonho, mas foi arrancado de seus pensamentos com o telefone que tocava insistentemente. Levantou-se e atendeu:

— Alô, quem é?
— Sou eu, Vera.
— Olá, como está?
— Bem, mas poderia estar melhor se estivesse com você.
— Você não desiste, não?
— Como desistir de algo que quero tanto? Não vai responder nada diante do meu amor?
— O que quer que eu diga?
— Que quer me ver.
— Hoje?
— Sim. Que tal pegarmos um cineminha? Há filmes ótimos em cartaz.
— Vera, não insista. Faça amizades saudáveis e vá aonde quiser.
— Mas não estou lhe pedindo nada de mais. O que há de errado em convidá-lo para ir ao cinema? Depois, não conheço muito São Paulo. Vamos, por favor!
— Por que não?
— A que horas vem me buscar?
— Às sete. Está bom para você?
— Está ótimo, estarei pronta.

* * *

Silvana chegou ao apartamento muito emotiva com as palavras de Sidney. Sentia-se insegura e infeliz. Não havia o mínimo senso de esclarecimento. Em seu íntimo, achava que Sidney não percebia que entre eles havia somente amizade. Olhou as horas desanimada e percebeu que o sábado estava se findado e com ele mais uma noite vazia e sem graça: "Meu Deus, por que não consigo entender meus sentimentos? Por que as coisas são tão complicadas para mim? Por que não consigo amar como as outras moças?".

Silvana estava arrasada, entrou no banheiro e deixou a água cair sobre si demoradamente. Em seguida, enxugou-se, vestiu uma confortável camisola e deitou-se, embora fosse início da noite. Em seus pensamentos confusos, vislumbrou o rosto de Sidney, olhar penetrante, sorriso amável, jeito simples e descontraído. "Por quê, meu Deus, não consigo encontrar meu caminho? Por que o rejeito com tantos 'nãos'?".

Silvana, cansada, adormeceu. Viu-se novamente no mesmo lugar em que se sentia tão bem. Muitas árvores, a água a correr rio abaixo, passarinhos e borboletas a voarem livres e felizes.

— Gosta daqui, não é, Silvana?

— Silvana olhou assustada em direção da voz e deparou com Samuel.

— Por mim ficaria aqui para sempre! Sinto-me segura neste lugar!

— Eu sei.

— Sabe?

— Sente-se segura e encontra a paz, aqui é como se fosse seu refúgio. Quando quer fugir de si mesma, sente prazer em estar sozinha, aqui se reconhece. Não precisa pensar sobre o que quer nem para onde vai. Neste lugar, ninguém cobra nada de você. Não precisa esconder seu real sentimento.

— É verdade, o que não entendo é por que sempre nos encontramos!

Samuel sentou-se à margem do lago, ao lado de Silvana, que admirava a água tranquila correndo por entre as pedras.

— Por que me hostiliza tanto? Que mal lhe fiz?

— Não sei, mas com certeza você deve saber; sempre sabe tudo a meu respeito!

— Lembra-se de Zaid?

Silvana, por um momento, vislumbrou uma cena em que ela segurava um homem agonizando em seus braços. Contudo, logo a imagem se apagou. Silvana olhou Samuel pedindo entendimento, suas lágrimas descem copiosamente.

— Por que cada vez que o encontro sinto-me estranha? Por que me atormenta?

— Eu? Em hipótese alguma quero lhe causar tormentos e infelicidade! O meu maior desejo é que não sofra! Não gosta de me ver porque se lembra de seu passado. Eu sou a imagem de suas lembranças, por esse motivo a incomodo tanto. Contudo, por mais que fuja de seus sentimentos, ele estará presente em seus pensamentos. Por mais que se negue a lembrar, seu espírito não esquece. Por que luta tanto contra o que quer e contra seus próprios sentimentos?

Silvana não parava de chorar, vislumbrava diante de seus olhos como um filme os lampejos de sua outra vida, mas eles logo desapareciam. A jovem levantou-se em desespero, esfregando as mãos sobre o rosto.

— Por favor, pare... — gritou com todas as forças.

Samuel abraçou-a fortemente, fazendo com que seus medos e incertezas desparecessem. Ela, ainda nos braços dele, aos poucos, serenou. Samuel convidou-a para sentar-se novamente às margens do lago. A água, pura e cristalina que

Samuel jogava em seu rosto e pulsos a fez se acalmar por completo, como um bálsamo regenerador.

— Sente-se melhor? — perguntou Samuel gentilmente.

— Sim, o que fez?

— Nada.

— Como, nada?

— Não se preocupe com respostas e sim com as indagações de seu eu, pois elas são a chave de tudo.

— Há pouco senti em meus braços um homem que sofria muito. Vi-me com roupas antigas diante de uma espécie de castelo com muros muito altos.

Conforme Silvana foi descrevendo o que ficara em sua lembrança, seu espírito se iluminou e sua aura se coloriu de um lilás bem claro, com algumas mesclas de azul. De repente, ela deu um grito:

— Hathor... Hathor!

Samuel permaneceu em silêncio para não cortar as visões de sua pupila.

— Hathor é o seu nome. Eu o amo tanto... O que está acontecendo?

Aos poucos, ela ia ao encontro de sua vida pretérita.

— Não vá, meu amor, sem você não saberei viver.

Silvana olhou alguns metros de onde estavam e avistou outro corpo estendido no meio da mata. O vento soprava melancólico. Era Akila... morto também depois de um lamentável engano entre grandes guerreiros egípcios. Silvana, sem perder nenhum detalhe, viu ao longe uma moça com trajes antigos como o dela, correndo entre a mata, desesperada. Samuel mantinha-se atento às emoções sobressaltadas de

Silvana, provocadas pela visão daquela encarnação em que o amor e o ódio prosseguiram durante muitas outras vidas, atravessando anos de discórdia lamentável. As imagens se intensificavam e ela pôde ver com clareza o rosto de Hathor em seu colo. Em desespero, chamava-o insistentemente. Ele era um homem alto, pele morena, corpo atlético de guerreiro, típico daquela época em que o Egito era considerado o berço da civilização. O jovem guerreiro remexeu-se em seus braços sentindo dor no peito que fora ferido por um punhal. Lânguido, ele pedia com a voz sumida:

— Halima, fuja, fuja para longe.

Silvana passava as mãos manchadas de sangue no rosto de Hathor que, aos poucos, deixava o corpo material. Silvana gritava de dor e lamentava. Samuel sentiu que já era hora de ela regressar à vida atual. Já era o bastante tudo o que revivera como a egípcia Halima. Sem demora, depois de recarregadas as energias de sua pupila, Samuel colocou-a de volta no corpo material.

Silvana acordou transpirando muito e com o coração disparado. Olhou à sua volta e suspirou aliviada por se ver em seu quarto: "Meu Deus, que sonho forte, parecia tão real!".

Ela procurou serenar para lembrar com detalhes as nuances do sonho. De repente, o nome forte do egípcio veio à sua boca e ela falou: "Hathor, isso... ele se chama Hathor".

Ainda insistindo teimosamente, ela fechou os olhos para vislumbrar melhor o sonho, mas não conseguiu: "Hathor... Que nome forte, por que ele estava em meus sonhos?".

A sensação de sentir realmente aqueles momentos era intenso em seu peito. Seu coração batia forte descompassado.

Por mais que se esforçasse, ela não obteve sucesso: "Que raiva, não consigo me lembrar!".

Ela resolveu se levantar, sentia a realidade em sua alma. Foi à cozinha, abriu a geladeira e tomou um pouco de suco. Sentada, lembrou-se de Sidney. "O que há comigo? Se não o amo por que ele não sai dos meus pensamentos?".

Silvana tinha a personalidade forte e a teimosia lhe era uma característica marcante. Quando achava que era de um jeito, ninguém a convencia do contrário.

De repente, resolveu se arrumar. Pegou as chaves do carro e saiu. Depois de algum tempo parou diante da casa da mãe, bateu de leve na porta e ouviu uma voz:

— Quem é?

— Sou eu, mãe, Silvana.

— Minha filha, o que faz aqui em pleno domingo tão cedo?

— Vim visitá-la.

— Não tinha coisa melhor para fazer do que visitar uma velha baiana? Venha, sente-se aqui.

Silvana obedeceu sem demora. Leonor sentou-se em uma poltrona, onde podia olhar bem de perto para a filha, e questionou:

— O que está se passando com esse coração?

— Mãe, sinto-me atormentada. Não consigo parar de pensar em Sidney. Sonhei com um homem de expressões fortes e me lembro dele como se o conhecesse há muito tempo.

— E o que é que Sidney tem a ver com o sonho?

Silvana, com o pensamento distante, olhava para um ponto qualquer. Leonor não quis atrapalhar aquele momento em que ela procurava a resposta às suas dúvidas. Voltando de seus pensamentos, a jovem respondeu:

— Não sei... Esse que é o problema, meus pensamentos estão tumultuados, meus sonhos também. Às vezes, acho que vou enlouquecer!

Leonor a abraçou e fez uma prece em silêncio. Silvana se aninhou em seus braços e ficou ali por longos minutos.

— Silvana, como mãe sou obrigada a lhe dizer a verdade. Você ama Sidney, tem de assumir, senão vai realmente enlouquecer. Não sei por que luta tanto contra esse amor.

— A senhora também, mãe?

— Sou sua mãe, é meu dever abrir seus olhos antes que seja tarde demais.

— Tarde demais? O que está querendo dizer?

— Vera foi ao cinema com o homem que você ama. E Sidney não a ama. Você, minha filha, é forte, se eu tenho de proteger alguém aqui, esse alguém é sua irmã. Vera sim, está completamente iludida; tudo é novo e diferente para ela, que pensa estar apaixonada, mas não está.

— E o que é que ele representa para ela?

— Um homem de situação financeira definida, experiente, independente, atraente e solteiro. É um homem por quem qualquer garota se entusiasmaria por representar realmente o poder de um executivo e grandes benefícios. Sidney representa o poder, entre tantos outros requisitos que se impõe ao paulistano. Temos de impedir que ela leve essa paixão adiante. Ele está apenas sendo gentil. Não podemos vê-la implorar sua companhia sem fazer nada.

— Sidney foi ao cinema com Vera?

— Foi. Ela pensa que não escutei. Ele só aceitou depois de sua irmã implorar. — Depois, vendo a filha agitada, aconselhou: — Calma, minha filha. Sente-se, não fique andando de um lado para o outro.

— A senhora acha mesmo que eu não quero admitir meu amor por ele?

— Acho que sim, minha filha. Você o ama muito. E, depois, não é tão difícil amar um homem tão bonito e gentil como ele.

— Minha mãe, só a senhora mesmo para soltar uma piada no meio de um assunto tão sério!

— Minha filha, nossos passos já são difíceis, por que achar que um amor tão bonito como o de vocês não dará certo?

— A senhora tem razão, tenho de assumir meu amor por esse homem, pois não sei mais viver um minuto sequer sem pensar nele.

— Isso, minha filha, não tenha medo de ser feliz. Procure-o e abra seu coração, tenho certeza de que ele espera muito ansioso por esse momento.

— Mas e Vera? Não posso magoá-la!

— Não queira que o mundo seja perfeito, sempre haverá alguém que se decepcionará conosco.

— Tudo bem, mãe. A senhora tem toda razão, não devo me preocupar.

— Ao primeiro rapaz bonito que passar na frente de sua irmã, ela esquecerá Sidney em dois minutos.

Silvana abraçou a mãe e riu de seu bom humor. Para acalmar os ânimos, Leonor convidou-a para tomar café.

CAPÍTULO 32

Desvendando um mistério

NA MANHÃ SEGUINTE, todos voltaram à normalidade de um dia de labuta. Silvana chegou ao escritório para cumprir sua jornada de trabalho. Cumprimentou Cris e foi para sua sala.

— Bom dia, irmã!

Vera estava apreensiva com a chegada da irmã no escritório, mas se enganou completamente, ela estava ótima.

— Bom dia, mana! — respondeu.

Cris entrou na sala com vários projetos.

— Com licença, posso entrar?

— Claro.

— Como o dr. Sidney ainda não chegou, trouxe alguns documentos para você analisar.

— E Carlinhos, também não chegou?

— Não, ele foi direto para uma construção, parece que alguns operários se desentenderam.

— Tudo bem, Cris. Deixe tudo em minha mesa que logo darei uma olhada.

Embora Silvana tivesse admitido que o amor forte que sentia por Sidney fosse importante, havia muitos objetivos para alcançar em sua vida; afinal, viera para São Paulo para trabalhar e estudar.

Vera estava admirada com o comportamento da irmã e pensou em duas hipóteses. Ou ainda não sabia de nada sobre a noite de sábado ou realmente resolvera voltar a namorar Marcelo. Fazia muito tempo que não via a irmã tão bonita e alegre como naquele dia.

Silvana teve uma manhã de trabalho muito proveitosa. Verificou alguns projetos, despachou documentos para a prefeitura e fez tudo isso muito bem-humorada.

— Eu vou almoçar. Quer ir comigo?

— Eu, ir com você? — perguntou Vera.

— Você, claro, tem mais alguém aqui?

Vera deu um sorriso e aceitou de bom grado. As duas foram a um restaurante próximo da empresa. Depois do almoço, Silvana ainda iria visitar algumas obras.

Assim que entraram, acomodaram-se e fizeram os pedidos para o garçom. Vera sorriu para a irmã, mas não era um sorriso espontâneo, descontraído, era um sorriso de desconfiança. Silvana percebeu, mas não tocou no assunto.

Depois do almoço, Vera voltou para o escritório e Silvana foi visitar as obras como de costume. Pelo caminho, com o trânsito engarrafado, que andava e parava, Silvana viu Marcelo saindo de uma loja acompanhado de Marília. Pensou ter se enganado, mas quando o trânsito fluiu, ela se aproximou e viu com mais clareza. Não havia dúvidas, era Marcelo e Marília.

— Será que estou enxergando bem? Marcelo com Marília?

Ela pensou em estacionar o carro e chegar de surpresa para cumprimentá-los, mas depois achou melhor esperar. A resposta para aquela coincidência haveria de aparecer.

Naquela tarde, os pensamentos de Silvana eram em Marcelo e Marília. De repente, seu celular tocou. Era Marcelo.

— Fale, Marcelo — Silvana disse, pois no visor havia seu nome.

— Como está? Estou com saudade!

Na mesma hora, ela pensou em perguntar, mas ponderou, não achou conveniente.

— Pois é, faz tempo que não nos vemos.

— Que tal sairmos hoje para jantar depois da sua aula?

— Claro, por que não?

O fim do dia chegou e Silvana foi para a aula. Durante todo o dia Silvana e Sidney não se viram. Vera estava feliz, embora Sidney tivesse deixado claro que seriam apenas amigos. Mas em seu íntimo tinha certeza de que para Sidney mudar de ideia e namorá-la era questão de tempo.

Depois do expediente, Vera, muito desconfiada, foi para casa, tomou um banho e ficou esperando que a cunhada saísse, como fazia todos os dias, pois estava estudando em um cursinho pré-vestibular.

Assim que ela se despediu do irmão e saiu, Vera foi atrás. Quando Marília tomou um táxi, pensou consigo mesma que talvez não desse tempo de segui-la, mas por sorte apareceu outro táxi. Depois de andarem por algum tempo, Marília entrou em uma rua que Vera tinha certeza de que conhecia.

Marília desceu do táxi e ficou na esquina. Vera não desceu, pediu para o motorista estacionar e esperar.

— Filha da mãe... Essa rua é onde o Sidney mora. O que será que essa louca veio fazer aqui?

Vera não precisou esperar muito. Logo deparou com uma surpresa. Marcelo parou no meio-fio da rua, abriu a porta e Marília entrou.

Assim que ele seguiu com o carro, Vera foi atrás. A noite estava quente e ela não sabia se transpirava por conta do calor ou por estar apreensiva para saber o que estava acontecendo entre Marcelo e a cunhada. De repente, Marcelo parou, estacionou o carro e entrou em um barzinho acompanhado de Marília. Nos pensamentos de Vera passavam muitas coisas, principalmente que a mãe tinha razão em suas desconfianças. Marília realmente não era o que todos pensavam.

Vera dispensou o táxi e ficou escondida atrás de algumas árvores que havia por lá. Não arredou o pé até os dois saírem. Ao longe, ela não via com nitidez, mas percebeu que eles bebiam e riam muito.

Depois de uma hora e meia os dois saíram. Até que chegassem ao carro, Vera pegou outro táxi. Surpreendeu-se mais uma vez quando eles voltaram para rua onde Sidney morava e só Marília desceu, Marcelo seguiu adiante. Vera não marcou o tempo em que ficou ali espionando a cunhada, mas sabia que fora muito tempo. De repente, o porteiro abriu o portão da garagem para um morador entrar e Marília se abaixou atrás do carro para não ser vista pela câmera do prédio e acompanhou o movimento do carro até que entrasse com segurança.

Vera ficou completamente abestalhada com tudo o que seus olhos registraram. A jovem pensou em ficar ali vigiando até que Marília saísse, mas não aguentou e foi embora, chegando a casa mais de meia-noite.

* * *

No horário marcado, Marcelo chegou para apanhar Silvana. Ele escolheu um requintado restaurante iluminado à luz de velas.

— Nossa, para que tudo isso? — perguntou Silvana admirada.

— Para você.

— Não mereço tudo isso.

— Por que não? Merece muito mais.

Durante todo o jantar, Silvana pensou em perguntar o que havia entre ele e Marília.

— Sinto que está muito pensativa. Aconteceu alguma coisa na empresa?

— Não...

— E por que está tão introspectiva?

— Eu? Tenho estudado muito, deve ser isso.

— Quanto tempo ainda falta para terminarem as aulas?

— Alguns meses.

— Depois de formada vai continuar trabalhando para Sidney?

— Não sei...

Marcelo jamais pensou que Silvana fosse responder indecisa. Para ele, isso era sinal de que talvez ela deixasse a empresa.

— Bem... se quiser, sabe que pode trabalhar comigo.

— Com você? Desde quando trabalha? — perguntou Silvana rindo sonoramente.

— Tudo bem, concordo com você que eu tinha de começar a pensar em fazer alguma coisa, mas tenho uma boa notícia!

— É mesmo? Qual?

— Já estão terminando as obras de minha empresa.

— Está de brincadeira?

— Estou falando sério. Daqui a alguns dias já estará aberta.

— Você me surpreendeu, fico feliz por você. Mas vai abrir com toda a documentação em ordem, não é?

— Lógico, quem pensa que sou?

— Bem, até há pouco tempo estava se metendo em algo não muito decente.

— Você e Sidney gostam de me recriminar. Que mal há em ganhar uma licitação?

— Quando há concorrência de todas as empresas do ramo, de igual para igual, não vejo nenhum problema, mas você mesmo disse que deu um jeitinho.

— Tudo bem, ganhei e digamos que fiz algumas gentilezas para alguns membros da prefeitura. Mas quantos não agem como eu?

— É, sei que ainda haverá muitos corruptos querendo se dar bem. Mas se todos pensarem como você, que futuro terá alguém como eu, que está iniciando? Isso é muito desleal!

— Concordo. Vamos mudar de assunto?

— Sim.

— Vamos falar um pouco de você, chega de me malhar! Pelo que me respondeu, devo pensar que há uma possibilidade de você sair da empresa onde trabalha?

Silvana não se sentiu confortável com a pergunta, que lhe deu uma impressão de deslealdade com um rapaz que, ela sabia, fora muito generoso.

— Ainda não sei, estou pensando em seguir meu caminho. Mas quero deixar bem claro que não é ingratidão. Sidney foi muito bom para mim, aprendi muito com ele. Jamais vou esquecê-lo, sei que estou fazendo uma boa faculdade, mas nada se compara ao que aprendi na prática. E Sidney, sem sombra de dúvida, teve participação nisso. Ele passou toda sua experiência, aliás, acho que não há muitas pessoas como ele, que sempre querem ver bem as pessoas com quem trabalham, bem. Veja Carlinhos, ele o convidou para a sociedade, deu oportunidade para quem tem talento, e, mais importante, confia nele.

— Somos tão amigos, mas ele nunca me ofereceu tal oportunidade! — mentiu.

— Pelo amor de Deus, Marcelo, não está sendo honesto. Sidney gosta muito de você, se tivesse demonstrado interesse, com toda certeza estaria trabalhando com ele. Sidney é muito generoso, gosto muito dele, na minha frente você não vai criticá-lo.

Marcelo não aprovou muito os elogios, mas teve de engolir, pois achava que tinha uma possibilidade de trazer a mulher que amava para junto dele.

— Tem razão, há poucos como Sidney. E é mentira que ele nunca me convidou para fazer parte do quadro de funcionários da construtora. Não foi educado de minha parte falar dele.

Marcelo amava Sidney como um irmão; o único problema era Silvana, ele morria de ciúmes dela.

A moça achou estranho Marcelo concordar com ela, era muita mudança para uma pessoa como ele, que nascera em uma família já bem estruturada financeiramente, uma das mais bem colocadas entre os empreendedores do mercado de São Paulo. Contudo, não tivera uma boa educação.

Os pais o mimaram, deixando que ele pensasse que tudo era possível. Marcelo nunca fizera esforço algum para ter suas roupas, sapatos de grife, carros e mais carros! Era o tipo de pessoa que estava sempre insatisfeito, nada supria suas vontades. E seus pais ainda cooperavam para que fosse vaidoso ao extremo, egoísta e prepotente, ele achava que o mundo girava em torno dele próprio, humilhava as moças com quem saía, iludia-as e depois as desprezava. Marcelo não sentia amor verdadeiro por nenhuma mulher. Todavia, como tudo é um grande aprendizado, ele ainda teria a mulher certa ao seu lado.

— Mas, sinceramente, acho que deve sair da empresa de Sidney; tem de pensar alto, querer um escritório para comandar... Experiência já tem bastante!

— Não é bem assim, fala isso porque tem pais ricos! Eu não tenho, se eu quiser um dia ter meu próprio escritório vou ter de ralar muito.

— Então venha trabalhar comigo, sei que pode crescer muito!

— Tenho de pensar. E, depois, só vou conseguir meu diploma daqui alguns meses.

Marcelo sentiu uma felicidade imensa, por ter esperanças de ver Silvana longe do amigo e próximo a ele. Mas o que Marcelo não sabia é que ela estava tentando tirar alguma informação dele. Em seus pensamentos, só cabia a cena dele e da cunhada juntos.

— Está com tanta expectativa com o escritório! Já recrutou pessoas para trabalhar?

— Não, bem que você podia me ajudar nessa parte de recrutar funcionários, sabe que não gosto muito de esse "povinho" vir me perguntar se há vagas.

— Por que, já lhe pediram trabalho?

— Sim, muitos!

— Marcelo, tente mudar seu jeito hostil de lidar com as pessoas, sem esse "povinho" São Paulo não teria mão de obra. Esse "povinho" ao qual se refere é a mão de obra de vocês, paulistanos. E depois está me ofendendo. Eu sou uma dessas pessoas que despreza, sou baiana, mas tenho muito orgulho, viu?

— Ah, não foi isso que eu quis dizer.

— Foi sim, quantas vezes presenciei você criticando que em São Paulo não cabe mais nortistas e nordestinos. Fique sabendo que muitos da classe média não põem seus filhos para fazer trabalhos pesados, colocar a mão na massa, pegar em uma máquina de costura, ser operários, domésticos, atendentes de lojas de departamentos etc. Em sua profissão mesmo, quem você vai recrutar para suas obras? Com toda certeza será esse povo que menospreza. Sabe por que não nos damos bem? Porque você se acha muita coisa; esse é um dos motivos por que nosso namoro não deu certo.

— Tudo bem... Desculpe! Você é a baianinha mais linda de São Paulo!

— Tenha consciência de que já até namorou uma baiana, vinda desse povo que você tanto hostiliza!

— Já namorei, não... Estou namorando.

— Não está, não. E depois de todos esses comentários, não vai me namorar mesmo!

Marcelo aproveitou o ensejo e beijou Silvana nos lábios. Ela não se esquivou, mas foi sincera com o ex-namorado.

— Vamos com calma. Não somos mais namorados, sabe muito bem que terminamos nosso relacionamento.

— Você terminou comigo, mas eu ainda a considero minha namorada.

— Não é bem assim. Não esqueci o que fez em meu apartamento.

— Ah, Silvana... não fiz por querer, admito que fui inconveniente.

— Inconveniente? Você agiu como muitos machistas por aí, sem escrúpulos, que agridem as namoradas, esposas, amantes...

Marcelo deveria ficar com vergonha, sem graça, mas sua reação foi se irritar com as lembranças de Silvana. Era uma pessoa que se descontrolava facilmente; suas atitudes muitas vezes eram machistas, mas não gostava de ser repreendido.

— Já lhe pedi perdão; o que quer que eu faça?

— Nada. Contudo, quero lembrá-lo que esse é mais um dos motivos que me levam a não pensar em voltar a ter um relacionamento com você!

Marcelo não era o tipo de homem que deixava a mulher dar a última palavra, porém, procurou engolir o orgulho, pois amava Silvana e sentiu que havia uma possibilidade de reatarem o namoro.

Ela pensou que fosse tirar alguma informação do porquê de ele e Marília estarem juntos, mas desistiu. Sabia que Marcelo era muito esperto, mas também que se descontrolava com facilidade. Depois de pensar muito, chegou à conclusão de que teria de arrumar outro jeito de desenrolar aquele novelo.

CAPÍTULO 33

Desentendimentos

PASSADOS DOIS DIAS, Silvana foi à casa da mãe. Marília abriu a porta e ela logo viu que a mãe não estava.

— Minha mãe não está?

— Não, saiu cedo.

— Como assim? Já passa das seis horas!

Marília ia responder quando Leonor chegou.

— Oi, mãe. Onde estava? Fiquei preocupada!

— Já converso com você, filha, vou colocar estas compras na cozinha e tomar um banho rápido. Está muito quente!

— Tudo bem.

Leonor se retirou e Silvana sentou-se no sofá. Estava inconformada por não saber o que Marília e Marcelo faziam juntos. Por mais que se esforçasse, o clima não estava bom.

— Como vão as coisas?

— Tudo bem.

— E meu irmão, onde está?

— Foi ver um emprego, deve estar chegando.

— E Vera, não chegou?

— Você trabalha com ela e não sabe? — disse Marília com sarcasmo.

— Eu não estava no escritório, vim direto das obras.

— Ah, menina, havia esquecido. Vera foi para o apartamento de Sidney. Acho que formam um casal lindo!

Silvana sabia dos encontros da irmã com o patrão, mas havia resolvido esperar para declarar o amor que sentia por ele. Marília, por sua vez, adorou ver em Silvana certo desconforto por saber da irmã e de Sidney.

— Está quente aqui, vou tomar uma água.

Silvana se levantou e foi à cozinha tomar água. Marília ria por dentro, sua intenção era deixá-la insegura e com ciúmes. A cunhada esperou pacientemente que ela voltasse da cozinha.

— Vera tem saído com Sidney todos os dias.

— É mesmo? Que bom que estão se dando bem.

— Você não se incomoda com essa aproximação?

— Você fala de Sidney com tanta intimidade! Nem o conhece.

A vontade de Marília era despejar tudo o que sabia de Sidney, mas precisava manter a calma para depois atormentá-la como ela merecia.

— Vera conquistou Sidney; você vai continuar solteirona!

— Não costumo dar satisfação da minha vida para qualquer um, mas para seu governo não estou com Sidney porque ainda não quero, se eu o quiser, virá para mim rapidinho! O problema é que pessoas como você não respeitam os sentimentos dos outros, só pensam em si mesmas. Mas se minha irmã realmente amar Sidney, vou lhe dar a maior força.

Depois de responder, arrependeu-se, pois nunca havia tratado ninguém daquela maneira.

Marília pensou que fosse fulminá-la com os olhos, tamanho o ódio que sentiu por Silvana.

— Você se acha autossuficiente, não é mesmo? Sidney nunca mais vai querer você.

— Não me acho nada; contudo, sou uma pessoa íntegra e não tenho encontros excusos, muito menos engano as pessoas.

— O que sabe da minha vida para me julgar?

— O bastante para saber que não é uma pessoa que realmente possa viver no meio de famílias que tentam ser amáveis. Pessoas como você devem ter tido um passado no mínimo torpe, o que nos permite duvidar do presente e desconfiar do futuro!

Marília sentiu um frio percorrer-lhe a espinha, pensou que Silvana havia descoberto tudo. E assim, seu ódio aumentou ainda mais. Marília queria ver Silvana humilhada.

— Você é muito atrevida. Como um homem como Sidney pode perder tempo com uma baiana sem classe e sem noção como você?

— Eu sabia... Você tem alguma coisa a ver com Sidney e com Marcelo, não é? Confesse! Por acaso foi Marcelo que pediu para entrar no meio da minha família e enganar a todos?

— Não sei do que está falando, sua louca!

Silvana se aproximou e disse ameaçadoramente:

— Não sei o que você pretende ou esconde, mas dou um dia para você deixar esta casa e minha família em paz.

— Tudo bem, princesinha do agreste, não suportava mais esta família de ignorantes. Mas vou logo avisando: vai se arrepender de me tratar assim. E, com toda certeza, não vai gostar de ter de aturar minha presença por aí.

— Do que está falando, garota? A hora que sair desta casa, não vou ter mais o desprazer de encontrá-la por aí como está insinuando!

— Não tenha tanta certeza disso, sua baiana solteirona!

— Acho que minha mãe tinha toda razão, Jorge não sabe com quem está lidando...

— Escute aqui, pensa que me engana? Pensa que não conheço mulher do seu tipo, meiga e desinteressada? Sei muito bem aonde quer chegar! Mas saiba que jamais Sidney vai ser seu, ele não a ama!

Quando Silvana foi responder à altura, a mãe entrou na sala.

— Agora podemos conversar, filha. Nada como tomar um banho! Está tudo bem? Está com uma cara!

— Está sim, mãe.

Leonor pelo tom de voz da filha sentiu que algo havia acontecido.

— Diga-me, Marília, o que houve?

— Não sei, dona Leonor, sua filha está nervosa, não entendi nada!

— Só isso?

— Sim, dona Leonor, coitada, deve estar com algum problema muito sério, vai ver deve ser por causa do amor que sente pelo chefe!

Leonor ficou espantada ao ver Marília derrubar algumas lágrimas enquanto falava de Silvana. Contudo, desconfiou.

— Perdoe-me qualquer coisa, dona Leonor, não quis aborrecê-la! Vou dar uma volta, é melhor falar com ela. Quem sabe não se abre com a senhora!

Marília pegou a bolsa e saiu.

— Está tudo bem?

— Está sim, mãe, não se preocupe. Que garota petulante! — gritou Silvana.

— O que houve?

— Essa garota é muito falsa, mãe!

— Explique-me o que houve.

Silvana, impaciente por não ter conseguido responder a altura para Marília, andava de um lado para outro da sala.

— Acalme-se, Silvana, pelo amor do Senhor do Bonfim.

— Mãe, como Marília entrou na vida de vocês?

— Não sei muito sobre ela, primeiro seu irmão falou algumas coisas sobre a nova namorada, depois a levou para dentro de casa. Não sei nada sobre ela e, às vezes, tenho medo. Ela sai à noite, volta tarde, e de dia some.

— Mãe, ela é mais petulante do que pensávamos. Precisamos urgente falar com Jorge!

Silvana contou tudo o que havia acontecido entre elas. Leonor a ouviu atentamente.

— A senhora não acha estranha essa intimidade ao falar de Sidney?

Leonor se levantou, foi ao quartinho dos fundos e acendeu uma vela diante da imagem de Jesus Cristo. Silvana foi atrás, achou a mãe muito calada, e sabia que quando ela ficava daquele jeito, era sinal de que algo não estava indo bem. Leonor tinha mediunidade, embora não soubesse. Sentia algo estranho e, quando isso ocorria, isolava-se deixando seus pensamentos fluírem nas forças enigmáticas existentes no universo. Depois de alguns instantes de meditação e preces, sentia-se mais aliviada. Silvana não interferiu, já havia presenciado algumas vezes esses fenômenos que ocorriam com a mãe. Leonor, já se sentindo melhor, bebeu água e voltou à sala.

— O que mais ela disse?

— Mãe, foram tantas coisas, não me lembro de tudo! O que me deixou intrigada foi o jeito que falou de Sidney. Como sabe sobre seus sentimentos?

— Vera pode ter comentado algo com Marília, porém acho que não foi isso o que aconteceu.

— Concordo, Sidney não se abriria assim facilmente. Conheço-o muito bem.

— Cuidado, ela trará discórdia entre vocês.

— Também não exagere. Pode ser que não goste de mim; percebi, desde o primeiro momento quando a vi, que não tinha ido com a minha cara.

— Ela não gosta de você e não voltará mais a esta casa!

— Como sabe disso, mãe? A senhora está bem? Está estranha!

— Tenho certeza do que lhe digo... Marília não voltará mais; contudo, devo dizer para que tome muito cuidado com ela.

— Mãe, está me assustando.

— Fique preparada, faça suas orações sempre, pois orar fortalece e edifica o espírito.

Silvana pensou que estava conversando com a mãe, mas eis que veio a surpresa: Leonor pendeu a cabeça para trás, transpirando.

— Mãe! — Silvana chamou a mãe com medo e confusa.

Leonor ainda não sabia lidar com os fenômenos que a acometiam. Quando saiu do quartinho onde havia acendido a vela, confiando em suas crenças, sentiu um bem-estar reconfortante, porém estava sob efeito dos ensinamentos de seu amigo espiritual. As palavras saíram de sua boca, porém as mensagens eram da espiritualidade.

— O que houve?

— Não se lembra, mãe?

— Lembro-me de que fui ao quartinho orar, depois disso não me lembro de quase nada.

— Não se lembra nem do que me disse?

— Não. O que eu lhe disse?

— Para eu tomar cuidado com Marília, e também que ela não voltará mais a esta casa.

— Pare de bobagens. Claro que ela vai voltar, não tem para onde ir!

— Mãe! Você afirmou que ela não voltaria mais, não estou louca, eu ouvi! Se bem que eu a mandei embora.

Leonor não se preocupou com Marília, e sim com Sidney:

— Precisamos orar por Sidney... — Leonor já estava consciente e seus pensamentos insistiam em proteger o jovem.

— Minha filha, precisamos orar, minhas intuições não falham.

Leonor e Silvana serenaram. Samuel estava presente na companhia de um amigo da pátria espiritual:

— Leonor não tem a mínima ideia ainda de sua colaboração.

— Não há problema, com o tempo saberá trilhar o caminho da espiritualidade.

— Assim espero. O que acha de Silvana?

— Meu caro Samuel, não fique esperando que tudo siga como combinado na pátria espiritual, pois aqui tudo é prometido, porém quando eles vão para a Terra, temos de esperar pelos sentimentos adormecidos de cada um. Sei muito bem que torce por um fim satisfatório; conheço seu esforço por todos os que ama. Silvana guarda em seu espírito seus sentimentos mais sinceros, se é isso que o preocupa.

— Eu sei, mas minha vontade de interferir ainda dá muito trabalho a todos.

— Não se preocupe, se fosse só você a ser impaciente estava bom, mas a legião é infinita; portanto, tranquilize-se, pois tudo vai caminhar como esperamos. Vamos voltar, nossas tarefas nos esperam.

Os dois se foram e Leonor, já muito bem-disposta, convidou a filha para jantar. Silvana aceitou e as duas se dirigiram à cozinha.

— Mãe, onde esteve?

— Temos de conversar.
— O que foi mãe, estou preocupada!
— Não é preciso. Eu arrumei um emprego.
— Um emprego?
— Sim.
— Por que, mãe? Se estava faltando alguma coisa, devia ter me falado!
— Preste atenção, aqui entre nós, tenho minhas economias e até abri uma conta, mas não quero mexer no dinheiro. Depois, não consigo ficar à toa. O trabalho edifica o homem!
— E onde está trabalhando?
— Em uma loja de roupas aqui perto. Estou gostando muito.
— Não quero que trabalhe, estou estudando para quê?
— Está estudando para ter um belo futuro, e não para sustentar-nos.
— Mas ganho razoavelmente bem. Posso ajudá-la com as despesas da casa.
— Nada disso, gosto de trabalhar, de conversar com as pessoas... até já fiz amizade com as clientes.
— É mesmo?
— É, gostei muito. Uma delas é especial, seu nome é Rosa Maria. Ela é divertida e gentil.

Leonor estava entusiasmada, sentia-se importante e produtiva. Silvana a ouvia com atenção. Por fim, a filha aprovou. Percebeu que a mãe estava certa. O jantar ficou pronto e Jorge chegou.

— Olá, mana, como está?

— Graças a Deus muito bem.

Jorge, depois de beijá-las, foi tomar um banho. Ao voltar, o moço estranhou Marília não estar por perto, pois já passava das dez horas da noite.

— Mãe, sabe onde Marília foi?

— Não, meu filho. Quando cheguei ela pegou a bolsa e saiu.

— Mas não disse nada sobre aonde ia?

— Não. Mas por que tanta preocupação? Lembra que ela está estudando e que antes ela ficava até alguns dias fora?

— É, mãe.

— Quem sabe ela desistiu de você? Sabe tanto quanto eu que essa moça mais cedo ou mais tarde iria embora.

— Sabe de alguma coisa?

— Não, irmão, só sei o que você e a mãe sabem.

— Acho que está me escondendo algo.

— Jorge, preste atenção, Marília é uma moça de classe, sempre que a encontrei estava muito bem-vestida, com roupas e sapatos combinando e... — Jorge a cortou:

— Aonde está querendo chegar com essa conversa?

— Que cedo ou tarde ela vai voltar para sua vida de moça rica e mimada. Será que não vê que a mãe está certa? Ela não serve para você. Sequer sabemos de onde veio! Deixe-a ir para onde quiser; se ela não voltar, com certeza, achará outro trouxa para sustentá-la!

Jorge saiu para a rua batendo a porta.

— Eu sabia que isso ia acontecer, só seu irmão não enxerga — disse Leonor lamentando o aborrecimento do filho.

Silvana pousou sua mão sobre a da mãe e disse lamentando tudo o que estava acontecendo:

— Desculpe, mãe, estraguei tudo.

— Não, minha filha, deixe-o para lá! Onde será que está sua irmã? Até me esqueci dessa maluquinha!

Leonor ligou para o celular da filha.

— Oi, mãe.

— Vera, onde está? Já são quase onze horas!

— Não se preocupe, mãe, Sidney já está me deixando em casa.

— Está bem.

— Bem, mãe, já estou indo. É tarde e amanhã temos de acordar cedo.

Silvana abraçou a mãe e a beijou no rosto.

CAPÍTULO 34

Revelações

SIDNEY DEIXOU Vera em casa, seguindo para seu apartamento. Estacionou o carro na garagem, e foi até a portaria pegar as correspondências.

— Boa noite, dr. Sidney.

— Boa noite, sr. Válter. O que houve?

— Não queria deixá-la entrar, mas não consegui impedir.

— Ela quem, sr. Válter?

Quando o porteiro ia lhe dizer, eis que ela apareceu na sua frente.

— Como vai, Sidney?

Ele tomou um susto tão grande que pensou ter um colapso cardíaco. Sentiu uma leve tontura e um calor intenso.

— Marília?

— Voltei, estava com muita saudade de você.

Sidney a olhou como se ela fosse um monstro horrível. O porteiro, vendo-o sem ação, ajudou-o a entrar no elevador. A moça é claro, entrou atrás. Aos poucos, Sidney conseguiu manter o controle e, incrédulo, perguntou:

— O que faz aqui?

— Voltei para casa.

— Que casa? Não tem mais nada seu aqui. Você já não faz parte da minha vida, por favor, vá embora.

— Eu lhe peço, por favor, deixe-me ficar só esta noite. Não tenho para onde ir, não tenho dinheiro também.

Chegando ao andar, o porteiro o acompanhou até a porta e perguntou:

— Quer que eu chame a polícia?

Sidney não estava acreditando que Marília havia ressurgido das cinzas. Olhava para o porteiro sem reação, estava completamente fora de si. O porteiro insistiu:

— O doutor quer que eu chame a polícia?

— Não, por favor, Sidney. Deixe que eu passe pelo menos esta noite em seu apartamento. Prometo que amanhã falaremos sobre o que quiser!

Sidney era um homem muito bom, mesmo diante de uma mulher que o fizera sofrer por anos, não conseguiu negar abrigo. Em seu coração já não havia sentimentos nobres para oferecer àquela moça que implorava guarida, mas como negar uma noite de sono ou refúgio para aquela com quem se casou, prometendo a Deus amá-la na tristeza, na alegria, na saúde, na doença?

— Por favor, Sidney — insistiu.

— Tudo bem, mas apenas esta noite. Amanhã vai embora.

Sidney agradeceu os préstimos do porteiro e entrou acompanhado de Marília. Margarida já havia se recolhido e ele se dirigiu ao quarto de hóspedes para checar se estava tudo arrumado. Voltou à sala e viu que a moça havia se servido de uma boa dose de uísque e não gostou.

— Pelo visto continua bebendo!

— Por que, você não bebe?

— A minha vida para você não interessa há muito tempo. Por favor, converse comigo apenas o necessário. O quarto está pronto, quando quiser pode dormir, se é que consegue fazer isso.

— Eu o amo muito ainda...

— Eu dispenso seu amor e tudo o que vem de você.

Sidney foi para o quarto e fechou a porta. Não conseguiu dormir, seus pensamentos iam e viam em emaranhados de sentimentos e sofrimentos confusos, tudo ao mesmo tempo. Esqueceu-se até de tomar seus medicamentos, e isso não era bom.

Marília, por sua vez, andava pelo apartamento entrando e saindo dos cômodos, como se ainda fosse dona de tudo aquilo que ela mesma desprezara.

O perfume de Sidney estava presente em cada canto daquele apartamento aconchegante. Sentiu súbito arrependimento por tê-lo abandonado. Tinha certeza de que iria reconquistá-lo. Jogou-se no sofá. Suas mãos deslizavam apreciando o tecido de boa qualidade. Olhou tudo à sua volta com sorriso de quem já se sentia vitoriosa. Notou que muitos objetos de enfeites e decoração haviam mudado. Sidney havia redecorado o apartamento. Passando os olhos em tudo, de repente, deparou com o inesperado: uma foto de Sidney e Silvana felizes da vida. Nem Silvana sabia da existência daquela foto. Marília se aproximou para se certificar de que era realmente Silvana a sorrir ao lado de seu ex-marido.

— Mas é muito exibida mesmo! Mulherzinha insuportável. Se pensa que vai tê-lo, está muito enganada. Sidney não é para o seu bico! Vai pensando, queridinha, que tudo está bem! O que é seu está guardado.

Marília pegou a foto e rasgou em mil pedacinhos a parte da moça, deixando apenas o pedaço em que Sidney demonstrava felicidade, guardando-o em sua bolsa.

Já era madrugada quando ela, embriagada, foi para o quarto. Na manhã seguinte, Sidney levantou-se muito cedo. Estava sentindo-se mal com a situação. Depois de tomar um banho, dirigiu-se à sala de jantar.

— Bom dia, doutor.

— Sinto muito, Margarida, mas hoje não é um bom dia para mim. E antes que eu me esqueça e você se assuste, Marília está no quarto de hóspedes.

Margarida por pouco não derramou o café no chão. Sidney se adiantou e pegou o bule de porcelana a tempo, colocando-o sobre a mesa.

— Minha nossa senhora!

— Pois é, fiquei como você quando a vi me esperando ontem à noite. Bem, Margarida, tenho de ir trabalhar. Quando ela acordar, diga que pedi que fosse embora. Não quero encontrá-la quando retornar.

— Vou tentar.

— Assim que ela sair, avise-me, por favor.

Sidney saiu para trabalhar. Margarida, em silêncio, foi ao quarto e abriu a porta bem devagar para ver com seus próprios olhos se tudo aquilo era verdade. Assim que a viu esparramada na cama em sono profundo não acreditou, fechou a porta e foi para a cozinha telefonar para João. Margarida colocou João a par de tudo o que estava acontecendo. Tinha de ter o apoio de alguém caso Marília se recusasse a sair.

Depois do telefonema, João foi procurar o filho.

— Senhor João, que surpresa. Bom dia!

— Bom dia, Cristiane. Por gentileza, meu filho está?

— Está, pode entrar.

João agradeceu, e foi ao encontro do filho. Bateu de leve na porta e entrou.

— Pai, o senhor por aqui? O que aconteceu?

— Posso me sentar?

— Claro! Abra a camisa pai, vai se sentir melhor!

João mal conseguia se mover, Sidney, com pena, desabotoou a camisa do pai e deu-lhe um pouco de água. Quando João parecia melhor, Sidney se pronunciou:

— Acho que nem preciso perguntar o que houve. Falou com Margarida, não é?

— Sim... E agora, meu filho, o vai fazer?

— Nada, pai, é simples, não a quero em meu apartamento e ponto final.

— Meu filho, não é tão simples assim. Você não se divorciou.

— E daí, pai? Tenho testemunhas que provam que ela sumiu há mais de cinco anos. O senhor acha que ela ainda tem direito a alguma coisa?

— Não sou eu quem acha, é a lei!

— Nem pense uma coisa dessas! Ela não tem direito algum!

— Estou com um pressentimento ruim.

— Por favor, pai não me venha com seus pressentimentos. Não a quero mais em minha vida, em meu apartamento nem em lugar nenhum!

— Espero sinceramente que você esteja certo. Eu lhe pedi tanto para procurar um advogado! Agora estamos nas mãos dela!

— Por favor, pai, pare de drama. Marília não é mais um problema para nós há muito tempo.

Assim que Silvana chegou, Cris lhe contou sobre a visita do pai de Sidney. Preocupada, sem problema algum, bateu na porta e esperou que Sidney desse permissão para que ela entrasse.

— Pode entrar.

Sidney, ao deparar com Silvana, sentiu o coração disparar. Havia vários dias que não se encontravam.

— Bom dia!

João, assim que viu que era Silvana, levantou-se e a abraçou. Contudo, ela percebeu que ele estava muito agitado.

— O que houve, dona Isaura está bem?

— Minha filha, hoje sem falta você precisa ir vê-la, por favor, diga que vai!

— Pai, por favor, acalme-se.

— O senhor está me assustando! O que está acontecendo? — questionou Silvana, já trêmula, pensando ter acontecido algo com Isaura.

— A ex-esposa do meu filho voltou, mas não quero que ela o atormente. Ajude-nos antes que Isaura descubra, por favor, ela confia tanto em você!

— Pai, pelo amor de Deus! Está me tratando como se eu não estivesse aqui, pare de fazer drama. Já lhe disse que não há problema algum. Ela terá de sair de casa e pronto.

— Não acredite, Silvana, essa mulher tem o poder de infelicitá-lo. Ela não vai dar trégua até que ele ceda. Faça alguma coisa, por favor!

Sidney se levantou irritado com o pai e o fez sentar-se e se acalmar. Ainda próximo dele, disse energicamente:

— Pelo amor de Deus, pai, está me ofendendo. Não iria querer Marília nem que ela fosse a última mulher da face da Terra.

Ao ouvir aquele nome, Silvana perdeu o chão. Em segundos pensou muitas coisas, e sem se conter perguntou:

— Você disse Marília?

— É. O nome dela é Marília.

— Quando voltou?

— Ontem à noite. Mas por que tantas perguntas?

A comoção tomou conta de Silvana por completo. Em vez de se melindrar, ganhou força. Aproximou-se de Sidney e com os olhos marejados de lágrimas fez mais uma pergunta:

— Por favor, diga-me como ela é.

— Como assim? O que quer saber?

— Por favor, Sidney, como é a aparência dela? Descreva-me.

Sidney carinhosamente segurou suas mãos e descreveu Marília. Ao terminar, Silvana pensou em sumir dali.

— Não acredito. Meu Deus, por essa razão ela sabia tanto sobre você!

— Do que está falando, Silvana? — indagou Sidney assustado.

— Ai que raiva!

Sidney, irritado, segurou os braços dela e perguntou:

— O que está acontecendo? Explique-se, por favor. Por que está tão nervosa?

— Essa mulher morava na casa de minha mãe, pelo menos até ontem.

— Do que está falando? — perguntou Sidney tentando esclarecer toda a história.

— Lembra-se do dia em que foi à casa de minha mãe?

— Sim. E daí?

— Meu irmão estava com a namorada lá também...

— E ela estava passando mal e não quis me conhecer, não é? — resumiu Sidney já impaciente.

Silvana contou-lhes tudo o que sabia sobre a moça. Ao terminar, João estava pasmo, mas Sidney não. Ele era completamente apaixonado por ela, pelo menos é o que achava naquela época em que ela tirou todo o seu dinheiro da conta e sumiu. Com o tempo, ele percebeu que nunca a amara, gostava de conviver com o sofrimento, e isso o ajudou a ter explicações para suas crises bipolares. Sidney sempre teve problemas emocionais, pertencia ao seu espírito de outras vidas. Quando se conscientizou de sua doença e resolveu tratá-la, enxergou nitidamente que nunca havia amado aquela mulher. Assim, o sofrimento se esvaiu. Por esse motivo, ele não se surpreendeu com a atitude da ex-mulher, pois sabia que ela era capaz de enganar todos da família de Silvana, como fizera com ele.

— Onde ela está? — perguntou Silvana.

— Em meu apartamento.

— Não acredito! — continuou Silvana.

— Pode acreditar, minha filha. Essa mulher vai arrumar um inferno em nossa vida.

— Ah, mas não vai, não!

Silvana era impetuosa, às vezes não conseguia ponderar, analisar o problema em questão. O sangue lhe subia e não enxergava mais nada, principalmente quando se tratava de pessoas próximas a ela.

— Posso ir ao seu apartamento, Sidney?

— Pode... Mas o que pretende?

— Confie em mim, hoje tiro minhas dúvidas sobre essa mulherzinha!

Silvana saiu às pressas. Sidney ainda tentou impedi-la, mas ela simplesmente seguiu em frente. João, deduzindo o que Silvana tinha em mente, riu.

— Pai, pare de rir e vamos atrás dela. Silvana saiu muito contrariada!

João segurou o braço do filho, impedindo-o.

— Agora não, deixe que elas se entendam. Mais tarde, se ela demorar, vamos atrás.

— O senhor bebeu, pai? Nem sei o que Marília é capaz de fazer à Silvana!

— Acho que devia ficar preocupado com Marília, e não com Silvana, que está decidida a brigar por você — concluiu o senhorzinho simpático com um sorriso nos lábios.

— Brigar por mim, pai? O que está dizendo?

— Sente-se e se aquiete. Confio em Silvana. Escute bem uma coisa que seu pai, mesmo não sabendo nada sobre a vida, vai lhe dizer. Pode ser que ainda tenha de dividir todos seus bens com Marília, mas seu coração, Silvana não vai dividir com ninguém!

* * *

O porteiro a deixou entrar sem que precisasse ser anunciada. Quando ganhou o andar do apartamento de Sidney, a passos largos e firmes, Silvana chegou na porta e tocou a campainha. Margarida se assustou quando abriu e viu Silvana parada à sua frente.

— Com licença, Margarida... — Silvana foi entrando muito brava por Marília mais uma vez invadir a vida do homem que até havia pouco dizia "não amar".

— Cadê Marília? — perguntou Silvana soltando fogo pelas ventas.

Margarida ficou muito assustada, mas a baianinha não se intimidou. Marília, ao ouvir vozes na sala, foi ver quem era. Sentindo-se dona de tudo novamente, estava toda perfumada e impecavelmente arrumada.

— Mas é você mesma! Não acredito na sua cara de pau! Como pôde enganar meu irmão esse tempo todo?

Marília, quando viu Silvana bem no meio da sala, pensou que fosse morrer de ódio. Depois dos primeiros segundos de ira, respondeu:

— O que está fazendo no meu apartamento?

— Seu apartamento? Tem certeza disso, sua impostora? Por esse motivo sabia tudo a respeito de Sidney e de mim!

— Para você ver como esse mundo é pequeno. Aliás, esse mundo é pequeno demais para nós duas, uma terá de sumir do mapa, e essa será você, sua ordinária! — gritou Marília, sentindo cada vez mais o ódio envolver sua alma.

— Você está completamente enganada, quem está a mais aqui é você; portanto, pegue suas tralhas e suma!

— Não admito que entre em minha casa e grite como uma desequilibrada. Aqui é o meu território, não está na casa pobre de dona Leonor. Aqui é minha residência, portanto, vá embora, não suporto olhar para sua cara nem mais um segundo! Quando me expulsou da casa de sua mãe eu lhe disse que nos esbarraríamos e você não acreditou.

— Residência essa que você deixou e foi viver suas aventuras como uma mulher vulgar e sem escrúpulos. Quanto a nos esbarrarmos é por pouquíssimo tempo, aliás, é apenas hoje. Nada aqui lhe pertence. Sidney não a quer em seu apartamento. Vá pegar suas tralhas, se é que tem, e suma!

— Quem disse que Sidney não me quer aqui? — gritou Marília desafiadora.

— Eu estou lhe dizendo!

— Sidney sempre foi louco por mim. Ele me ama!

— Mas você é muito abusada, garota. Sidney não quer vê-la nem pintada de ouro; saia deste apartamento agora!

— Não vou sair e quero ver quem terá a coragem de me tirar daqui.

Silvana não pensou duas vezes, foi para cima dela, agarrou-a e a puxou até a porta. Marília gritava, esperneava, mas finalmente Silvana conseguiu pô-la para fora e fechar a porta.

— Sua maldita, abra a porta agora!

— Não... aqui você não entra mais.

O silêncio se fez do lado de fora. Margarida, em um canto, ria da atitude de Silvana: "Essa baiana não está para brincadeira!", pensou.

Passados vários minutos, tocaram a campainha. Silvana, com cuidado, olhou pelo olho mágico e viu que se tratava do porteiro. Abriu a porta devagar e esperou o homem se pronunciar:

— Por favor, dona Silvana, a moça está pedindo a bolsa dela.

Silvana foi ao quarto e voltou com a bolsa, entregando-a ao porteiro. Sentada no sofá, gentilmente pediu um café para Margarida, que logo a atendeu.

— Gostei, dona Silvana, ela merece — disse Margarida com largo sorriso nos lábios.

— Lavei minha alma, mas acho que exagerei um pouco.

— Que nada, ela fez o dr. Sidney sofrer muito.

— Margarida, nem me fale. Que vontade de esganá-la! Já o fez sofrer uma vez, agora volta reivindicando seus direitos? E o pior é que estava em minha casa, no mínimo queria dar o golpe no meu irmão também. Ou melhor, na minha mãe. Imagine deixá-la pegar o único dinheirinho que minha mãe guardou com sacrifício!

— Como assim?

Silvana lhe contou toda a história.

— Que horror!

— Pois é, Margarida. Agora aparece querendo tudo de volta, inclusive o marido!

— Dona Silvana, se ela voltar, ligo para a senhora na hora!

— Pode ligar, Margarida. Fazer Sidney de idiota outra vez ela não vai mesmo! — Silvana deu um suspiro profundo, como se tivesse tirado um peso dos ombros e despediu-se.

— Bem... acho que vou indo. Qualquer coisa, avise-me.

— Espere um pouco, descanse; e se ela a estiver esperando lá embaixo?

— Não tenho medo dela não, Margarida! Baiano é da paz, mas quando precisa rodar a baiana, ele o faz como ninguém!

— Dona Marília é ruim.

— Margarida, tenho de ir.

— Está bem, vá com Deus.

Naquele mesmo dia, Silvana foi jantar na casa dos pais de Sidney, como João havia pedido. Estando lá, Isaura comentou os abusos de Marília durante seu casamento com o filho.

Isaura, apesar de temerosa por Marília ter voltado, confiou que Silvana protegeria o filho. Silvana definitivamente amava Sidney, não havia dúvidas. Só precisava quebrar a barreira de um amor tão forte. A jovem fazia qualquer coisa em prol do amigo.

CAPÍTULO 35

Novos rumos

PASSARAM-SE ALGUNS dias e tudo parecia seguir a rotina. Sidney chegou ao apartamento depois de um dia de trabalho exaustivo, fazia muito calor. Abriu os botões da camisa, sentou-se no sofá e seus pensamentos eram todos em Silvana. Quando se lembrava do que ela havia feito com Marília, ria com gosto. Isaura e João estavam mais tranquilos, não tinham mais notícias de Marília.

Silvana estreitou a amizade com os pais de Sidney e todas as quartas-feiras ia jantar com eles. Em uma das vezes, estavam rindo e conversando animadamente quando Sidney chegou.

— Filho, que bom que veio! — Isaura o recebeu com amor.

— Posso invadir a intimidade de vocês? — brincou sorrindo.

Silvana já não tinha como esconder sua paixão. Quando o encontrava, seu coração disparava de tal maneira que o rosto a condenava, ruborizando-se. Estava muito difícil manter a postura. Ele, gentilmente se aproximou e pousou um beijo delicado em seu rosto. Sidney estava completamente entregue à paixão por Silvana, e isso o estava incomodando; contudo, como havia prometido, nunca mais tocou no assunto "namoro".

— Acabamos de jantar, mas vou rapidinho até a cozinha preparar um prato para você, meu filho.

— Não precisa, mãe, acabei de jantar.

— E o que o trouxe aqui?

— Vim vê-los. Não posso?

— Claro que pode, meu filho. Você é sempre bem-vindo, apenas estranhei, sempre avisa antes.

— Se quiser vou embora — brincou com um lindo sorriso nos lábios e olhando para Silvana.

— Imagine! Vou até a cozinha passar um cafezinho fresquinho para nós.

Isaura foi à cozinha. Na sala os três não diziam uma palavra. Tudo havia mudado depois que Silvana admitira a si mesma amar Sidney. Ela não conseguia mais ser a mesma, cada olhar, cada toque de mão, cada beijou no rosto era intenso, forte, mágico. Sua vontade era abrir os braços e deixá-lo se aninhar para nunca mais sair. Tudo havia mudado drasticamente. Ao seu lado perdia o chão.

— Bem... vou à cozinha ajudar dona Isaura com o café!

Sidney e João não responderam. Assim que ela saiu, completamente desconcertada, o senhor manifestou-se:

— Agora é a hora...

— De quê?

— De se declarar.

— Já fiz isso, pai. Ela não aceitou.

— Tente outra vez.

— Não, pai, depois de muitas vezes, prometi que nunca mais haveria de incomodá-la com o assunto.

— Mas deveria.

— Pai... — João o cortou:

— Quando se declarou ela ainda não estava pronta, mas agora garanto a você que ela vai se entregar de corpo e alma a você, meu filho.

— Pai... Pensei muito, mas...

— Ou você faz isso ou serei obrigado a interferir por você. Não aguento vê-lo olhando para ela sem parar!

— O senhor acha que devo?

— Claro. Ou melhor, tenho certeza.

Sidney ia responder, mas as duas entraram na sala com a bandeja de café. Isaura os serviu e sentou-se. O clima estava estranho, Silvana não conseguia ser ela mesma. De repente, João falou:

— Isaura, não está na hora do meu remédio?

— Remédio, meu velho? — perguntou sem entender nada.

— É, Isaura, lembra-se aquele...

— É mesmo, como pude me esquecer? Vamos lá, meu velho.

— Acho que estou atrapalhando não é, dona Isaura? Já vou indo... — disse Silvana, realmente acreditando nas desculpas dos dois.

— De jeito nenhum, agora que Sidney chegou vai embora? Que falta de educação! Faça companhia a ele!

João e Isaura se retiraram, deixando Silvana sentir-se pior ainda. Sidney, ao lado dela, ria sozinho.

— Não é nada com você, não precisa se envergonhar.

— Do que está falando?

Silvana ia se levantar para ir embora, pois não sabia mais como agir diante de seu amor, mas o destino achou que estava mais que na hora de eles se entregarem ao grande e forte amor que havia muito carregavam em seu espírito.

Sidney abriu seus braços olhando fixamente nos olhos de Silvana que, sem se importar onde estava, aninhou-se confortavelmente. Ele a apertou contra o peito e a beijou repetidas vezes, por longos e intermináveis minutos. A emoção que percorria todo o corpo de Silvana era tão intensa que ela pensou que não suportaria tanta felicidade. Naquele instante, sua história de vida se iluminou, passando rapidamente por seus embaralhados pensamentos de como pôde ficar tanto tempo sem aquele corpo, aquela alma, aquela vida, que a arremessava em direção de sensações e sentimentos que jamais supunha existir. Naquele momento sublime, de um grande amor, não se perdoaria se não se entregasse a ele para sempre.

João, sentindo silêncio absoluto, puxou Isaura pelas mãos para ver como estavam indo os acontecimentos na sala. E viu que não poderiam estar melhor. Silvana, ainda nos braços do filho, compartilhava as sensações que só um amor verdadeiro poderia proporcionar.

No auge do limite de dois corpos pulsantes, Silvana, ainda embriagada com as novas sensações, pediu com a voz sumida:

— Por favor, Sidney, estamos na casa de seus pais.

— E daí?

— Temos de ter um pouco mais de modos. Daqui a pouco eles voltam e eu vou ficar mais envergonhada do que já estava.

— Promete que nunca mais vai ficar longe de mim?

— Perdoe-me por tê-lo deixado tanto tempo sem uma resposta. Fui muito burra e medrosa. Eu o amo mais que tudo em minha vida, e lhe peço que não me deixe nunca. Não sei como pude viver todo esse tempo longe de você!

— Vamos embora daqui?

— Agora?

— É!

Silvana ajeitou a roupa, pegou a bolsa e ambos saíram. João ouviu o barulho da porta se abrindo e fechando e se dirigiu à sala.

— Isaura, conseguimos, venha ver.

João estava muito feliz pelo filho ter encontrado alguém que o amaria e cuidaria dele como merecia.

— Cadê eles, João?

— Foram embora. Você acha, mulher, que depois daquela cena que vimos, iriam continuar aqui? Querem mais é ficar juntos, sem ninguém para atrapalhar!

Isaura abraçou o marido muito feliz por Silvana ter se acertado com o filho. Delicadamente, deu um beijo no rosto do marido e disse agradecida:

— João, meu querido, neste momento sou a mãe mais feliz deste mundo. Tudo o que eu queria era ver nosso filho entregue às mãos de uma grande mulher! E essa mulher é Silvana, que sempre vai amparar nosso filho.

***

Algumas semanas se passaram. Era fim de um dia normal quando Sidney chegou ao apartamento.

— Boa noite, dr. Sidney. Chegou uma intimação para o senhor.

Sidney abriu e leu. Era do advogado de Marília, convocando-o para uma audiência. Como previsto, era sobre os direitos de sua cliente. Seu pai já havia lhe dito, mas ele não acreditara. Diante da lei, nada se pode fazer.

Dessa forma, eles entraram com a separação legalmente. No acerto dos bens, Marília ficou com o apartamento e uma pensão que Sidney achou melhor pagar, embora não fosse obrigado, já que ela era jovem e podia retomar sua vida e trabalhar. Mas ele, para não ter de aturá-la, decidiu pagar.

O que ele não contava é que ela pôde voltar para o apartamento mesmo antes de ele ter condições de ver outro lugar para morar. Marília não tinha moradia e o juiz expediu um mandato, dando-lhe preferência.

Isso para ela era uma grande e vingada vitória. Silvana não ficou feliz com aquele acordo; contudo, teve de respeitar, pois Marília, com direito sobre o imóvel, podia brecar sua entrada não só no imóvel, mas no prédio também, alegando que a moça era uma ameaça para ela, já que tivera de responder por um processo de agressão.

Tudo estava caminhando bem para Marília, que tinha a plena confiança de que reconquistaria o ex-marido. Dizia estar apaixonada e que nunca o esquecera. Com ódio de Silvana, ela faria de tudo para ter Sidney em seus braços.

Jorge soube de toda a verdade e, mesmo assim, voltou-se contra a irmã. Iludido ainda, estava com Marília e parecia até que ela fazia magia para tê-lo quando bem quisesse. Leonor sofria muito com a situação, mas procurava não comentar com Silvana os encontros que Jorge mantinha com Marília.

Vera, depois do dia em que seguiu Marília, ficou a um passo de descobrir tudo. Contudo, não foi preciso, já que a verdade veio à tona. Ela ficou com muita raiva de Marília, que a enganou e se fez de amiga.

Marcelo, ao saber que Marília havia voltado e cobrava seus direitos, procurou-a e tentava mantê-la o mais próximo possível dele. Tinha seus motivos.

Sidney, com a vida um tanto tumultuada por ainda ter de conviver sob o mesmo teto de Marília, causando insegurança em Silvana, esqueceu-se de si mesmo e quase não se lembrava dos remédios. Sidney chegava bem tarde ao apartamento. Não estava suportando o convívio com Marília.

Silvana pediu que ele fosse morar com ela até que o apartamento de ambos ficasse pronto, mas ele recusou:

— Meu amor, não tem cabimento, faltam poucos dias para o nosso apartamento ficar pronto! Para que vou fazer duas mudanças?

— Não consigo me acostumar com a ideia de você ficar sob o mesmo teto que Marília. Até parece que gosta de estar do lado dela!

— Preste atenção, raciocine comigo: tiro todas as minhas coisas do apartamento, que não são poucas, vou para o seu apartamento, para, em alguns dias, ter de me mudar novamente?

Custa você esperar mais alguns dias? Vamos fazer as coisas direito? Prometi para sua mãe que primeiro nos casaríamos. Para ela, nada aconteceu entre nós. O sonho dela é ver a filha de vestido de noiva, véu e grinalda. Tudo como manda o figurino!

— Mas, às vezes, você dorme aqui.

— Contudo, sua mãe não sabe! Vamos fazer o seguinte: se o apartamento demorar mais do que o previsto, me mudo definitivamente, está bem?

— Tudo bem.

— Eu a amo muito; tenha paciência só mais um pouquinho. Está bem?

— E tem outro jeito? Mas olhe, volte para o seu apê bem tarde, somente na hora de dormir!

— Meu apartamento não, esqueceu-se de que agora ele é de Marília?

Sidney amava muito Silvana e tudo caminhava para uma vida a dois próspera e harmônica.

Vera e Marcelo acabaram aceitando a ideia de que Sidney e Silvana estavam de casamento marcado e não havia mais jeito de separá-los. Por mais que pensassem que ainda os amavam, começaram a se apoiar mutuamente.

Marcelo convidou Vera para trabalhar com ele, e a jovem, inteligente, aceitou. Não fazia sentido conviver todos os dias com Sidney e a irmã felizes para sempre. Vera ainda tinha muito para aprender, mas amava a irmã, torcia para que ela fosse feliz.

Jorge era o problema, enfeitiçado por Marília, amava-a doentiamente. Leonor sofria muito pelo filho não enxergar que ela apenas o usava.

CAPÍTULO 36

Esclarecimentos

CERTA NOITE, ao chegar, Sidney não se sentiu bem. Esquecera-se totalmente de tomar a medicação controlada. Isso não podia acontecer, já que a substância era primordial para o seu bem-estar.

Isso é comum acontecer com quem se trata de transtornos psíquicos. Depois de muito tempo usando as medicações, a pessoa se sente tão bem que quaisquer mudanças em seu cotidiano acabam levando-a a esquecer os medicamentos, justamente por se sentir melhor.

Contudo, quem sofre desse tipo de transtorno bipolar não deve confiar somente na fé, na religião, ou seja lá o quer for. Já está comprovado por alguns pacientes que o tratamento espiritual é válido e de muita ajuda, porém os medicamentos são essenciais, pois o paciente tem ausência, ou quase ausência, de uma substância fabricada pelo próprio organismo. Sem ela, o paciente entra em crise. Um ponto muito importante é ter equilíbrio, meio-termo, ou seja, estar em dia com o tratamento receitado pelo médico e contar com o auxílio dos tratamentos espirituais. Os dois juntos são de suma importância para se recuperar boa porcentagem de saúde.

Sidney começou a dar os primeiros sinais de que a crise poderia estar de volta. Chegava e se trancava no quarto; não queria nem ver, nem conversar com ninguém.

Um fato muito curioso é o paciente com alguns transtornos psíquicos não saber lidar com mudanças bruscas. O que para alguns é normal, para essas pessoas é mais incômodo.

Margarida, aflita, notou que havia alguns dias Sidney não se mostrava como antes; estava sempre de cabeça baixa e sem ânimo.

— Sidney, abra a porta.

Sidney não respondeu. Margarida ficou aflita e pensou: "Vou telefonar para a dona Isaura". Quando estava completando a ligação, Marília tirou o telefone de suas mãos e o desligou, encarando-a com desprezo.

— Pare de incomodar os pais de Sidney.

— Mas ele não está bem, preciso avisá-los ou Silvana.

— Deixe comigo, vou falar com ele.

— Sidney, é Marília abra a porta, quero ajudá-lo. Vamos, abra a porta!

Sidney não respondeu. Marília lembrou-se de que havia uma cópia da chave em uma gaveta no quarto de hóspede. Foi até lá, pegou-a e abriu a porta. Sidney estava no escuro, não tinha ânimo para nada.

— Sidney, o que está acontecendo?

— Não é nada, por favor, deixe-me em paz.

— Mas o que está sentindo? Por favor, Margarida, vá até a cozinha e pegue um pouco de água.

— Para quê?

— Faça o que estou mandando.

Margarida, mesmo temerosa, pois não confiava em Marília, fez o que ela pediu. Assim que entregou o copo com água, ela pediu que Margarida saísse do quarto. Marília, cruelmente, o fez tomar um comprimido. Poucos minutos depois, Sidney adormeceu profundamente. Marília deitou-se ao seu lado e o abraçou fortemente. Sidney, inerte, não sabia o que estava acontecendo. Passava das dez horas da noite e nada de Sidney reagir. Marília, depois de se cansar de acariciá-lo, suprindo seus desejos, tomou um banho, arrumou-se, maquiou-se e saiu.

Margarida resolveu ir ver o que estava acontecendo com o patrão. Assim que se aproximou, teve a impressão de que Sidney estava morto. Passou a mão sobre sua testa e sentiu que ele transpirava muito. Tentou acordá-lo, mas não obteve resultados. Rapidamente, ligou para Silvana.

— Margarida, o que houve? Está tão aflita!

— É o dr. Sidney.

— O que ele tem?

— Não sei direito, mas acho que está passando muito mal.

— Fique tranquila, chego em poucos minutos. Telefone para o dr. Ciro, por favor, o número está na agenda.

— Tudo bem.

Margarida fez o que Silvana pediu e ficou esperando pelos dois. Assim que Silvana chegou, correu para o quarto aflitíssima. Quando viu Sidney naquele quarto fechado e prostrado em cima da cama, tentou se controlar, respirou fundo e pediu:

— Por favor, ajude-me a tirar essas roupas dele. Estão muito molhadas!

Depois, Silvana ajoelhou-se à sua frente, segurou suas mãos e orou.

— Senhor Pai de misericórdia, não deixe que nada lhe aconteça, eu Lhe imploro como filha do Senhor.

Margarida, parada na porta, acompanhou-a na oração. Suas lágrimas desciam por ver tanto amor entre os dois. Assim que terminou, a empregada foi atender o interfone. Era o dr. Ciro.

— Entre.

O médico se aproximou do paciente, examinou-o demoradamente e ao terminar se pronunciou:

— O que deram para ele tomar?

— Eu não dei nada, doutor. Aliás, faz tempo que não vai ao psiquiatra nem toma os remédios.

— Mas alguém deu algum medicamento para ele tomar!

— Minha nossa senhora! Só se...

— Fale, Margarida, só se... — disse Silvana.

— Foi Marília. Ela ficou trancada com ele por muito tempo!

— Por que permitiu, Margarida?

— Perdoe-me, mas ela é a dona desta casa.

— Mas não devia deixá-la chegar perto dele! E agora, doutor? O que vamos fazer?

— Acalme-se. Vou colher uma amostra de sangue para saber se ingeriu alguma droga, e qual foi.

O médico tirou uma amostra de sangue e ligou para alguém ir buscar. Silvana não conteve as lágrimas e chorou muito ao seu lado.

— Sidney, meu amor, não faça isso comigo. Não me deixe, por favor, eu lhe imploro. Lembra-se de nosso pacto? Lembra-se de nós dois na praia? Era uma noite linda. Nunca mais vou esquecer. Depois que adormeci em seus braços, espero com ansiedade o mês de setembro, assim poderei estar mais perto de você. Volte para mim, por favor, quando setembro chegar estaremos apenas nós dois em um imenso campo florido ou andando à beira da praia, como um casal que se ama. Sidney, eu o amo muito. Volte logo.

Ciro havia saído para ligar para o hospital e solicitar um enfermeiro. Ao voltar, ouvindo as doces palavras de Silvana, não a interrompeu, apenas esperou que ela terminasse sua conversa com o paciente. Depois, disse:

— Vocês nasceram um para o outro. Eu soube disso desde o momento em que os vi juntos. É bom sinal conversar, ele absorve e escuta tudo o que diz.

— Como assim, doutor?

— O corpo de Sidney está em repouso absoluto; contudo, seu espírito está ativo.

— Pois é... Descobri que amo este homem, há muito tempo não consigo viver sem tê-lo por perto.

— Não desperdice um amor como esse. Viva a vida dos amantes, pois só o amor verdadeiro nos faz crescer e evoluir para um caminho melhor.

— De onde tira palavras tão confortantes?

— Por muito tempo fui indeciso, rebelde e teimoso diante de algumas situações. Vivi num grande inferno astral. Hoje sou um homem recuperado, quer dizer, me acho uma pessoa melhor e agradeço todos os dias à dádiva da vida, de poder reconhecer o bom de viver, ter quem eu amo ao meu lado, ouvir e ver meus filhos brincarem. Hoje, graças aos ensinamentos do evangelho, sou uma pessoa melhor, estou satisfeito com minha vida, com meu caminho, mesmo que haja alguns obstáculos para transpor.

Silvana se aproximou do namorado, segurou suas mãos com muito amor e falou:

— Suas palavras me encorajam, doutor. Sei que Sidney vai acordar. Qual é a sua religião?

— Sou espírita, demorei para perceber tudo à minha volta, muitas vezes pelejei com problemas emocionais, e hoje sempre tento ser melhor, pois há algumas passagens do passado que ainda tento desvendar e corrigir.

— Coisas do passado? O que fez no passado?

— Quando digo passado, não é um passado de ontem, mas sim de uma vida pretérita. Deve estar se perguntando se sou louco, não é? Quando digo vidas pretéritas, estou me referindo a outras encarnações, vidas que já tive em outras épocas.

— Sidney acredita nisso, ele acha que existem muitas outras vidas além da atual. Ele acha que voltamos sempre.

— E ele tem suas razões. Se tivéssemos uma única vida, que sentido teria vivermos em meio a tantas provações, muitas até terríveis, e um dia acabarmos enterrados em um lugar qualquer para nunca mais usufruirmos a companhia de quem muitas vezes nos despedimos para nunca mais tornar a vê-los? Silvana, entendo tudo o que está pensando e sei também de suas indagações, mas se um dia quiser conhecer o local que frequento, onde me ensinam a ser uma pessoa melhor, estarei à disposição.

Silvana, encorajada, abriu-se com o médico sobre os sintomas da mãe e concluiu:

— O senhor acha que se ela fosse a essa casa espírita, ela teria respostas para suas dúvidas?

— Sim... E vou mais além, sua mãe precisa entender os fenômenos mediúnicos.

— O que é isso?

— São espíritos que querem se comunicar conosco, os encarnados. Às vezes, trata-se de um mentor específico chamando sua mãe para tarefas de amparo, auxílio e cooperação a pessoas, comunidades e até mesmo de um todo. Seria muito bom que Sidney também entendesse sobre suas enfermidades, como lidar com elas, tratá-las e até mesmo participar de tratamentos para seu espírito. É complexo compreender em um dia o que levamos anos — até mesmo muitas encarnações, para podermos entender os estudos e a evolução de nosso espírito. Mas para que compreenda um pouco mais sobre Sidney, vou tentar resumir.

Silvana se interessou, talvez ela pudesse ajudar Sidney com seus problemas psíquicos. Em silêncio, aguardou o médico concluir seu raciocínio.

— Quase todo o mal que nos acomete, doenças de modo geral, vem do espírito, que é eterno e indissolúvel. Nosso espírito é a essência de nossa existência. Ele nunca morre, o que se transforma é somente nosso corpo material. O corpo físico morre, mas a alma não. Sidney traz alguns sintomas de sua vida pretérita. O tratamento espiritual o ajudaria muito, pois é seu espírito que não está bem, por trazer muitas marcas de outras vidas. Quando adoecemos é sinal de que nosso espírito está pedindo socorro e, quando isso acontece, além de cuidarmos do corpo doente, devemos procurar a cura ou as soluções de entendimento ao nosso espírito.

Silvana, atenta ao que o médico dizia, mal respirava. Depois de alguns instantes, ele fez uma pausa e Silvana, com milhares de indagações, manifestou-se:

— Pelo que entendi, devemos procurar apoio numa dessas casas espíritas.

— Exatamente, Silvana! Fico feliz que tenha compreendido.

— E quando posso ir com Sidney a esse lugar que o senhor frequenta?

Ciro ficou feliz por ter conseguido tocar o coração de Silvana, pois dessa forma ela e, principalmente, Sidney compreenderiam muitos fatos da vida presente.

— Bem... Temos trabalhos às quartas e sextas-feiras. Quando quiserem, podemos combinar. O que acha?

— Se esse lugar fizer bem para Sidney, vou levá-lo, sei que consigo convencê-lo.

— Então está combinado, porém não é bom Sidney ir contrariado, ele deve querer ir.

— Está bem.

Ciro sorriu satisfeito, sua missão estava apenas começando. O incidente com Sidney foi o sinal que ele esperava.

O enfermeiro chegou, pegou a amostra de sangue e saiu rapidamente rumo ao laboratório. Passadas duas horas, o médico recebeu o resultado.

— Como eu previa, Sidney tomou uma dose alta de tranquilizantes. Sabe se ele além dos medicamentos regulares ainda tomava remédios para dormir?

— Não sei, doutor. Para falar a verdade, Sidney nunca permitiu que eu me aprofundasse nesse assunto. Não sei nem quais são os medicamentos que toma. Sempre que tocava nesse assunto, ele só respondia que estava tudo sob controle e que tomava os medicamentos diariamente.

Depois, Silvana, ainda aflita, perguntou:

— O que devemos fazer, dr. Ciro?

— Chame Margarida, por favor.

Quando a empregada chegou, Ciro a questionou:

— Sidney tomou algum calmante a que não estava habituado?

— Não sei, doutor. Como lhes disse, Marília ficou com ele com a porta trancada. Pode ser que tenha dado algo para ele.

— E agora, qual será o procedimento, doutor?

— Deve permanecer ao lado dele até que desperte. Ele não corre perigo de morte. Deixe que descanse, pela manhã já estará muito melhor.

— Eu ficarei com ele quanto tempo for preciso — disse Silvana mais tranquila.

— Voltarei pela manhã. E você, Silvana, cuide de seu amor. Não há outro, seu amor sempre esteve ao seu lado o tempo todo.

Silvana ficou emocionada diante da sinceridade do médico. Mais tranquila, puxou uma poltrona que havia no quarto para perto de Sidney e não saiu mais de lá. Margarida insistiu muitas vezes para que ela fosse se alimentar, mas foi em vão. Silvana não o deixou nem um segundo. E despertou com Sidney olhando-a. Silvana era seu anjo, seu amor.

— Que bom que acordou, meu amor! — disse ela emocionada.

Sem que Sidney esperasse, abraçou-o forte e demoradamente. Sidney nunca sentira tanta ternura, seu corpo todo vibrava como nunca antes havia sentido. O coração de ambos sobressaltou vigorosamente:

— Que bom vê-la aqui!

Silvana afrouxou o abraço e beijou seus lábios. Naquele instante só deles, nada mais importava, a não ser fazer com que o amor que sentiam desabrochasse como as flores de setembro. Samuel, acompanhado por um mentor, sentiu também grande felicidade.

— Está feliz, meu caro Samuel?

— Muito.

— Fico feliz também, mas sabemos que ainda falta algo a ser cumprido.

— É verdade. Mas o que Marília fará agora?

— Vamos orar para que tenha entendimento.

— Ela ainda não caiu em si!

— Samuel, ela o preocupa, mas não devemos interferir, sabemos que são eles quem têm de passar pelas provações. Você passou pelas suas e hoje lamenta drasticamente tudo o que houve.

— Mas pensei estar fazendo o certo na época. Sidney era meu amigo!

— Eu entendo, mas vamos fazer o que é preciso.

Os irmãos espirituais aplicaram-lhes passes magnéticos, revigorando suas forças e sustentando-os em suas provas. Depois, partiram.

CAPÍTULO 37

Planos

SIDNEY DESPERTOU, mas Silvana não foi ao escritório. Passava das dez horas da manhã quando Marília, muito contrariada, entrou no apartamento e foi direto para o quarto do ex-marido. Assim que entrou, fez o maior escândalo:

— Cadê aquela... aquela...

— Precisa gritar dessa maneira? E ela tem nome.

— Onde está?

— Está vendo-a aqui? — questionou Sidney impaciente.

— Não quero vê-la aqui, eu moro aqui, tenho todos os diretos legítimos dados pelo juiz. Não a quero em meu apartamento. Da próxima vez, chamo a polícia!

— Ela já foi embora.

— Ainda bem... é muito intrometida.

— Marília, por favor, fale mais baixo. Não sou surdo! Sente-se, precisamos conversar.

Marília pensou ser algum assunto de seu interesse, assim, sentou-se aos pés da cama entusiasmada.

— O que me deu para tomar ontem à noite?

Marília o olhou assustada, mas não tinha medo ou insegurança em seu olhar. Ela sempre fazia o que queria, nada temia.

— Eu não lhe dei nada, por quê?

— Por que o dr. Ciro me fez um exame de sangue e constatou uma droga muito forte. Enquanto eu ainda estiver aqui, não quero que entre em meu quarto, não quero você perto de mim. Desta vez não vou à polícia denunciá-la por tentativa de homicídio, mas não haverá próxima; caso contrário, coloco-a atrás das grades. Entendeu, Marília?

— Eu não fiz nada, você não estava bem e Margarida me trouxe um remédio, eu apenas o dei para você tomar, não tenho nada a ver com isso! Você confia em todos, até na empregada, menos em mim. Se alguém tem culpa em alguma coisa não sou eu. Silvana também esteve aqui, por que só eu lhe faço mal?

— Marília, não vou ficar discutindo com você. Só a estou avisando de que não a quero mais em meu quarto, principalmente quando eu estiver.

— Está vendo? Todos me querem ver pelas costas, mas não vai ficar assim. Antes de me denunciar, coloco todos na cadeia. Principalmente aquela baiana que pensa que me intimida.

— Esqueça Silvana, ela não está preocupada com você. Logo vou me mudar e você não vai mais se encontrar com ela.

— Soube que vão se casar, que já estão montando o apartamento!

— O que lhe interessa? Marília, você nunca se importou com o que eu fazia, com os meus sentimentos! Por que essa mudança repentina?

— Silvana não é mulher para você.

— E quem é você para me dizer isso? Não me faça rir, por favor, deixe-me em paz. Você me abandonou há mais de cinco anos. Você nunca me amou. Só voltou porque o dinheiro que roubou da minha conta acabou. Sem saída, resolveu reivindicar seus direitos. Quando eu sair daqui, nunca mais quero vê-la. Agora, deixe-me em paz pelo menos até que eu possa ir embora definitivamente.

Ela achava que Sidney não podia ter perdido toda a admiração que sempre sentira por ela, mas ela não ia facilitar as coisas. E sem que ele esperasse, aproximou-se e o beijou nos lábios.

— Eu o amo.

Sidney a empurrou.

— Por favor, saia do meu quarto!

— Será que não enxerga que ainda nos amamos?

— Marília, você nunca sentiu nada por mim, e eu me pergunto todos os dias por que fui tão burro e ingênuo.

— Sei que errei muito, mas mudei e me arrependo de ter ido embora. Voltei e quero cuidar de você, quero estar ao seu lado!

— Você não vai me deixar em paz? Tudo bem, pode ficar, eu saio!

Sidney foi se arrumar e Marília não saiu de perto dele. Quando estava saindo, ela se atirou a seus pés e disse, quase gritando, encenando lamentações:

— Por favor, Sidney, vamos nos entender. Preciso de você e você de mim!

Sidney puxou-a pelos braços e a fez se levantar.

— Nada que fizer vai mudar o que sinto por você. Portanto, não precisa fazer seu teatro, não vai me convencer. Amo Silvana e vou me casar com ela; nada nem ninguém vai nos separar, entendeu?

Sidney saiu e Marília se jogou no sofá, sentindo uma raiva profunda no peito. Pensava em um modo de não deixá-lo sair do apartamento: "Preciso agir depressa, não posso concordar que ele vá embora. Mas o quê? Se ela pensa que vai tê-lo, está enganada. Quero que ela morra e saia de meu caminho".

A esses pensamentos, pegou o celular e fez uma ligação:

— Alô? Sou eu, Marília. Pode me encontrar daqui a meia hora?

Sidney era um rapaz bom, ingênuo, não tinha maldade no coração. Ao mesmo tempo em que hostilizava Marília, sentia pena. Na verdade, mesmo depois de ela tê-lo feito sofrer, não guardava rancor. Tudo já havia passado, ele não era uma pessoa que se apegava a mesquinharias.

* * *

Depois do telefonema, ela pegou a bolsa e saiu. Mais ou menos uma hora depois, chegou ao local do encontro. Tocou a campainha e foi recebida.

— Preciso muito de sua ajuda!

— O que posso fazer por você?

— Assim que o apartamento dele ficar pronto, ele vai embora. Não posso permitir que isso aconteça.

— Mas não queria apenas entrar na justiça e pegar o que era seu de direito? Por que agora não quer que ele vá embora?

— Porque não quero. Não vou deixá-lo ir.

— Marília, todo mundo sabe que você nunca amou Sidney. Só estava de olho no dinheiro dele.

— Isso foi antes, agora quero Sidney ao meu lado, quero-o para mim!

— Marília, Sidney está de casamento marcado!

— E daí? Isso não pode acontecer, tenho de dar um jeito para que esse casamento não se realize!

— Marília, deixe-os em paz. Já lucrou muito com sua volta. Conseguiu o apartamento, vai ter uma boa pensão. O que mais quer?

— Preciso reconquistar meu marido!

— Vai me dizer que de repente caiu de amores por ele?

— É isso mesmo. Amo-o e o quero de volta!

— Você pode jurar por sua mãe, por seu pai, por Deus, ninguém vai acreditar nesse amor repentino.

— Você bem que poderia me ajudar...

— Não conte comigo.

— Mas quem vai me ajudar?

— Marília, tire-me dessa, pelo amor de Deus!

— Você é burro mesmo, todos nós vamos lucrar se separarmos os dois! Por favor, ajude-me; pense em alguma coisa antes que seja tarde. Se ele sair de lá, não conseguirei trazê-lo de volta. Ele vai se casar com aquela vadia, e isso nós não podemos permitir! Tive uma ótima ideia, logo será a formatura dela!

— Como sabe?

— Não interessa, tenho minhas fontes. Por favor, vamos nos ajudar.

Marília contou mais ou menos o que havia pensado e combinou que assim que Sidney voltasse a trabalhar, colocaria o plano em prática.

* * *

Silvana pediu que Sidney ficasse descansando até melhorar. Mas ele estava resistente, dizia que não conseguia ficar parado enquanto ela estava se desdobrando para que nada atrapalhasse o andamento da construtora.

Depois daquele dia, Sidney ficava mais no apartamento de Silvana do que no de Marília. Ia apenas a cada dois dias para levar algumas roupas para Margarida lavar e pegar outras limpas.

Depois de um tempo, Sidney já se sentia melhor e foi para a construtora. Era hora do almoço e ele entrou na sala de Silvana.

— Agora não posso, meu amor. Vá você, mais tarde peço para a Cris buscar um lanche.

— De jeito nenhum, está trabalhando muito por minha causa. Daqui a pouco quem vai adoecer será você.

— Tudo bem, vamos deixar algumas coisas para resolver mais tarde.

Sidney e Silvana foram almoçar. Estavam muito bem. Sentiam uma felicidade plena. Ela se rendera aos encantos do amigo e, com as bênçãos de Deus, passou a amá-lo como eterno amante. A jovem conseguira se abrir para o amor, para a vida, e se entregara completa e totalmente a Sidney.

Vera já havia saído da construtora de Sidney. Não gostava de vê-lo bajulando a irmã e ainda cultivava sentimentos negativos. Ela não tinha má índole, mas achava a irmã mais bonita, vistosa, comunicativa, simpática... todos os adjetivos de qualidades pertenciam a Silvana. Não importavam as outras mulheres, todas para ela eram sem graça. Vera não se dava o devido valor, apesar de ser tão bonita quanto a irmã. As duas baianas se pareciam muito, mas infelizmente ela endeusava Silvana e cultivava a inveja.

Leonor, mesmo sem entender seus dons mediúnicos, orava muito, pedindo entendimento para os filhos, principalmente para Vera e Jorge, que ainda insistiam em cultivar a mágoa e o rancor pela irmã mais velha. Silvana, por sua vez, a pedido da mãe, só ia à sua casa quando os dois não estavam. Tudo havia mudado para aquela baiana bondosa. Leonor, embora sofresse pelos filhos, amava muito Sidney. Sua posição era sempre apoiar o genro e Silvana em tudo de que precisassem. Ela estava ao lado da justiça e da verdade.

Sidney e Silvana entraram no restaurante e se acomodaram, fazendo os pedidos.

Sidney estava realizado, logo iria se casar com a mulher que havia muito amava. Dentro dele, carregava grandes lembranças, mas não sabia ao certo o que se passava em sua alma. Temia por seu casamento não dar certo, que a cerimônia não se realizasse...

— Não vejo a hora de nosso casamento chegar!

— Por que está tão impaciente? Faltam poucos dias, amor.

— Eu sei, mas se fosse amanhã seria melhor.

Silvana sorriu e passou a mão no rosto dele.

— Eu o amo tanto, como pude ficar sem você por tanto tempo? Como fui idiota!

— Eu que a amo mais do que devia. Você é tudo que faltava em minha vida. Como pôde me fazer esperar tanto?

— Eu fui uma tola mesmo, talvez estivesse com medo desse amor, não sei. Mas isso é passado, vamos ao futuro. Reconheço que sempre o amei.

Silvana parou por alguns segundos, pensou, depois concluiu:

— Posso lhe fazer um pedido?

— Claro, por você farei qualquer coisa.

— Enquanto ficava ao seu lado, até que despertasse, conversei muito com o dr. Ciro. Ele me disse coisas interessantes sobre a vida, a morte e os males que adquirimos. Fiquei curiosa, gostaria muito que fôssemos com ele à casa espírita. O que acha?

— Casa espírita?

— Sim, ele nos convidou para conhecermos e assistirmos a uma palestra. Desde então, estou pensando muito no assunto. Ele disse que faria muito bem para nós, que nos esclareceria muitas coisas sobre a vida. Os "porquês" que tanto nos indagamos. E também que poderíamos fazer um tratamento para as coisas ruins que acometem nosso espírito.

— Podemos combinar.

No dia seguinte, às sete horas da noite, Sidney foi buscá-la para irem à casa espírita. Leonor também foi, Silvana a convenceu de que seria bom que ela entendesse o que estava acontecendo, já que seus sintomas estavam se intensificando.

Os três chegaram no horário combinado. Ciro já os esperava.

Logo que começou a palestra, Leonor sentiu-se diferente, estranha, mas procurou se controlar, não queria logo no primeiro dia dar vexame. Silvana ficou preocupada com a mãe e segurou em sua mão para dar-lhe segurança. Depois da palestra, Ciro os encaminhou para os passes. Sidney e Silvana entraram em uma sala e Leonor em outra. A mãe, embora não soubesse com segurança o que acontecia com ela, ao entrar e se sentar, não ficou com medo, pelo contrário, sentiu-se muito bem. Havia um perfume suave no ar e, aos poucos, ela foi se entregando à sonolência. Por alguns momentos, ficou ausente. O médium que a atendia pôde conversar com o mentor que a acompanhava.

Quando Leonor voltou ao seu estado normal, derramou algumas lágrimas pela emoção que sentia. Contudo, não sabia explicar o porquê. O médium espalmou suas mãos sobre ela e assim ficou por um tempo. Aos poucos, a mulher se aquietou e sentiu uma paz infinita.

— Como se sente, irmã?

— Sinto-me muito bem; aliás, nunca senti nada tão bom em toda a minha vida.

— Irmãzinha, você é uma ótima médium. A espiritualidade a chama para trabalhar.

— Para trabalhar? Como assim?

— Quando digo trabalho, refiro-me ao apoio que a senhora pode dar aos irmãos que aqui chegam procurando conforto e fortalecimento para seguirem suas provas como a senhora, por exemplo, e a outros irmãozinhos, que já desencarnaram, mas que ainda não obtiveram entendimento para seguir adiante.

— Mas, senhor, não entendo nada desse assunto. Como posso auxiliar?

— Acalme-se, irmã. Tudo a seu tempo. Sabemos que tem de aprender e entender muitas coisas. Se quiser voltar amanhã, iniciaremos um curso para médiuns como a senhora, que precisam de esclarecimentos sobre como agir em certos acontecimentos. Com o tempo, a senhora terá todas as respostas para suas dúvidas.

— Muito obrigada por esses minutos tão confortantes — disse Leonor, beijando as mãos do médium e saindo da sala.

* * *

Silvana e Sidney estavam numa sala. Ele não estranhou nada, já havia em seu espírito alguns ensinamentos. Silvana, porém, ficou apreensiva.

— Não se preocupe, minha irmã, não tenha receio. Confie no mestre Jesus.

Silvana olhou assustada para Sidney. Ele, por sua vez, fez sinal para que ela prestasse atenção ao médium à sua frente.

— Diga-me, meu jovem, há quanto tempo sente sintomas de perturbação?

Sidney ficou confuso, mas não queria sair com dúvidas.

— A que perturbação o senhor está se referindo?

— Às perturbações mentais que tem sentido e que descobriu não faz muito tempo.

Sidney baixou a cabeça.

— Não se envergonhe, meu irmão. O primeiro passo é aceitar os fatos novos que vêm ao nosso encontro, para que consigamos sua recuperação com êxito, total ou parcial. É muito importante essa aceitação para que possa entender o que está se passando com você e para que possamos tratá-lo.

— Não sei ao certo, mas começou há alguns anos; não posso ficar sem tomar medicamentos.

— Não gosta de ser contrariado.

— Como disse?

— Irmãos que sofrem desses transtornos são espíritos contrariados, que ainda não aceitam suas vidas passadas.

— Contrariados?

— Sim... A esses espíritos foram impostas algumas responsabilidades e eles as cumpriram, mas não por livre e espontânea vontade; não as realizaram com amor e entendimento. Por conta disso, sentem-se infelizes e impotentes diante de alguns caminhos a serem seguidos. Muitas vezes, tornam-se tão infelizes que se subjugam e abreviam a vida, pensando que tudo acabará. Viver é uma arte, é preciso entender a vida para que se possa fazer escolhas. Algum tempo atrás, não muito distante, por ignorância dos povos, foram impostas algumas regras, de acordo com a cultura e os costumes, e muitos, como você, não tiveram argumentos para dizer "não". A obediência à hierarquia entre certos povos, muitas vezes, faz com que as pessoas sejam submetidas a "realizações" que permitem ultrapassar o tempo e o espaço, e que até hoje não conseguiram romper a barreira da evolução planetária.

    Sidney se chocou com as palavras que o mentor disse. Suas explicações justificavam seus transtornos. Ele nunca poderia imaginar que em alguma vida passada tivesse cometido suicídio.

    — O senhor está tentando me dizer que eu posso ter cometido o suicídio?

    — Não necessariamente, caro irmão. Mas a verdade é sempre malvista e você não é o único que não a aceita. Muitos preferem viver na ignorância a ter de viver com a verdade. Quero dizer com isso, que não está em nossas mãos decidir nossas próprias vontades. Quando digo "vontade", "desejo", quero dizer que nem sempre podemos compartilhar de acontecimentos que realmente nosso espírito deseja vivenciar. Muitas vezes, é preciso que rompamos a barreira de tantos "sim" para podermos ser felizes realmente, mesmo que doa a um irmão de seu convívio. Não conseguimos agradar a todos, mas também não devemos prejudicar ninguém, temos de ser verdadeiros sempre. Não se preocupe com seus possíveis erros passados, preocupe-se em não errar mais.

    Mesmo Sidney tendo a consciência de que poderia ter cometido erros terríveis, sentiu-se feliz com a explicação do médium a respeito daquelas possíveis verdades a seu respeito. Naquele momento, sentiu que estava na hora de aceitar os males de suas enfermidades. Para ele foi de muita ajuda, pois aprendeu que os males, sejam quais forem, sempre vêm do espírito, que é imortal e intransferível, pois somos o que somos e ponto final. Cabe a cada um desejar o aperfeiçoamento, a evolução, deixando a ignorância pelo caminho de tantas vidas vividas.

Silvana, diante de tantos ensinamentos, emocionou-se. Em silêncio, enxugava as lágrimas que desciam pelas faces. O médium pegou em suas mãos e disse:

— Está em suas mãos amá-lo, apoiá-lo e nunca deixá-lo desistir. A vida é uma dádiva que o Criador confia a cada um de seus filhos.

— A minha missão é só essa?

— E acha pouco?

Antes que o casal se despedisse, o médium concluiu a consulta:

— Às quintas-feiras, fazemos tratamentos específicos para as possíveis enfermidades. Se quiserem participar, sintam-se bem-vindos.

Sidney sorriu para Silvana com uma paz indescritível a envolvê-lo. O médium aplicou um passe no casal e, em seguida, eles saíram.

Leonor, acompanhada de Ciro, já os esperava. Logo que saíram, ela perguntou:

— Já estão prontos?

— Já sim, mãe, podemos ir.

Ciro os acompanhou até a porta sem perguntar nada. Sabia que cada um teria de refletir sobre tudo o que havia acontecido naquela noite. O médico fizera sua parte, agora era com eles aceitar ou não o auxílio dos amigos da pátria espiritual.

CAPÍTULO 38

No Egito

DEPOIS QUE SIDNEY deixou a futura sogra em sua casa, seguiu com Silvana para o seu apartamento.

— Quer tomar um café?

— Não precisa perguntar duas vezes — respondeu.

O casal subiu abraçado. Ambos haviam descoberto a felicidade e nada conseguiria separá-los. O amor, quando é forte e sincero, é a certeza de uma união duradoura.

— Aonde será que eles foram, hein? — questionou Marília à espreita dentro do carro.

— Vamos embora, Marília. Deixe-os viver a vida deles!

— Ah, meu amor, está com ciúme de mim?

— Claro que não, mas vigiar os passos de minha irmã me dá a impressão de que quero o seu mal. Ela é minha irmã!

Marília beijou os lábios de Jorge ardentemente e se explicou:

— Você não vê que se Sidney casar com sua irmã não poderemos mais tirar dinheiro dele?

— É isso mesmo? Às vezes, tenho a impressão de que o quer de volta.

— Pare com isso, tenha paciência, logo tudo isso vai acabar. Assim que eu tiver a senha da conta dele, pego todo o dinheiro e fugimos. Você quer ou não comprar sua frota de táxi?

— Claro que eu quero, mas não quero prejudicá-los. Marília, é isso mesmo, você só está pensando no dinheiro de Sidney?

— É claro, Jorge. Qual outra razão teria?

— Não sei, mas às vezes me parece outra coisa. Marília, deixe-os em paz, vamos viver a nossa vida!

— Enquanto não pegar o dinheiro da conta dele não posso esquecê-los. Aquele dinheiro é meu!

— Não é, não senhora! Aquele dinheiro é do Sidney, que já lhe deu a sua parte!

— Quero vê-lo na miséria! — disse Marília com ódio nos olhos. Havia muita raiva em sua alma, e a cada dia desejava mais que Silvana se desse mal.

Marília sentiu um arrepio percorrer-lhe o corpo. Disfarçando o medo que sentiu, beijou Jorge nos lábios demoradamente.

— Agora vamos embora! — pediu Jorge.

Marília concordou. Chegou em casa já de madrugada. Foi direto ao quarto de Sidney, mas ele não havia voltado, o que a deixou furiosa: "Ah, maldita, deve estar dormindo com ele! Mas falta pouco para eu acabar com você, sua vadia, vou mandá-la para o quinto dos infernos!".

Num repente, as luzes se apagaram. Marília gelou, saiu tateando os móveis até chegar à cozinha para procurar uma vela para acender. Olhou em todas as gavetas, mas não encontrou nenhuma. Tremendo de medo, voltou para a sala, passando pelo corredor e alcançando o quarto. Assim que entrou, trancou a porta com a chave e pulou na cama, escondendo a cabeça debaixo das cobertas.

Passaram cinco minutos mais ou menos e as luzes se acenderam. Ela, toda molhada de suor, não se arriscou a sair de baixo das cobertas.

***

Depois do café feito por Silvana, os dois apaixonados sentaram-se diante da televisão e, abraçados, adormeceram.

Silvana sonhou com o mesmo lugar de outras vezes. No sonho, ela sentou-se à beira do lago e ficou a contemplá-lo.

— Como tem passado, Silvana?

Ela não se esforçou para ver de quem se tratava; sabia que logo Samuel ressurgiria, como sempre.

— Muito bem.

— E Sidney, como tem passado?

— Samuel, pode ir direto ao assunto, quer saber se amo Sidney, não é? E que agora tenho de lhe dar razão!

— Não precisava ser tão direta assim.

Silvana havia mudado, já não se incomodava com a presença de Samuel.

— Peço-lhe perdão por ter sido mal-educada com você. Admito que não queria deparar com a realidade, mas amo Sidney com toda a força do meu ser.

— Não há do que perdoá-la, sabia que era questão de tempo para deixar fluir o seu amor.

— Fiquei com medo quando o encontrei largado sobre a cama. Senti muito medo de perdê-lo. Sidney é o homem da minha vida.

Quando Silvana terminou a narrativa e silenciou, Samuel sentiu grande emoção e em seus olhos despontaram algumas lágrimas.

— Era isso que cobrava de mim? Pois então, já tem a resposta!

— Lembra-se de Zaid?

— Zaid? — perguntou Silvana ao visualizar *flashes* em sua memória.

Samuel segurou suas mãos com carinho e, em poucos instantes, Silvana transportou-se para o Egito antigo, o berço da civilização.

Zaid estava em um salão imenso rodeada de pessoas vestidas ricamente com roupas confeccionadas com puro linho e cobertas de ouro. Era uma grande recepção que seus pais, Elíon e Ain, ofereceram para tratar de seu casamento.

Zaid era completamente apaixonada por Hathor, príncipe do Egito e filho único de um faraó. Seu pai, por conta de alianças políticas, tratou de casá-lo com Zaid. A festa estava animada com muitas dançarinas a entreter os convidados. Halima andava pelo meio dos convidados com vestes simples. Ela não precisava de adorno algum, pois sua beleza embriagava a todos. Seus cabelos negros como ébano desciam por seus ombros até a cintura sinuosa, esvoaçando-se à medida que andava delicadamente. Seus olhos negros enfeitiçavam os egípcios. Halima tinha elegância até para servir os convidados. Era a escrava da casa.

Hathor a seguia com os olhos e não perdia sua aparição. Assim que ela se distanciou em direção aos jardins, Hathor, enfeitiçado por sua beleza, seguiu seus passos. Quando alcançou os degraus que davam para o imenso jardim em meio ao deserto, percorreu com os olhos todos os lados, e logo a avistou e se aproximou.

— Pensei ter visto uma miragem, uma linda e provocante miragem.

— O senhor deseja alguma coisa? — perguntou a escrava educadamente, ainda com a cabeça baixa.

Hathor chegou perto e, atrevidamente, com a ponta dos dedos, levantou seu rosto delicadamente.

— Sua beleza me embriaga. Os deuses todos devem se curvar diante de você. Onde esteve escondida? Acho que em meio à quimera.

Halima, ao cruzar com os olhos penetrantes do príncipe, sentiu como se sua alma esvaísse rumo ao esplêndido luar no céu infinito. Passados alguns instantes, ela se desvencilhou e tentou sair. Hathor segurou-a pelo braço.

— Quando posso vê-la, minha bela rainha?

— Desculpe, senhor, mas tenho de ir.

Halima novamente se virou para sair, e mais uma vez o príncipe a impediu:

— Diga-me quando posso vê-la.

— Estarei entre os mercadores amanhã pela manhã, senhor...

A jovem escrava, muito nervosa, saiu correndo. De repente, parou no meio do caminho e perguntou:

— Qual é seu nome, senhor?

— Hathor... Minha linda rainha!

Finalmente, ele havia encontrado a mulher por quem seu coração se escravizou. Halima, quando entrou na cozinha, girava feliz... "Hathor"

— O que está dizendo, Halima?

— Ele se chama Hathor... Hathor...

Halima, completamente tomada pela emoção, gritava o nome do príncipe.

— Hathor quer dizer "patrono do amor"! Fala do príncipe? — perguntou a escrava assustada.

— Não sei se é príncipe... Só sei que é forte e alto como um faraó!

A escrava, com medo, respondeu:

— Não deve pensar nele. Está prometido para Zaid. Hoje mesmo seu pai brindará seu noivado. Ele não é um faraó, é filho de um. É o príncipe herdeiro!

Halima fechou o cenho.

— Por que só os ricos podem ser felizes?

— Por que é assim há muito tempo. Venha, vamos servir os convidados. Esqueça que cruzou com esse homem em sua vida.

— Não vou esquecê-lo... — gritou aos prantos.

As imagens se apagaram da memória de Silvana, que se reconheceu como Halima. Quando se deu conta, Samuel estava ao seu lado, auxiliando-a em suas aflições.

— Eu vi Hathor, Samuel!

O espírito de luz mais uma vez molhou o rosto e os pulsos dela, fazendo-a serenar:

— Quem é Hathor?

— Um grande amigo. Agora precisa voltar.

— Mas preciso saber quem é ele!

— Da próxima vez...

Samuel a colocou de volta ao corpo e seguiu seu caminho.

Silvana despertou assustada ao lado de Sidney, que dormia tranquilo alheio aos seus sonhos. A jovem, ao vê-lo, abraçou-o com medo desconhecido. Depois de olhar fixamente seu rosto, adormeceu novamente. Na manhã seguinte, quando Sidney despertou, Silvana já estava pronta e com a mesa do café posta para o desjejum.

— Silvana... — chamou-a.

— Estou na cozinha, meu amor.

— Sidney ainda meio sonolento, foi à cozinha e abraçou-a.

— Bom dia! Não está com o corpo dolorido por dormir no sofá?

— O que é uma dorzinha quando estou ao seu lado?

— Ah, seu bobo... Vá tomar um banho. Vou esperá-lo para tomarmos café juntos.

Sidney beijou seus lábios feliz e foi tomar banho. Passado algum tempo, os dois se sentaram à mesa e tomaram café.

— Sidney! Já passa das nove horas e eu ainda estou aqui!

— E daí, quem poderia não gostar é seu patrão, mas como ele também ainda não chegou, nem vai saber.

Sidney era outro homem. Puxou-a e a abraçou novamente. Enquanto ria da brincadeira, murmurou em seu ouvido:

— Sou o homem mais feliz do mundo, sabia?

— Eu também. Prometo que nunca mais ficarei longe de você.

Eles se beijaram apaixonadamente e, em seguida, saíram para trabalhar.

Sem que notassem, Marília os seguia o todo tempo. Alheios à vida de outras pessoas, não a notaram.

* * *

Os dias se passaram e finalmente Silvana iria receber o diploma. Sidney estava orgulhoso por todo o esforço que ela fizera para se formar. À noite, dona Leonor e Sidney foram à colação de grau. Jorge e Vera se recusaram, ambos achavam que a irmã não merecia ser feliz. Mas tanto um como o outro não deixaram que a mãe percebesse. Leonor pensou que o motivo era outro, pois eles deram uma desculpa. Silvana não participou do baile de formatura, não quis gastar, já que as despesas para o enxoval e para a decoração do apartamento ainda eram altas. Ela ainda pagava aluguel. Contudo, sem que soubesse, Sidney, que fazia questão que ela participasse das comemorações com os colegas de turma, generosamente pagou e lhe fez uma surpresa, com a colaboração da futura sogra.

O baile iria acontecer num sábado. Pela manhã, quando o interfone tocou, ela atendeu:

— Pois não?

— Silvana, chegou uma encomenda para a senhorita.

— Uma encomenda?

— Isso mesmo, é uma caixa bem grande.

— Tem certeza de que é para mim? Não comprei nada!

— É sim, vou pedir que Luís, meu filho, vá entregar.

— Tudo bem, pode subir.

Silvana ficou encafifada; não imaginava que o namorado pudesse surpreendê-la tanto. Assim que o filho do porteiro lhe entregou a imensa caixa, ela abriu rapidamente. Quando deparou com um belíssimo vestido lilás bem claro, deixou que as lágrimas escorressem pelas faces e leu:

Para a melhor mulher do mundo.
Meu amor, sei que este vestido não se compara a nada que mereça. Contudo, é uma pequena parcela de tudo o que fez por mim, desde aquele dia em que precisei de você quando me internei para fazer a cirurgia, até os dias de hoje. Espero que aceite e me faça feliz também quando estiver lindíssima dentro dele dançando em meus braços, em sua formatura. Vou buscá-la às dez horas da noite.
Te amo.

Silvana chorou por longos minutos. Sua alma regozijava-se imensamente por descobrir que o amor eleva e se move por todos os caminhos, principalmente quando se tropeça. Percebeu que amar era um bem sem tamanho e não havia sacrifícios que iria impedi-la de ter Sidney durante toda a sua existência. A jovem sentiu-se plenamente feliz e agradecida por ter um homem como ele ao seu lado.

CAPÍTULO 39

Uma emboscada

JÁ PASSAVA DAS sete horas da noite quando Silvana começou a se arrumar. Ao se olhar no espelho gostou do que viu, achou-se bonita.

No horário combinado, Sidney chegou para pegá-la. Ainda passariam na casa de Leonor para irem ao baile. Quando ele a viu, encantou-se com tanta beleza.

Mas quando estavam chegando próximo à casa de Leonor, foram abordados por três homens encapuzados e armados.

— Perdeu, parceiro, desce... desce rápido...

Sidney e Silvana ficaram completamente apavorados, mas não reagiram. Ao descerem do carro, um dos homens apontou a arma para a cabeça de Sidney e o mandou deitar-se no chão, enquanto os outros agarraram Silvana, encapuzaram-na e colocaram-na dentro de outro carro, saindo em alta velocidade.

Sidney começou a gritar descontroladamente. A vizinhança saiu à rua.

Leonor, no meio das pessoas assustadas, aproximou-se para ver o que estava acontecendo e ao deparar com o futuro genro chorando desesperadamente perguntou:

— O que houve, meu filho?

Sidney mal conseguia ficar em pé; agarrou a senhora e disse aos prantos:

— Levaram sua filha, dona Leonor... levaram Silvana.

— Acalme-se, Sidney... vamos chamar a polícia.

Sidney não conseguia reagir, o pavor tomou conta dele; suas lágrimas vertiam num desespero lamentável. Ela foi obrigada a se impor:

— Escute aqui, rapaz, ficar desse jeito não vai resolver nada. Esfrie a cabeça e vamos tomar as providências! Seja forte, tudo será resolvido!

Sidney, com grande esforço, tentou manter o ânimo. Leonor, com dificuldade, conseguiu fazer com que ele entrasse em sua casa. Seu desespero era tão grande que queria pegar o carro e sair à procura de Silvana. Os vizinhos se comoveram com a situação da mãe e do noivo. Leonor achou prudente pedir ajuda ao dr. Ciro, pois somente ele saberia acalmar Sidney. Isaura e João chegaram nervosos; contudo, procuraram não deixar transparecer.

A polícia chegou e colheu os depoimentos de todas as pessoas. Qualquer detalhe, naquele momento, era de grande importância para agir rapidamente. Todos estavam muito abalados. A casa de Leonor ficou muito movimentada, todos passaram a noite em claro esperando que os sequestradores entrassem em contato. Alguns policiais, com treinamento especial para esse tipo de crime, montaram um plantão utilizando equipamentos de alta tecnologia caso os sequestradores entrassem em contato, a fim de facilitar a localização da vítima. Foram horas de terror e ansiedade para todos os que estavam naquela casa. Vera chegou mais tarde, mas chorava sem parar. Jorge não estava nem apareceu. A polícia, depois de saber de seu envolvimento com uma das principais suspeitas, passou a ser procurado como um dos possíveis sequestradores.

João não deixou o filho um só momento. Isaura e Leonor suplicavam em preces que Silvana estivesse a salvo. Os amigos espirituais tentavam protegê-la de eventuais maldades, comuns entre os sequestradores sem escrúpulos, imersos na ignorância das trevas, que pensam que nunca terão de arcar com seus atos.

* * *

A jovem foi levada para uma casa abandonada, longe do centro da cidade.

Quando chegaram com a vítima, tiraram seu capuz, amarraram-na e amordaçaram-na, para que ela não gritasse. Seus olhos mostravam terrível pavor. Silvana olhava à sua volta e esperava os piores acontecimentos.

Viu-se em um cubículo horrível, mal conseguia respirar. Cheirava mal e não entrava sequer uma fresta de luz. Os criminosos ficaram em uma sala ao lado.

Os dois que haviam ajudado a criminosa receberam o dinheiro e foram embora para não levantar suspeitas. Passada mais ou menos uma hora, Marília entrou no local em que Silvana estava amarrada.

— Você me subestimou, sua vadia! Pensa que esqueci que me colocou para fora do apartamento do meu marido?

Silvana, amordaçada, não podia responder. Seus olhos arregalados mostravam muito medo. Marília, com uma faca na mão, ameaçava-a, passando a lâmina em seu rosto.

A jovem não conseguiu conter as lágrimas que desciam por seu rosto.

— Depende de você ser livre ou não. Sabe que você mesma me obrigou a tomar essa atitude. Por que tinha de aparecer na vida do meu marido? Sidney me ama, sempre me amou. Ele não a quer, não sei por que insiste em ficar com ele.

Marília estava descontrolada, andava de um lado para outro, completamente fora de si. De repente, aproximou-se de Silvana, quase colando seu rosto ao dela, e gritou:

— Você não vai tê-lo... você não o merece... — E, sem que ela esperasse, arrancou a fita adesiva que a impedia de falar. — Diga alguma coisa, sua maldita! Quero vê-la suplicando por sua vida!

Silvana tremia tanto que mal conseguia pronunciar uma palavra. Marília vociferou impaciente:

— Fale, maldita! Implore por sua vida!

Silvana, com todo corpo tremendo, pediu com a voz quase sumida:

— Por favor, Marília, não me mate. Eu lhe suplico por minha vida.

Marília, rindo escancaradamente, olhou bem dentro dos olhos de Silvana, e com ar sádico concluiu vitoriosa:

— Sua imunda, pouparei sua vida se deixar Sidney livre. Ele precisa de mim, sempre precisou e sempre será meu, entendeu? — gritou mais uma vez no ouvido de Silvana.

Marília sentiu-se feliz por ver o sofrimento de Silvana. Tampou sua boca novamente com a fita adesiva e saiu, trancando a porta pelo lado de fora.

Silvana estava apavorada, as lágrimas desciam torrencialmente. Depois de certo tempo se fez um silêncio absoluto do lado de fora. Silvana sentiu-se definitivamente sozinha no meio do nada. Com incertezas a envolvê-la, pensou na casa espírita e rogou aos amigos espirituais por sua vida, pedindo clemência por todos os seus possíveis erros: "Por favor, meus amigos, permitam que Marília se acalme e recupere a razão. Não deixe que Sidney se entregue ao desânimo e sofrimento, ampare-o nesta hora tão difícil para todos nós".

* * *

Marília chegou ao seu apartamento quando já estava amanhecendo. Assim que entrou, viu Margarida acordada no meio da sala na companhia de alguns policiais:

— O que houve?

Margarida se levantou abatida.

— Silvana foi sequestrada.

— Meu Deus, como isso aconteceu?

— Ainda não sabemos.

O policial, colocando a xícara de café sobre a mesinha de centro, questionou-a:

— Posso fazer-lhe algumas perguntas?

— Claro, se puder ajudá-los.

— Teve alguma desavença com a vítima?

— Não. Tivemos um desentendimento alguns meses atrás, mas nunca mais nos encontramos. Meu marido é testemunha que nunca mais nos vimos.

— Senhor Sidney disse que é divorciado, que não é mais seu marido. Por que se dirige a ele como marido? Tem alguma coisa a declarar?

O policial, na tentativa de confundi-la, fazia muitas perguntas ao mesmo tempo. Marília se mantinha muito tranquila, parecia que estava sofrendo pelo acontecido.

— Desculpe, é verdade. Sidney e eu já nos divorciamos. É que faz tão pouco tempo que ainda o trato como marido. É força do hábito.

— Senhor Sidney disse que Silvana, a moça sequestrada, é sua namorada e que em breve vão se casar. A senhora confirma isso?

— Sim.

— Sabe se a vítima tinha algum desafeto em seu círculo de amizade? Ex-namorado ou algo assim?

— Que eu saiba não. E depois faz tempo que...

A intenção de Marília era confundir o policial.

— Não senhor, é bobagem minha — disse Marília criando certo embaraço para que o policial suspeitasse de Marcelo. Pensava que antes ele do que ela.

— Não sei de nada.

— Conhece Marcelo Munhoz Neto?

— Conheço, por quê? Não está pensando que ele seria capaz de algo como um sequestro, seria?

— Não estamos pensando nada, senhora. Apenas fazemos nosso trabalho — respondeu o policial secamente.

— Ele foi namorado da vítima, confirma?

Marília voltou a fazer cara de quem não queria complicar ninguém. Ela não esperava que fosse encontrar o batalhão inteiro da polícia em seu apartamento.

— Sim, confirmo.

— Como a senhora pode confirmar que Marcelo Munhoz Neto foi namorado da vítima, se a senhora ficou durante cinco anos desaparecida?

— Bem... é que...

— Pode continuar, sra. Marília — disse o policial.

— É verdade, não os vi juntos, mas soube por Marcelo mesmo que Silvana foi sua namorada.

— Então a senhora confirma que esteve com Marcelo quando voltou depois de cinco anos para reclamar seus direitos em relação ao término do casamento entre a senhora e o sr. Sidney?

— Sim... — Marília não quis se prolongar na resposta.

— A senhora tinha amizade com o sr. Marcelo quando era casada com o sr. Sidney?

Marília estava ficando impaciente, olhou para Margarida, que não a ajudou em nada.

— Sim... ele é o melhor amigo de meu marido.

— Era seu melhor amigo também, sra. Marília?
— Bem...
— Era ou não, sra. Marília?

Marília ficou confusa, mas por fim respondeu:

— Não... Era meu amigo, mas isso não quer dizer que era meu melhor amigo!

O policial se voltou para Margarida, que estava muito triste, e concluiu:

— Bem, senhora, já terminamos. Se soubermos de alguma coisa entraremos em contato. Isso cabe a vocês também, qualquer novidade nos comuniquem. Mais uma coisa: ninguém pode se ausentar da cidade, fazer viagens ou qualquer coisa do tipo. É importante que estejam na cidade caso precisemos de novo depoimento.

— Meu também? — perguntou Marília meio incomodada.

— Claro, da senhora também, todos os que tiveram contato com a vítima são importantes.

Os policiais saíram e foram ao apartamento de Marcelo, que passou a ser suspeito para os policiais. Não o encontraram.

Na manhã seguinte, quando ele soube do acontecido, foi direto para a casa de Leonor. Assim que entrou, ficou com pena de todos, principalmente de Leonor, João e Isaura, que estavam unidos orando.

— Meu Deus, dona Isaura, como isso foi acontecer?
— Pois é, meu filho, estamos muito tristes.
— E Sidney, onde está?
— Está no quarto inconsolável. Não quer sair, por favor, meu filho, vá falar com ele.

— Vou sim, dona Isaura — disse Marcelo muito triste também.

Assim que Marcelo entrou no quarto, Sidney foi para cima dele e começou a dar-lhe socos e pontapés. Todos correram para o quarto. Marcelo não entendeu nada.

— Pare, meu filho... Pare, por favor. Assim não vamos chegar a lugar nenhum!

Com dificuldade, João e Leonor, que era despachada, conseguiram tirar Sidney de cima de Marcelo, que chorava sem compreender o que estava se passando na cabeça do amigo. Leonor pegou Marcelo e o levou para a sala. João ficou no quarto.

— Que é isso, meu filho? Está muito descontrolado, não é assim que as coisas funcionam!

— Foi ele pai, tenho certeza!

— Foi ele o que, Sidney? — perguntou o pai nervoso.

— Foi Marcelo. Ele não aceitava o rompimento com Silvana.

— O que é isso, meu filho? Não pode sair acusando as pessoas sem ter provas!

— Sei que foi Marcelo. Peça a ele que a traga de volta!

João se calou; o filho estava muito nervoso para ouvir qualquer coisa.

Enquanto isso, na sala, Marcelo chorava muito. Não sabia se pela dor de Silvana ter sido sequestrada ou pelo amigo, que estava em um estado lastimável. Isaura o abraçou com carinho.

— Não chore, meu filho. Perdoe seu amigo, ele está completamente desesperado, desde ontem a noite não dormiu.

— Não fui eu, dona Isaura. Não faria uma coisa dessa. Amei Silvana, mas não faria nada nem a ela, nem ao meu amigo! Como isso foi acontecer?

Marcelo falava sem parar, estava chocado e deprimido tanto quanto Sidney.

— A única coisa que sabemos é que quando estavam chegando à casa de Leonor foram abordados por três homens encapuzados que sequestraram Silvana.

— E Sidney não fez nada?

— Não, meu filho. Sidney foi obrigado a se deitar no chão sob a mira de um revólver.

Marcelo ficou impaciente. Andava de um lado para outro. De repente, saiu como louco para a rua. Assim que se viu sozinho telefonou para o celular de Marília. Ela atendeu:

— Fale, Marcelo. O que você quer?

— Sua louca desmiolada, cadê a Silvana?

— Você vem perguntar para mim? Não é você que também morre de amores por ela?

— A polícia vai pegá-la, viu? Escute aqui, trate de trazer Silvana de volta ou vai se dar muito mal!

— Escute aqui, você, Marcelo... Acha que tenho alguma coisa a ver com o sumiço dessa maldita? Não fui eu, mas quer saber? Por mim ela pode morrer que não vou nem me importar!

Marcelo estava cego de ódio. Realmente gostava de Silvana, mas jamais faria uma coisa daquelas. Pela primeira vez em sua vida sentiu uma dor terrível ao pensar que ela poderia ser morta. Sem forças, sentado na calçada, ameaçou Marília:

— Vou lhe dar um tempo até a tarde. Se não aparecer com Silvana eu mando dar cabo de sua vida, miserável. Entendeu? Sabe que posso fazer isso, não sabe? Sabe que quando fico com raiva me transformo em um demônio, não sabe?

Marcelo desligou o celular na cara de Marília. Ela, por sua vez, sentiu um calafrio percorrer-lhe o corpo. Suas mãos, gélidas, começaram a transpirar.

Marília ficou com medo, pois sabia que Marcelo era capaz de tudo pelo amor que sentia por Silvana e pela amizade sincera que tinha por Sidney.

Ele foi para o seu apartamento e ficou esperando que Marília entrasse em contato com ele. Já passava das seis horas da tarde quando ela ligou. Marcelo atendeu.

— Fale, Marília. Já está trazendo Silvana de volta?

— Claro que não, não tenho nada a ver com isso. O descontrolado é você! É você que sempre a ameaça!

— Você está completamente louca! Jamais faria uma coisa dessas com Silvana! Você está com ela, não está? Tenho absoluta... — Marília o cortou:

— Quer parar de gritar comigo e me escutar? Juro que não fiz nada contra Silvana. Sei que não está bem, que gosta dela. Mas juro por Deus que não tenho nada com isso.

— Como posso acreditar nessa sua história, se você mesma fez planos contra ela. Você foi ao meu apartamento e deixou bem claro que era capaz de qualquer coisa para tirá-la do seu caminho!

— Você gravou o que eu disse? Tem provas? Isso é passado. Acha que vou perder tempo com essa garota? Quero mais é cuidar da minha vida!

— Não acredito em uma só palavra sua. Lembra quando me ligou desesperada e veio ao meu apartamento? Já planejava algo de muito ruim, sei disso. Marília, se Silvana não aparecer eu juro que vou matá-la, sua miserável! Você não significa nada nem para mim, nem pra Sidney. Portanto, é melhor pensar bem!

— Pois pode acreditar, o tempo que você está me condenando tinha é que estar ao lado do seu amigo. Ele sim, está precisando de nós, viu?

Marcelo ficou confuso e fez o que não nunca devia ter feito: abaixou a guarda e entrou na vibração de piedade na qual Marília o envolveu.

— Você jura que não tem nada a ver com o sequestro?

— Juro por tudo o que você quiser! Onde você está?

— Em meu apartamento.

— Passo aí em quinze minutos para pegá-lo. Vamos ficar ao lado de Sidney. Ele está precisando de nós.

— Tudo bem...

— Está mais calmo?

— Não, só vou ficar calmo quando Silvana aparecer sã e salva.

— Sei que está sofrendo, espere-me, já estou indo.

— Tudo bem.

Depois de algum tempo, Marília estacionou o carro diante do prédio de Marcelo. Ele desceu e entrou no carro, estava realmente abalado com o sumiço da amiga.

— Ei, esse não é o caminho da casa de dona Leonor!

Os dois homens que estavam atrás do banco escondidos atacaram Marcelo, que entrou em luta corporal com os bandidos. Sem alternativa, um deles atirou nele, atingindo-o no ombro. Mesmo assim, Marcelo ainda lhes deu alguns socos e pontapés. Contudo, foi dominado pelos bandidos que, com um lenço embebido em forte substância, fizeram-no desmaiar. Logo chegaram ao local em que mantinham Silvana trancada e amarrada.

Abriram a estreita passagem e empurraram-no desacordado. Silvana, quando o viu caído ao chão e ensanguentado, entrou em choque. Com os olhos arregalados, ele ficou inerte. Marília se aproximou dela e arrancou a fita adesiva que tampava sua boca. Silvana, com pavor estampado no rosto, perguntou:

— O que vocês fizeram com ele?

— Está vendo como sou boazinha com você? Agora não está mais sozinha. Já tem companhia!

Passados alguns minutos, Silvana, arrastando-se com dificuldade, aproximou-se de Marcelo, que sangrava muito. Em seu rosto havia algumas escoriações. Silvana gelou pensando que ele estivesse morto.

— Marcelo... Marcelo... pelo amor de Deus, fale comigo.

Pensou que não fosse suportar tanta maldade. Aos poucos, ele, gemendo de dor, recuperou os sentidos e pôde ver Silvana. Em pânico, disse:

— Silvana! Eu sabia! Graças a Deus está viva!

— Não fale alto, eles podem nos escutar.

— Eu sabia que Marília estava metida nisso.

— Meu Deus, Marcelo, você está sangrando! Por favor, não me deixe...

Com dificuldade, ele se aproximou de Silvana e a abraçou com um dos braços:

— Não fique assim, vou dar um jeito de tirá-la daqui.

— Como você está? — perguntou Silvana pensando que o amigo não fosse resistir a tanta perda de sangue.

— Estou bem... não se preocupe comigo, quero que se acalme, temos de nos manter muito calmos.

Marcelo procurou ser forte ao ver o estado lamentável da amiga. Mas a dor no ombro era insuportável.

— Tem certeza de que está bem?

— Tenho. Não se preocupe comigo, preocupe-se com você. Como está?

— Com muito medo!

— Não fique, vou tirá-la daqui.

— Como vamos sair daqui?

— Acalme-se. Vou dar um jeito.

— Você viu Sidney?

— Vi.

— Como ele está?

— Está bem... Isso é o que menos importa agora. Você tem de ser forte. Pare de chorar e guarde suas energias, pois vai precisar.

— Mas como vamos sair daqui?

— Confie em mim.

Enquanto conversava com ela, tentando acalmá-la, ele esfregava as mãos para amolecer o fio de nylon que amarrava suas mãos.

— Meu Deus, parece que estou vivendo um pesadelo! O que vamos fazer, Marcelo? Já rezei tanto, mas não consigo me acalmar. Marília não vai poupar minha vida, posso ver em seus olhos o ódio que sente por mim.

Ele também temia por sua vida, Marília não estava em seu estado normal. Desde que voltou e conheceu Silvana, transformou-se em uma pessoa invejosa e ruim. Nos pensamentos dela só cabiam o ódio e os planos para não deixar que o casamento de Sidney se realizasse. Por muitas vezes tentou convencer Marcelo a separá-los, mas ele nunca poderia imaginar que ela chegasse a um sequestro. Marcelo, naquele momento em que via o pavor nos olhos da ex-namorada, acreditou que Marília estava disposta a qualquer coisa para separá-la de Sidney, até mesmo matá-la. Ele tinha de fazer alguma coisa.

— Por favor, Silvana, vamos manter a calma. Temos de raciocinar. De certo, como em todo sequestro, estamos em um lugar isolado para que ninguém nos ouça.

Marília abriu a porta e se abaixou, desamarrando Silvana. Jogou alguns pedaços de pano e pediu que ela limpasse aquele sangue que esvaía de Marcelo. Em seguida, saiu e trancou a porta. Os pulsos de Silvana também estavam feridos por ter ficado amarrada durante muito tempo. Contudo, ela não se importou, e mais que depressa rasgou o pano em vários pedaços. Com um pedaço, limpou da melhor forma possível o ferimento do ombro de Marcelo onde a bala estava alojada. Ele, pálido, perdia as forças. Antes que ele perdesse o sentido, com a voz sumida instruiu Silvana:

— Silvana... preste atenção. Pare de chorar, seja forte.

— Não consigo, você está todo ensanguentado!

— Faça de conta que não há sangue. Vou precisar de você para sairmos daqui...

— Mas como vamos fazer isso, meu Deus?

— É o que estou tentando lhe falar. Escute, quando houver silêncio total, comece a gritar. Peça socorro.

— Mas acho que não tem ninguém por perto!

— Faça o que estou lhe pedindo.

Silvana deitou a cabeça de Marcelo em seu colo. Não sabia se estava sofrendo por vê-lo mal ou por pensar que a vida deles estava condenada. Quem os acharia ali, naquele lugar sinistro e abandonado? Marcelo estava cada vez pior. De repente, mesmo chorando sem parar, ela se sentiu forte. Parecia que alguém das alturas estava olhando por eles. Decidida, perguntou:

— Diga-me Marcelo, o que tenho de fazer? Parece que está tudo em silêncio. Acho que saíram.

— Grite com toda sua força por socorro.

Silvana fez exatamente o que Marcelo pediu. Seus gritos eram tão fortes que poderiam ser escutados a muitos metros dali. Contudo, sem esperança, disse desanimada:

— Não lhe falei? Não há ninguém por perto.

— Grite por Marília.

— Ficou louco? Por que gritar por Marília?

— Faça o que estou lhe pedindo, não questione...

Silvana começou a gritar por Marília, mas não obteve nenhuma resposta. Tudo estava em completo silêncio. Quando Marcelo teve certeza de que não havia mais ninguém ali, instruiu Silvana:

— Preste bem atenção, debaixo da minha calça, próximo à minha canela, há uma arma... Pegue-a e atire na fechadura da porta.

Silvana tremia muito quando pegou a arma nas mãos. A adrenalina produzida em seu corpo se espalhava com a rapidez de um acender de uma lâmpada, fazendo com que seu batimento cardíaco bombeasse o sangue em milhões de segundos.

Trêmula, porém corajosa, apontou para a fechadura como Marcelo pediu e disparou fazendo um estampido ensurdecedor. O primeiro tiro ricocheteou na parede.

— Atire outra vez, Silvana... Vamos, atire quantas vezes for necessário, até que consiga estourar a fechadura.

Silvana estava tentando, mas para um leigo era difícil acertar. Por mais que achasse que estava na mira, o tiro saia para outro canto. Silvana tentou muitas vezes, até que conseguiu fazer com que a porta abrisse com o impacto do tiro certeiro na fechadura. Quando a pequena porta se abriu, ela saiu para ver se realmente não havia ninguém. Voltou rapidamente. O plano de Marcelo havia dado certo. Contudo, quando se aproximou dele, percebeu que suas forças tinham se esgotado.

— Vamos, Marcelo, você tinha razão, eles se foram.

Com muita dificuldade, ele apertou a mão dela e com a voz sumida pediu:

— Vá você. Quero que se salve... Vá, eu não vou conseguir.

Silvana levantou-o e o abraçou muito forte.

— Não, Marcelo. Sem você, não saio daqui.

— Por favor, não temos muito tempo... Vá, salve a sua vida. Sidney não saberá viver sem você. Por favor, faça o que estou lhe pedindo. Sidney a espera.

Silvana, abraçada ao amigo, chorava muito emocionada. Ele não parecia mais arrogante e egoísta; tudo havia mudado.

— Não vou sem você. Se ficar para morrer, morreremos juntos. Daqui eu não saio.

Silvana, colocando todas as suas forças no braço, conseguiu levantar Marcelo e o arrastou até o meio do mato. A casa não tinha nada ao redor, apenas uma estradinha de terra. Tudo estava escuro. Mesmo assim, ela o arrastou pelo braço. Seu corpo inerte já não tinha mais forças para sustentar-se acordado. Marcelo perdeu os sentidos.

Silvana sentia-se exausta, ele era um homem alto e forte, mas enfim alcançou a beira da estradinha e começou a gritar muito alto, mas ninguém apareceu. Quando pensou em desistir, viu ao longe dois faróis. Era um carro que se aproximava. Silvana ficou com muito medo, pensou que pudessem ser os sequestradores. E o que ela temia aconteceu: era Marília de volta depois de levar os comparsas embora. Assim que se aproximou, viu que se tratava de Silvana bem no meio da estrada de terra. Ela não pensou duas vezes, afundou o pé no acelerador para jogar o carro em cima dela. Quando o carro alcançou alta velocidade e Marília estava muito perto de passar com o carro por cima de Silvana, ouviu-se um estouro muito forte. Policiais que a seguiam atiraram no pneu do carro, fazendo-a perder a direção e ir direto de encontro a uma árvore. Com o impacto, Marília bateu a cabeça e ficou desacordada. Silvana, caída no chão de terra, chorava muito. Queria entender o que estava acontecendo, mas, em choque por tantos acontecimentos sinistros, ficou paralisada. A única coisa que visualizava com dificuldade eram muitas luzes na sua direção. Ela pensou estar esquecida naquele local, malcheiroso e solitário; contudo, a generosidade do Criador ia muito além de sua fé. Rapidamente, desceram muitos policiais antissequestro.

— Como você está? — perguntou um deles.

Ela não conseguiu nem ao menos balbuciar uma palavra. O policial continuou:

— Está tudo bem, tudo já passou... Por favor, algum para-médico aqui! — pediu o policial apontando para Silvana ainda caída no chão.

Um dos paramédicos colocou sobre Silvana um cobertor para aquecê-la e a levou para a ambulância em que Marcelo, inconsciente, já recebia os primeiros socorros. Ela, em choque, olhava a correria dos médicos lutando pela vida dele. Suas lágrimas desciam copiosamente. Depois de alguns instantes de socorro aos feridos, a ambulância acionou a sirene e saiu em disparada rumo ao hospital. Sidney e todos os outros que esperavam por notícias foram comunicados de que as vítimas estavam a salvo e haviam dado entrada no hospital. Todos se dirigiram para lá.

Marília, muito ferida, também foi socorrida e levada ao hospital.

CAPÍTULO 40

As consequências

MARÍLIA FICOU INTERNADA. Do lado de fora, dois policiais tomavam conta da sequestradora, até que pudessem apurar os fatos e levá-la para o presídio. No mesmo hospital também estava Marcelo, que era vigiado por policiais. Ele teria de responder por porte de arma e por ser um dos cúmplices de Marília. Seus pais, aflitos, aguardavam notícias. Marcelo ainda permanecia no centro cirúrgico. Silvana foi atendida e já estava no quarto, em recuperação. Sidney, os pais e Leonor, depois de passarem pela recepção, dirigiram-se ao quarto. Quando entraram, a emoção foi forte.

— Meu amor! — disse Sidney abraçando-a fortemente.

Silvana não respondeu, apenas chorou. Leonor também se aproximou da filha com lágrimas nos olhos. João e Isaura se mantiveram afastados, esperando que a emoção que tomava conta do futuro marido e da mãe acalmasse.

Vera foi até a delegacia prestar depoimento a favor de Marcelo.

— A senhorita confirma que Marcelo Munhoz Neto foi namorado da vítima Silvana Santos Pereira?

— Sim, senhor, eu confirmo.

— A senhora confirma que ouviu algumas discussões entre o sr. Marcelo e a vítima Silvana?

— Sim, senhor.

— A senhora, dois dias atrás disse que Marcelo estava com a senhorita em um motel quando sua irmã foi sequestrada. Está correto?

— Sim, sr. delegado.

— Passados esses dois dias ainda a senhorita confirma que no dia do sequestro, você estava em companhia de sr. Marcelo em um motel?

— Sim, senhor delegado, confirmo. Aqui está a prova do meu depoimento.

Vera mostrou um documento que continha os números dos RGs de ambos e uma fita confirmando o horário de entrada e saída do casal no dia em que a irmã foi sequestrada, o que inocentava Marcelo de ser um dos suspeitos. As provas que Vera levou foram cópias que o próprio motel havia cedido a ela. Logo ela descobriu que todo o material original estava nas mãos da justiça, que só queria que ela confirmasse a veracidade dos fatos. Marcelo foi inocentado, responderia em liberdade por porte ilegal de arma.

Vera deixou a delegacia mais tranquila. Marcelo não mais corria risco de ser preso. Depois, foi direto ao hospital para ver a irmã. Logo que entrou, chorou muito.

— Perdoe-me, mana, por tudo o que lhe fiz.

Silvana estava muito emotiva e sem condições de responder nada. Apenas abraçou Vera com amor, deixando as palavras desnecessárias se misturarem ao universo.

— Como Marcelo está?

— Ainda não sei, estava em cirurgia — respondeu Leonor, vendo a aflição de Vera.

— Acho que vou até lá para saber mais notícias.

— Vá, minha filha.

Vera desceu no andar e se dirigiu à recepção.

— Por favor, Marcelo já terminou a cirurgia?

— Já sim, logo mais vai para o quarto.

— Posso esperar por ele?

— Claro.

Vera chegou à porta do quarto em que Marcelo ficaria e, sem saber que seus pais estavam lá dentro, abriu devagar e entrou.

— Ah, desculpem, pensei que não tivesse ninguém!

Sem graça, já ia saindo quando foi surpreendida:

— Você é Vera? — perguntou a mãe de Marcelo.

— Sim... Sou eu.

— Por favor, entre. Logo Marcelo virá para o quarto.

Envergonhada, ela entrou. Antônia pegou em sua mão e gentilmente a fez sentar ao seu lado.

— Este é Afonso, meu marido, pai de Marcelo. Estou agradecida por ter vindo saber de meu filho.
— O que é isso, dona...
— Antônia.
— Não precisa me agradecer, dona Antônia. Estou aqui porque estou muito preocupada.
— Mas não fique, Marcelo está muito bem. A bala já foi retirada com sucesso, graças a Deus.
— Que bom, fico feliz.
— Vera, soube que foi à delegacia prestar depoimento.
— Fui sim, senhora.
— Meu marido e eu lhe agradecemos por defender Marcelo. Seu álibi foi de extrema importância.
— Primeiro, dona Antônia, não é preciso me agradecer, pois farei tudo o que for preciso para ver Marcelo livre dessa tragédia. Segundo, eu realmente estava com seu filho naquela noite. Ficamos juntos aproximadamente até as onze horas da noite.

Afonso e Antônia riram do jeito despachado da garota. Antônia pousou um beijo em seu rosto e disse:

— Mesmo assim me sinto agradecida. Estou feliz por Marcelo ter você ao lado dele!

Vera corou, não sabia o que significava ao certo o que Antônia disse quando falou "ter você ao lado dele", mas estava se apegando a Marcelo e parecia estar crescendo um amor verdadeiro, sereno e seguro em seu coração. Quando a jovem se encontrava com ele, já sentia aquelas famosas "borboletinhas no ventre", e isso era um bom motivo para amadurecerem juntos.

Enquanto Marcelo não chegasse, Vera não sairia. Finalmente, o enfermo foi levado ao quarto. Estava sonolento, mas reconheceu seus pais e Vera, que abriu um sorriso verdadeiro por ele ter sido tão corajoso ao salvar sua irmã. Antônia e Afonso, eufóricos, aproximaram-se do filho, e Vera respeitou e esperou pacientemente eles lhe darem as boas-vindas. A mãe ficou abraçada ao filho por longos minutos e Vera passou a enxergar o grande valor de fazer parte de uma família. Viu que o alicerce firme era a base de tudo para o forte elo entre pais, filhos e até mesmo amigos. Depois de temer pela vida da irmã e de Marcelo, começou a entender o significado de "ter realmente uma família".

Depois de um tempo, Marcelo esticou o braço para que Vera se aproximasse e a surpreendeu com um abraço carinhoso e um beijo leve nos lábios. E ela, pela primeira vez, chorou sentindo a veracidade de um grande amor.

Em seguida, Marcelo, muito abatido ainda, adormeceu profundamente. Antônia, vendo que a garota não ia deixar seu filho, carinhosamente se aproximou:

— Vera, você quer passar a noite com Marcelo?

— Eu posso?

— Claro, querida. Já que ficará, e não é permitido ficar mais de um acompanhante, vou com Afonso para casa descansar um pouco. Amanhã bem cedo, voltamos.

— Pode ir, dona Antônia. Fique sossegada, eu cuido de seu filho.

Antônia finalmente parecia ter ganhado um novo membro na família.

* * *

— O que será de Marília? — indagou Samuel.

— Marília terá de arcar com as consequências de seus atos.

— Mais uma vez ela fracassou.

— Não lamente, meu caro Samuel. Você não fez sua escolha para poder auxiliar Hathor?

Samuel não respondeu, esperou que Izan continuasse:

— Pois então, temos de arcar com nossas atitudes.

— Mas tem de admitir que deste lado tudo é mais simples, não temos a parte material de um corpo a nos iludir.

— Tem razão. Contudo, devo lhe dizer que Zaid é quem pediu para reencarnar e corrigir seus erros. Halima também lutou muito para admitir que ama Hathor como homem, além de ter sido sempre sua amiga e companheira de todas as horas. Mesmo sabendo que a irmã nesta encarnação demonstrava interesse por Hathor, não desejou mal a ela. Isso, meu caro Samuel, é a evolução individual de cada espírito. Zaid, ou Marília, quis resolver suas diferenças com seus desafetos, mas não conseguiu, não estava preparada para entender que não era amor o que sentia por Hathor, mas sim desejo de humilhar Halima, por trazer da encarnação passada marcas fortes de quando foi a egípcia rica com todas as suas vontades realizadas por seus súditos. O que pesa para que ela possa entender não é o amor que pensa sentir ou não pelo príncipe, mas sim a inveja de uma simples escrava que nada tinha a não ser o amor verdadeiro de Hathor. O poder em mãos erradas é perigoso, cega terrivelmente o valor verdadeiro de irmandade.

— Mas não temos de reparar nossas faltas de acordo com a proporção?

— Sim. Mas não podemos pensar que nossas faltas são menores que as dos outros. Quem as julga não somos nós, mas os atos em si. O que pode ser muito pequeno para quem pratica, é muito grande para quem recebe.

— Não tem jeito. Você sempre se sai muito bem com suas explicações.

Izan sorriu e completou:

— Não sou eu que me saio bem nas explicações, é você que não quer entender! Temos de ter sempre um critério inteligente, faltas ou débitos são o grande mal da humanidade, que acha que suas atitudes não têm peso. A balança do Criador nunca pende a mais para uns ou para outros, pende sempre como deve ser, com justiça e igualdade.

— Cada vez que aprendo alguma coisa, mais vejo que tenho ainda muito a aprender!

— É isso mesmo, meu caro Samuel, nunca aprendemos o suficiente, sempre haverá um novo capítulo a ser estudado.

CAPÍTULO 41

Tudo se esclarece

OS DIAS SE PASSARAM e Silvana e Marcelo voltaram para casa. Silvana também teve participação na absolvição do amigo Marcelo, pois foi fundamental seu depoimento contando com detalhes como tudo se passou, provando que ele era inocente. Infelizmente, Marcelo foi processado por ter uma arma em seu poder sem estar habilitado pela lei. Foi obrigado a entregar a arma e a responder ao processo em liberdade.

A polícia ainda não havia encontrado Jorge, mas estavam em seu encalço, pois ele tinha de responder pelo crime, uma vez que Marília confirmou que ele fora seu cúmplice.

Em uma noite, de surpresa, Sidney, acompanhado de Silvana, foi visitar Marcelo, que ainda se recuperava. Quando chegaram ao seu apartamento, encontraram os pais dele e Vera.

— Estou feliz por vê-lo bem.

— E eu muito mais — disse Marcelo, abraçando Sidney com amor.

— Marcelo, queria muito lhe pedir perdão por ter duvidado de você.

— Não vamos falar sobre isso. Tudo já passou, graças a Deus!

— Vamos sim, você merece todo o meu apreço. Mostrou realmente que sempre foi meu amigo.

— Eu o amo como a um irmão...

— Eu sei; contudo, quero que saiba que sempre estarei aqui para o que for preciso.

— Já que está sendo sincero comigo, devo ser com você também. Se eu lhe disser que foi um lamentável engano e omitir que Silvana não foi importante para mim, estarei mentindo a você e a mim mesmo. Todavia, hoje ficou esclarecido que sempre que tiver dois grandes amigos como nós, com afinidades sem explicações, haverá uma mulher no meio trazendo desavenças. Conosco não foi diferente!

— Está falando sério? — perguntou Sidney confuso.

Marcelo riu sonoramente por muitos instantes, e todos os presentes ficaram esperando suas explicações.

— Claro que não... Mas a parte dos amigos disputando a mesma mulher é verdadeira.

Antônia entrou no meio da conversa:

— Sidney, você ainda dá atenção para Marcelo? Isso não vale nada. Ele quer confundi-lo. Marcelo tem é que pegar juízo e não deixar Vera escapar, pelo menos estarão na mesma família! — brincou Antônia feliz.

Marcelo abraçou Sidney novamente e deixou cair algumas lágrimas. O assunto foi encerrado.

* * *

Aquele dia em que todos estavam juntos foi de muita alegria. Sidney e Silvana finalmente iam se casar.

Marcelo e Vera, Carlinhos e Cristiane seriam os padrinhos. Vera estava feliz por descobrir que amava Marcelo. Depois de perturbá-lo muito, finalmente conseguira sua atenção. Vera era muito insistente quando queria alguma coisa; assim, conseguiu conquistá-lo.

Leonor não deixou mais de frequentar a casa espírita. Fazia alguns meses que trabalhava ao lado de seu mentor, que se apresentou como Izan, um fantástico amigo que vivera no Egito. Leonor participava assiduamente dos trabalhos para que Jorge recobrasse a razão e voltasse, mesmo que tivesse de prestar contas com a lei.

Silvana também começou a frequentar a casa espírita com Sidney, que fazia os tratamentos e obtinha bons resultados. Ele tomava medicamentos todos os dias, e teve muitas de suas indagações respondidas à medida que adquiria condições para um entendimento sem se colocar no lugar de "coitadinho". Aos poucos, entendeu por que necessitava de medicamentos tão fortes.

Em um dos trabalhos, quando todos se preparavam para seguir às câmaras de passes, eles tiveram uma grande surpresa:

receberam a visita de um velho conhecido, que se manifestou por meio de Leonor.

* * *

— Boa noite a todos... Sou Samuel, ou Akin, e sinto-me feliz por ter conseguido a permissão do mestre Jesus para rever alguns amigos. Muito tempo atrás, quando o Egito ainda era considerado o berço da civilização, vivi dias felizes em companhia dos meus amigos Hathor, que completara 17 anos e Izan de 21.

Éramos muito jovens, mas não para aquela época em que tudo acontecia muito cedo. Amigos inseparáveis, eu era o mais rebelde, sumia por vários dias atrás das belas egípcias e retornava depois de alguns dias com um senhor ou outro em meu encalço querendo degolar-me com adagas. Quando conseguiam a mira do conquistador, atiravam flechas, mas graças aos deuses nunca fui atingido; sempre consegui voltar intacto.

Hathor era diferente desde muito pequeno. Foi educado para temer os deuses e manejar armas fabricadas artesanalmente com cobre, ferro e ouro, como adagas, punhal, arco e flecha e lanças. Seu pai era um faraó para quem todos abaixavam a cabeça quando ele passava.

O rio Nilo era a base e a riqueza de toda a civilização. Hathor era seu filho único, príncipe herdeiro do trono quando o pai partisse para outra morada. Foi prometido para Zaid, filha de Elíon e Ain no dia em que o faraó foi recebido em grande e riquíssima festa em companhia da esposa e do filho. Mas o inesperado aconteceu, Hathor caiu de amores pela bela escrava Halima. O jovem príncipe, quando a viu, pensou que seu coração ia parar no tempo por aquela bela escrava, que o enfeitiçou para sempre. Ele, jovem e galante, conseguiu se aproximar dela e marcou um encontro para o dia seguinte.

Hathor se aproximou:

— Não via a hora de encontrá-la!

A escrava se virou e deparou com uma beleza máscula, com aquele porte físico avantajado, próprio de um guerreiro do exercito do faraó.

— Olá!

Hathor pegou em suas mãos e, levando-as aos lábios, beijou-as delicadamente

— Venha, me siga... — pediu o jovem príncipe.

A jovem rapidamente colocou a mercadoria no cesto e saiu a passos curtos, desconfiada. O jovem à sua frente, de vez em quando olhava para trás para certificar-se de que a bela escrava o seguia. Quando se viram sozinhos, Hathor a pegou nos braços e a beijou repetidas vezes. Halima estava assustada, mas não conseguiu se desvencilhar dos braços fortes do egípcio. De repente, foram surpreendidos por dois jovens que os empurrou para trás de gigantescas pedras. A jovem escrava se assustou e soltou um grito. Hathor, porém, viu que se tratava de Izan e eu, seus verdadeiros amigos.

— O que houve?

Tapei a boca de Hathor e fiz gestos para que ele se calasse. Passados alguns longos minutos, me pronunciei:

— Está louco de se encontrar com uma escrava perto dos mercadores?

Halima, assustada, tentou sair, mas Hathor a impediu.

— Por favor, não vá!

— Está louco? Há muitos homens do faraó... Abaixe-se, esperem que passem!

Abraçado a Halima, Hathor fez sinal para que ela não falasse até que os homens fossem embora.

Depois de um tempo, saindo ressabiado de trás da enorme pedra, verifiquei se os homens já haviam ido embora.

— Já se foram.

— O que estão fazendo por aqui, Izan e Akin?

— Bem...

— Fale a verdade — disse Izan.

— Nós o estávamos seguindo — respondi.

— E por quê?

— Somos amigos ou não?

— Claro que somos. Mas toda vez que eu estiver com Halima vão me seguir? — questionou o jovem príncipe, rindo dos amigos fiéis.

— Tome cuidado, meu príncipe. Acredito que o faraó já desconfiou.

Hathor, em agradecimento, apertou a mão de Izan, que foi embora. Eu fiquei por mais um tempo.

— Meu príncipe, até quando pretende se encontrar escondido?

Halima olhou para Hathor.

— Não sei. Será que ela corre algum risco?

A escrava, desvencilhando-se dos braços de Hathor, disse:

— Deixe-me ir, minha senhora deve estar me esperando.

— Quando posso vê-la de novo?

— Não sei, é melhor não nos vermos mais.

A escrava puxou o braço e saiu. Hathor fez menção de ir atrás, mas eu não permiti.

— É melhor contar para o faraó; sei que vai ouvi-lo.

— O faraó não se preocupa por quem me apaixono!

— Mas é seu pai! Espere aí... Está apaixonado?

Hathor olhou para o lado e não respondeu. Levantei-me pasmo e falei:

— Não creio, pensei... Meu príncipe não está falando sério, está? Achei que era apenas uma empolgação de guerreiro; afinal... — Hathor me cortou:

— Por que não? Ela é a mais bela de todas as mortais!

Olhei-o sem acreditar que um homem treinado pelo próprio pai para ser um guerreiro do exército estava apaixonado por uma escrava.

— Desculpe... Não pensei que estava levando essa aventura a sério.

— Não é uma aventura, assim me ofende! Se eu pudesse me casaria com ela.

— Peça ao faraó que a compre.

— Não posso. Teria de tratá-la para sempre como uma escrava. Seria muito egoísmo de minha parte dedicar-lhe apenas alguns instantes de amor às escondidas.

— O que tem de mais nisso? Pelo menos a teria sempre por perto.

— Fui criado para respeitá-lo como autoridade máxima do Egito e não para chamá-lo de pai quando fraquejasse diante de um amor! Ele riria de mim.

— Claro... Seu orgulho ainda vai traí-lo e matá-lo! O faraó é autoridade máxima sim, mas é seu pai!

— Esqueça, não farei isso.

— Tudo bem, seu pedido é uma ordem.

— Não sei o que está acontecendo comigo, amo-a mais que minha própria vida.

— Agora mesmo pediu-me para esquecer e volta a se torturar?

— Não consigo tirá-la de meus pensamentos.

— Que os deuses o protejam!

Hathor sabia que muitas vezes eram realizados casamentos entre irmãos para manter o sangue real. Não quis arriscar e contar ao pai sobre o amor que sentia pela escrava. Eu, como seu mais fiel amigo, passei a protegê-los.

Sempre que Hathor e Halima se encontravam, eu estava lá, encobrindo-os. Contudo, Hathor se casou com Zaid. Logo, nasceu o primeiro filho, Akila. Zaid era rica e tinha todos os seus desejos satisfeitos. Logo que Akila nasceu, Zaid pediu à mãe que mandasse Halima para cuidar dele. Não suportava a ideia de ter de amamentá-lo, muito menos cuidar do pequeno como toda mãe fazia. Zaid só se preocupava com sua beleza, com os banhos perfumados com sais e nos ouros que usaria. O tempo foi passando e o convívio de Hathor com a escrava no palácio era pesaroso demais, já que ela se recusava a continuar com aquele amor insano.

Akila cresceu e tomou forma de um belo rapazinho. A mãe, como sempre, não lhe dava atenção, hostilizava-o. Por outro lado, o pai foi se afeiçoando cada dia mais ao filho. E sempre fazia questão de ter sua companhia, Akila o idolatrava, achava-o o melhor dos guerreiros que havia passado pelo Egito. Hathor sofria pelo amor que crescia a cada dia mais pela escrava; contudo, para seu próprio bem deixou-a em paz.

Um dia, ouvi uma conversa da rainha do Egito com Zaid a respeito dos olhares furtivos que o filho lançava quando a escrava aparecia. A partir daí, Zaid passou a alimentar um ódio terrível pela escrava, que nunca desconfiou de nada.

Akila era o orgulho de Hathor, que o treinava para ser um grande guerreiro levando alegria ao coração do faraó.

Zaid, depois de a rainha abrir-lhe os olhos, passou a vigiar o marido. Muitas vezes, ficava atrás das grandes portas do palácio e ouvia Hathor desabafando o amor que sentia pela escrava para Izan e para mim.

Certo dia, Zaid, com rancor na alma, saiu pelos corredores imensos atrás da escrava com a intenção de matá-la. Havia conseguido uma poção de veneno que não deixaria rastros. De repente, parou no jardim, ao ouvir o filho Akila se declarando:

— Mas você é a mais bela mulher por quem meu coração bate todos os dias. Eu a amo!

— Nunca mais fale uma barbárie como essa, minha criança! Você está confuso, sempre me teve ao seu lado, sou uma escrava, fui trazida especialmente para cuidar de você. Eu o amo como se fosse meu filho!

— Não sou mais uma criança, já sou um guerreiro do faraó.

Halima se aproximou do jovem e lhe disse suplicante:

— Não diga mais uma coisa dessas, Akila. Esqueça esse sentimento, que não trará bênçãos, mas sim discórdia entre os deuses.

— Não posso, preciso do seu amor! Vou falar com meu pai sobre meus sentimentos. Sei que ele vai me apoiar!

— Não, meu guerreiro. Não faça isso!

Zaid, triunfante, aproximou-se:

— O que está havendo aqui? — perguntou com os olhos brilhantes de uma traidora.

— Nada, minha senhora...

— Nada? Mas ouvi os galanteios de meu filho sobre sua pessoa!

Halima abaixou a cabeça em sinal de respeito. Zaid, com olhar sinistro e ameaçador, levantou a cabeça dela e disse provocativa:

— Ora... Então é a escrava que arrebata os corações de todos desta casa!

— Do que está falando, minha mãe?

— Cale-se, filho! — gritou a mãe asperamente.

Halima, assustada, nem respirava. Zaid, bem perto do ouvido da escrava disse com a ira dos deuses na pronúncia:

— Não basta o pai, ainda quer o filho?

Halima nem ao menos se mexeu.

— Meu filho, seu pedido está concedido, falarei com seu pai sobre se unir com Halima.

— Verdade, minha mãe? — perguntou o jovem fazendo menção de beijá-la, quando ela o interrompeu:

— Escute bem o que vou lhe dizer: por enquanto seu pai não pode saber, pelo menos não por você. Deixe que eu cuido disso, só eu saberei convencê-lo a aceitar sua união com uma escrava.

— Perdoe-me, senhora, mas não vou me casar com seu filho! É neto do faraó e filho do príncipe do Egito. Isso seria uma afronta aos deuses!

— Como se atreve a me impor suas vontades?

Zaid a esbofeteou duas vezes. Halima caiu ao chão. Akila ia ajudá-la, mas a mãe o impediu:

— Fique onde está, Akila. Quer ou não se unir a esta escrava?

O filho, sem desrespeitar a mãe, apenas balançou a cabeça positivamente. Zaid saiu. Passaram-se alguns dias e ela entrou no quarto do filho. O rapaz, feliz, levantou-se para recebê-la.

— Minha mãe, qual o motivo de sua visita em meus aposentos? — perguntou, aproximando-se da mãe para beijá-la.

— Não precisa dessas honrarias; vim tratar de um assunto de seu interesse.

— Pois não, minha mãe.

— Hoje convenceremos seu pai a aceitar sua união com a escrava.

— Hoje? Como?

Zaid explicou tudo o que era preciso que o filho fizesse para que Hathor permitisse a união.

Era tarde da noite quando Zaid chamou Halima no jardim para lhe falar. A escrava a atendeu no mesmo instante.

— Chamei-a aqui para lhe dizer que tem duas escolhas: ou se casa com meu filho com todas as honrarias que prestarei a vocês, ou conto ao meu senhor que o filho dele a ama e a quer. Hathor vai lamentar tanto que não perdoará Akila. Minguará até a morte.

Se escolher casar-se com meu filho, dou-lhe a palavra de ter um dos melhores casamentos do Egito. Se não aceitar, será responsável pela discórdia entre os dois. Serão inimigos mortais.

A escrava olhou para a senhora com horror. Como poderia uma mãe usar um filho para prejudicá-la? Onde estava a alma daquela mulher fria e ignorante de sentimentos nobres?

— Por favor, senhora, não faça isso!

Zaid a empurrou ao chão. Halima caiu e não se atreveu a encará-la. A senhora, triunfante por humilhá-la, aproximou-se e disse desafiadora:

— Pensava que esconderia de mim esse absurdo que chama de amor entre meu senhor e você?

Halima não respondeu, apenas deixou as lágrimas caírem pelo rosto.

— Meu filho em poucos minutos estará aqui com você. Espero que tenha o senso de aceitá-lo como marido, senão será responsável pela desgraça entre eles!

Zaid saiu e Halima, desesperada, correu para o mato, sem saber o que fazer. Quando estava longe, deixou-se cair em meio a terra e o mato. Passou algum tempo e Akila saiu à sua procura, pois a mãe lhe dissera que ela o estava esperando. Quando o jovem egípcio a encontrou, juntou-se a ela e a abraçou com amor.

— Por favor, meu pequeno guerreiro, não posso casar-me com você. Se me ama de verdade, deixe-me ir embora, nunca mais voltarei e tudo ficará em harmonia, como deve ser.

— Por que me pede isso? Há algo que eu não saiba?

Halima levantou a cabeça e, passando a mãos no rosto do jovem por quem zelou por tanto tempo, disse:

— Você é bom, seus sentimentos são tão puros quanto seu corpo de menino. Não deixe que a maldade corrompa seus verdadeiros princípios, você não merece e seu pai também não.

— Mas eu a amo muito; não conseguirei viver sem você ao meu lado. Não vá, eu lhe prometo que vou deixá-la em paz. Esquecerei tudo o que foi dito, mas não vá.

Quando Akila aceitou o pedido sincero da escrava, que chorava muito, aconteceu o que jamais poderia ter acontecido.

O jovem Akila foi envolvido pela emoção e pelo amor que achava sentir pela escrava e abraçou-a fortemente, beijando-a com eloquência. Passados os primeiros segundos, fiel ao amor que sentia por Hathor, a escrava o empurrou, gritando que nada poderia acontecer entre eles. O jovem, assustado e sem entender o porquê daquela atitude desmedida, que para ele demonstrava repugnância, não a largou e usou toda a força que lhe era possível para acalmá-la. Foi quando Hathor, caindo na armadilha da própria esposa, ao ouvir os gritos de Halima, desferiu vários golpes no peito do jovem com um punhal. O pequeno guerreiro caiu e Halima começou a gritar desesperadamente.

— O que você fez, Hathor?

Quando o príncipe se deu conta de que era seu próprio filho, levantou-o nos braços e o abraçou com um remorso terrível. Sem condições de aceitar que havia desferido vários golpes no próprio filho, levantou-se alucinado correndo por entre a mata e depois de alguns instantes, vociferou:

— Que os deuses me façam cair em alucinação. Não quero mais viver! Logo depois, nada mais se ouviu. Hathor se suicidou passando o mesmo punhal, que golpeou o maior bem de sua vida, no pescoço e deixando o sangue manchar toda a mata verde e gélida dos jardins do faraó.

Halima foi atrás e ainda pôde segurá-lo em seus braços. Mas o príncipe do Egito cerrou os olhos lentamente.

A escrava ainda vislumbrou, ao longe, Zaid correndo por entre a mata e derramando lágrimas de sangue por se arrepender do que havia feito. Em seus pensamentos errôneos, escreveu sua história cruel e perdeu o esposo e o filho ao mesmo tempo por alimentar sentimentos de inveja e discórdia. Ela esperava que Hathor ficasse com ódio da escrava, por tê-lo traído, e desse cabo de sua vida. Em vez disso, como Hathor confiava piamente no amor de Halima, supôs que ela estava sendo atacada por qualquer outro homem do palácio, menos por seu filho.

Ao longe se ouviram os gritos de Halima, que segurava seu príncipe nos braços. A poucos metros dali, vislumbrava-se o corpo do jovem por quem ela se afeiçoara durante tantos anos. A dor em sua alma era tão grande que parecia não caber no meio daquele vasto terreno, onde a melancolia a sugava de dentro para fora. Izan e eu, que sempre estávamos perto de Hathor, vigiando-o, ouvimos os gritos e chegamos em poucos minutos. No caminho, passamos por Zaid, que chorava em lamento, dizendo que a escrava era responsável pela morte prematura do filho e do esposo amado.

Izan tirou Hathor dos braços de Halima, consciente do que estava acontecendo.

— Fuja, fuja...

A escrava, sem concatenar as ideias, olhou-o, sem se mover do lugar. Eu resolvi agir, levantei-a, joguei-a sobre minhas costas e sai em disparada, dizendo a Izan, enquanto corria pelo caminho:

— Cuide de tudo, irmão... Nosso príncipe merece ter um funeral com todas as honrarias. Quando puder, eu volto.

Nunca mais os vi. Zaid envelheceu atormentada. O remorso a consumia a cada dia vivido. Ao deixar a Terra, estava completamente louca.

Meus queridos irmãos, hoje me sinto feliz por ter compartilhado minha história com todos vocês. Contudo, nada faria sentido se aqui eu não estivesse para pedir a todos a caridade e a irmandade.

Que cada um de vocês, assim como Hathor, Izan, Zaid, Akila, Halima e milhões de outros personagens, escrevendo suas próprias histórias por muitas encarnações, possam aprender que em cada história escrita, vocês mesmos foram ou são os roteiristas. Não se lamentem pelas provações e faltas, pois foram vocês mesmos que pediram para passar exatamente o que estão passando no momento, nesta vida, nesta história.

Contudo, se conseguirem ter a capacidade de enxergar as oportunidades boas que lhes são dadas, usem-nas, aproveitem-nas. Nunca julguem o irmão, pois ele pode não ter tido a mesma percepção que vocês. Estendam a mão e doem o que para vocês já é velho e ultrapassado. Como a escola é necessária para os pequeninos, a vida também é uma escola, em que cada reencarnação é um aprendizado para a contínua evolução.

Meu tempo se finda, mas deixo aqui as bênçãos da pátria espiritual. Que o bálsamo consolador de Jesus possa entrar no lar de cada um de vocês.

* * *

Izan e Samuel voltaram para o plano espiritual e Leonor foi amparada por Ciro e outros amigos. Sentiu-se cansada, as forças lhe faltavam, mas a paz em sua alma superava qualquer desajuste material.

Sidney chorou emocionado. Silvana, quando ouviu o nome Hathor ficou completamente tomada por aquela história. Sentiu-se confusa, pois em seu coração havia a certeza absoluta que aquele Hathor era o mesmo de seus sonhos, mas não se atreveu a comentar, pois poderiam achá-la exibida e pretensiosa. E lá na casa espírita todos, sem exceção, eram iguais. Ela não seria a escolhida para mobilizar um espírito de luz, que tinha mais o que fazer do que ir especialmente contar a sua história. Apesar disso, ela sentiu-se tocada demais. E Hathor não saiu de seus pensamentos.

CAPÍTULO 42

A difícil arte de perdoar

SIDNEY DEIXOU LEONOR em sua casa e seguiu com Silvana. Depois do sequestro, mesmo tudo tendo terminado bem, Sidney não deixou mais Silvana sozinha; passou a ficar em seu apartamento até que se casassem e fossem definitivamente para o novo. Naquela noite, a jovem não estava bem, a história de Hathor ficou muito presente em seus pensamentos.

— O que você tem? Notei que está calada desde que saímos do centro espírita.

— Não sei explicar, mas realmente me sinto estranha.

— Ficou impressionada com a história que o mentor de sua mãe contou?

— Acho que sim. Será que Marília está presa mesmo?

— Por que está preocupada com isso? O que tem uma coisa a ver com a outra?

— Sinceramente, não sei. Nem sei por que falei dela agora! Nunca mais pensei em Marília; aliás, quero esquecê-la. Mas hoje ela veio aos meus pensamentos.

Sidney a abraçou fortemente.

— É natural; ficou dois dias em seu poder. Venha, vou preparar um banho para você.

— Deixe para depois, vou fazer um lanche.

— Não se preocupe com isso, tome seu banho, eu preparo nosso lanche.

Silvana foi para o chuveiro e deixou que a água caísse sobre seu corpo por longos minutos. Quando fechava os olhos, vislumbrava Marília e Sidney. Ela realmente não estava bem. Tratou de tomar seu banho e foi se deitar. Sidney a esperava na cozinha, mas vendo que ela demorava, foi ver o que estava acontecendo. Encontrou-a trocada e deitada, com os olhos cerrados.

Quando a viu completamente largada em sono reparador, ele a beijou delicadamente nos lábios, cobriu-a com lençol e foi para a sala. Adormeceu no sofá.

* * *

Silvana voltou ao seu lugar preferido, só que desta vez Samuel a esperava sentado perto do lago, diante de uma mesa branca com lindas flores em um vaso. Assim que o avistou, aproximou-se dele gentilmente, que puxou uma cadeira para que ela se acomodasse.

— Como está se sentindo, minha amiga?

Silvana, acomodando-se, olhou fixamente nos olhos de Samuel.

— Por que esta mesa, estas flores? Há um acontecimento especial?

— Quem sabe?...

— Fale-me de Hathor.

— Hathor é um grande e amado amigo. O que quer que eu diga sobre ele?

Quando Silvana ia se explicar, apareceu outro amigo. Ele se aproximou, beijou sua mão como um cavalheiro, e olhando-a, pediu:

— Posso me sentar? — perguntou elegantemente o homem em uma túnica branca de puro linho. Em sua cabeça havia outro tecido, preso por um arco de metal cor de ouro. Em seus olhos negros, uma pintura forte que os destacavam. Descendo pelos braços, havia grandes pulseiras, também de ouro. Na cintura, um punhal de ouro todo trabalhado artesanalmente, cravejado de pedras coloridas. A impressão que dava era que eram diamantes multicoloridos a espargir grandes feixes de luz.

Silvana estava extasiada com o homem. Não respondeu, apenas indicou com a mão para que ele se sentisse à vontade. Assim que ele se sentou, colocou sobre a mesa um grande anel, em que cabiam mais de dois dos seus delicados dedos. Silvana olhou para o anel e para o homem à sua frente. Ele respondeu ao seu pedido sem que ela abrisse a boca:

— Pode pegar, pertence ao grande homem que conhecemos juntos.

Quando Silvana pegou a enorme peça em suas mãos, leu em letras egípcias quase imperceptíveis:

"Hathor, príncipe herdeiro".

No mesmo instante, ela começou a chorar, apertando o anel em suas mãos junto ao peito. Suas lágrimas desciam como contas de cristais a iluminarem seu rosto. De seu peito, soou um grito límpido como se tivesse descortinado suas dúvidas.

— Hathor, amor de minha vida!

Os dois egípcios pousaram suas mãos sobre Silvana, e veio à tona toda a encarnação que havia escutado no centro. Por longos minutos, a jovem vislumbrou as cenas à sua frente sem dizer nada. Tudo se passou do momento em que viu Hathor pela primeira vez até ele morto em seus braços.

Izan a tirou do transe com uma única frase, que fez todo sentido para que ela compreendesse o quebra-cabeça de suas encarnações:

— Não precisa mais esperar por Hathor, você já o encontrou.

Silvana voltou de pronto, e com lágrimas a descerem pelas suas faces, abriu a mão e não encontrou mais o anel que pertencera a Hathor.

— Acalme-se, está tudo bem.

Silvana pousou sua mão sobre a de Samuel e concluiu:

— Por esse motivo você me incomodava; sua presença lembrava-me Hathor! Agora tudo faz sentido. Amo muito Sidney!

— Você lutou para admitir esse amor, por trazer de outra vida o "não poder", "o não ter direitos". Lembro-me como se fosse hoje o dia em que a levei do palácio do faraó para nunca mais voltarmos.

— Você é Akin! Por esse motivo também nos afeiçoamos. Depois de fugirmos, vivemos o resto de nossos dias juntos. Você abdicou de toda sua vida por minha causa; deixou todo o conforto e a proteção do faraó por mim — lembrou-se Silvana emocionada.

— Agora que está tudo bem, quero lhe pedir um favor.

— Um favor, em que eu poderia lhes ser útil, se vocês é que me ajudaram tanto?

— Temos Zaid. Ela precisa de apoio — disse Izan.

— Mas como posso ajudá-la? Ela está presa!

— Gostaria que todos lhe dessem as costas também? — perguntou Izan fixando seus olhos nos dela. Silvana se envergonhou.

— Não precisa se envergonhar. Sei que é difícil, que passou horas de medo e insegurança, mas quem mais pode estender a mão a ela senão você?

— O que devo fazer?

— Nada além de orar muito para que ela possa se arrepender de seus atos e mudar seus pensamentos e suas atitudes.

— Só isso?

— Acha fácil orar por alguém que há várias encarnações só quis o seu mal? Quando digo orar, é realmente perdoar e desejar de coração que ela aceite suas rogativas diante do Criador.

Silvana sentiu que não seria tão fácil. Prometer era simples, mas cumprir como se deve, era outra história.

— Silvana, não precisa dar sua resposta agora; apenas volte para sua vida desejando acertar. Onde eu estiver saberei se aceitou perdoar Zaid ou não. Eu e Akin estaremos sempre juntos a você e aos seus. Agradecemos por ouvir nosso pedido. Cuide de seu amor, não o deixe mais escapar. E seja feliz.

Silvana voltou para o corpo. No dia seguinte, acordou com Sidney abraçado a ela. Sentiu-se tão bem e feliz que beijou o rosto dele todinho.

* * *

Os dias se passaram e Silvana não se lembrou do sonho. Contudo, não conseguia esquecer Marília atrás das grades de um presídio, onde o ódio é um dos sentimentos mais presentes.

O irmão Jorge voltou arrependido por tudo o que havia feito para a mãe e para as irmãs, mas se redimiu, entregando-se à polícia.

Leonor ficou triste, mas orgulhosa pelo filho ter agido com a razão. Pagaria suas faltas e depois ficaria livre para um novo caminho. Tudo caminhava como devia.

Sidney realmente nunca conseguiu confirmar se foi um suicida em alguma época de sua vida pretérita. Contudo, procurou estudar o assunto, onde achou algumas respostas, tanto científicas como espirituais.

Em nossas vidas e nossos caminhos há muitos mistérios que pertencem apenas ao dono do universo. Apesar disso, ele obteve respostas consistentes de alguns estudos tirados de livros espíritas, comprovando que muitos voltam com transtorno bipolar por terem sido em algum lugar do passado, suicidas. Voltam com transtornos psíquicos para resgatarem suas faltas e lutarem sempre por sua vida.

Silvana sempre se lembrava de Marília. Já não havia medo nem mágoa. Foi aí que decidiu visitá-la na cadeia. Mas Marília recusou sua visita. A jovem prometeu a si mesma que não desistiria. Um dia, com ajuda espiritual, quebraria a barreira dos desafetos que durava havia tanto tempo. Ela confiava no amparo dos amigos do outro lado.

Sidney e Silvana casaram-se em uma casa de campo no mês de setembro, quando a primavera principiava, trazendo a harmonia das flores a colorirem todos os que estavam presentes para abençoá-los.

A alegria dos pais de Sidney e da mãe de Silvana era visível. Após a cerimônia, seguiu-se a festa durante todo o dia. Sidney era o homem mais feliz do mundo.

— Vamos sumir por alguns instantes? — perguntou para a esposa.

Silvana, radiante de felicidade, beijou-lhe os lábios e de mãos dadas ambos saíram correndo. Quando se viram distantes, no meio das flores perfumadas, abraçaram-se e fizeram importantes promessas.

Sidney, abrindo a palma da mão, esperou que Silvana fizesse o mesmo. Pegou da sua cintura um punhal de ouro, trabalhado artesanalmente e cravejado de pedras multicoloridas a luzir grandes feixes luminosos. E mais uma vez, ambos fizeram um corte na mão, reforçando o pacto de amor e amizade eterna.

Emocionados, ainda mantinham os olhos fixos um no outro, quando ela questionou:

— Onde arrumou este punhal?

— Comprei em uma loja de artigos egípcios. Quando bati meus olhos nele foi amor à primeira vista, não resisti, tive de comprá-lo. Acha que combina comigo?

Silvana, com os olhos marejados de lágrimas, respondeu com a voz embargada:

— Acho que sim... Aliás, esse punhal tem tudo a ver com você!

— Ele estará conosco por toda a eternidade. Será a prova de um amor construído por uma amizade sólida, que começou desde a primeira vez que você entrou na empresa.

Silvana reconheceu o punhal. Jamais esqueceria aquele instrumento. Completamente tomada de emoção, guardou o enigmático segredo que ela, Hathor, Izan e Akin levariam por todo o tempo.

A eternidade é apenas um detalhe das grandes afinidades vindas do começo da civilização.

Fim

Leia estes emocionantes romances do espírito Alexandre Villas
Psicografia de Fátima Arnolde

Memórias de uma Paixão
Mariana é uma jovem de 18 anos, cursa Publicidade e, à tarde, trabalha na agência de seu pai, Álvaro. Na mesma Universidade, por intermédio da amiga Júlia, conhece Gustavo, estudante de Direito, um rapaz bonito, mais velho que ela, alto, forte e com expressões marcantes. Nasce uma intensa paixão que tem tudo para se transformar em amor...

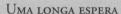

Uma longa espera
Laura, moça de família humilde, envolve-se com Rodrigo, rapaz rico e apaixonado. Ela sabia que jamais os pais dele, preconceituosos e materialistas, aceitariam esse namoro. Para piorar a situação, Laura engravida. Neste romance, os conflitos vividos por relacionamentos conturbados, a falta de amor ao próximo e as grandes lições de provas e reparações serão experimentadas por todos os personagens a fim de que encontrem seus verdadeiros sentimentos rumo ao perdão.

Enquanto houver amor
Santiago, médico, e sua esposa Melânia, formam um casal feliz de classe média alta. Juntos, eles têm um filho: Domênico. Mas um acidente leva a esposa de volta ao plano espiritual e a família começa a viver momentos tormentosos. Sentindo-se sozinho, Santiago se afunda no alcoolismo e vive momentos de tristeza e provação. Mas, em meio a tanto sofrimento, surge Cristal, uma jovem moradora de uma comunidade do Rio de Janeiro, que carrega amor e vontade de ajudar. Assim, o destino de todos vai mudar.

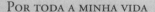

Por toda a minha vida
Uma linda história de reencontros, paixão e união, com personagens que demonstram nobres sentimentos adquiridos em vidas pretéritas. São almas afins em constante busca de aprendizado, que lutam para unificar todas as existências vividas com amor e por amor.

Impressão e acabamento:

tel.: 25226368